독자의 1초를
아껴주는 정성을
만나보세요!

세상이 아무리 바쁘게 돌아가더라도 책까지 아무렇게나 빨리 만들 수는 없습니다.

인스턴트 식품 같은 책보다 오래 익힌 술이나 장맛이 밴 책을 만들고 싶습니다.

땀 흘리며 일하는 당신을 위해 한 권 한 권 마음을 다해 만들겠습니다.

마지막 페이지에서 만날 새로운 당신을 위해 더 나은 길을 준비하겠습니다.

길벗 IT 도서 열람 서비스

도서 일부 또는 전체 콘텐츠를 확인하고 읽어볼 수 있습니다.
길벗만의 차별화된 독자 서비스를 만나보세요.

더북(TheBook) ▶ https://thebook.io

더북은 (주)도서출판 길벗에서 제공하는 IT 도서 열람 서비스입니다.

제품을 성공시키는 프로덕트 매니저의 비밀

The Secret of Product Managers

초판 발행 · 2025년 2월 28일

지은이 · 곽나래
발행인 · 이종원
발행처 · (주)도서출판 길벗
출판사 등록일 · 1990년 12월 24일
주소 · 서울시 마포구 월드컵로 10길 56(서교동)
대표 전화 · 02)332-0931 | **팩스** · 02)322-0586
홈페이지 · www.gilbut.co.kr | **이메일** · gilbut@gilbut.co.kr

기획 및 책임 편집 · 이다인(dilee@gilbut.co.kr) | **편집** · 이다인 | **표지·본문 디자인** · 장기춘, 박상희
제작 · 이준호, 손일순, 이진혁 | **마케팅** · 임태호, 전선하, 박민영, 서현정, 박성용
유통혁신 · 한준희 | **영업관리** · 김명자 | **독자지원** · 윤정아

교정교열 · 김윤지 | **전산편집** · 박진희 | **CTP 출력 및 인쇄** · 예림인쇄 | **제본** · 예림인쇄

ISBN 979-11-407-1276-2 93000
(길벗 도서번호 080426)

정가 27,000원

독자의 1초까지 아껴주는 정성 길벗출판사

(주)도서출판 길벗 | IT단행본&교재, 성인어학, 교과서, 수험서, 경제경영, 교양, 자녀교육, 취미실용 www.gilbut.co.kr
길벗스쿨 | 국어학습, 수학학습, 주니어어학, 어린이단행본, 학습단행본 www.gilbutschool.co.kr

페이스북 · www.facebook.com/gbitbook

제품을 성공시키는
프로덕트 매니저의 비밀 ★★★

곽나래 지음

길벗

고객의 진짜 목소리를 듣고 해답을 찾아가는 여정은 프로덕트 매니저라면 누구나 경험하지만, 성공적인 길을 찾는 것은 쉽지 않습니다. 나래 님은 IT 업계에서 쌓아 온 깊이 있는 경험과 스타트업 현장에서 얻은 도전 정신을 바탕으로, 이 책에서 그 여정을 세심하게 안내합니다. 실제로 겪은 성공과 실패의 이야기를 풀어내며, 우리가 마주할 문제들을 어떻게 해결할지 실질적인 방향을 제시합니다.

특히 고객 니즈를 발견하고 팀원들의 역량을 끌어내며 프로덕트를 개선해 나가는 과정을 사례 중심으로 다룬 이 책은 읽는 이들에게 단순히 지식 이상의 영감을 줍니다. 마치 나래 님의 강의를 듣는 듯한 생생함과 실제 현장에서 얻은 경험에서 우러난 통찰력이 이 책 곳곳에 녹아 있습니다.

지금도 스타트업에서 새로운 도전에 몰두하는 열정적인 PM인 나래 님이 쓴 이 책은 고객과 팀, 비즈니스 사이의 균형을 찾으려는 모든 이들에게 꼭 필요한 지침서입니다. 프로덕트 매니지먼트의 길을 걷는 모든 분에게 이 책을 진심으로 추천합니다.

이경애, 무신사 Core Partner Product 본부장

프로덕트 매니징은 고객 문제를 명확히 정의하고, 이를 해결하는 최적의 솔루션을 팀과 함께 만들어 가는 과정의 연속입니다. 〈제품을 성공시키는 프로덕트 매니저의 비밀〉은 이런 과정의 모든 단계를 실제 사례와 함께 탁월하게 설명하며, 단순히 이론에 머무르지 않고 실무에 바로 적용할 수 있는 전략과 통찰을 제공합니다.

패스트캠퍼스에서는 실질적이고 실무 중심의 교육으로 직장인과 예비 전문가들이 성장할 수 있도록 돕고 있습니다. 특히 바이트디그리 EXPORT 과정에서 곽나래 PM은 매달 예비 및 현직 PM들과 직접 만나며 성장과 실무 역량 강화를 지원하고 있습니다. 그런 의미에서 이 책은 단순한 가이드북을 넘어 성장과 혁신을 추구하는 모든 프로덕트 매니저와 리더들에게 필수적인 로드맵을 제시한다고 확신합니다.

프로덕트 매니지먼트에 관심 있는 모든 분에게 이 책을 강력히 추천합니다.

신해동, 패스트캠퍼스 CEO

좋은 제품은 저절로 만들어지지 않습니다. 고객 니즈를 깊이 이해하고, 데이터를 바탕으로 최적의 솔루션을 찾아가며, 여러 팀과 협업하여 실행하는 과정이 필수적입니다. 이 책은 프로덕트 매니저가 이런 과정을 어떻게 풀어 나가야 하는지 실무 중심의 시각에서 명확하게 정리한 훌륭한 가이드입니다.

저자는 국내 대형 이커머스 플랫폼에서 고객 수천만 명의 데이터를 분석하며 프로덕트를 성장시킨 경험을 바탕으로 팀 리더와 매니저들에게 실용적이고도 강력한 로드맵을 정리해 냈습니다. 이 책은 PM을 꿈꾸는 입문자뿐만 아니라, 더 나은 프로덕트를 만들고자 하는 실무자들에게도 유용한 나침반이 될 것입니다. 프로덕트 매니지먼트에 대한 깊은 이해와 경험이 녹아 있는 이 책을 강력히 추천합니다.

석태미, 현 컬리 커머스 프로덕트 그룹장, 전 현대 ICT 실장

프로덕트 매니지먼트의 진정한 가치는 복잡한 문제를 단순화하여 실행 가능한 솔루션으로 구현하는 데 있습니다. 나래 님은 이런 프로세스에서 누구보다 뛰어난 통찰과 실행력을 보여 주었고, 그 경험과 지혜를 책에 고스란히 담아냈습니다.

제가 지켜본 나래 님은 뛰어난 데이터 분석 능력과 사용자 중심 사고를 바탕으로 회사의 주요 프로젝트를 성공적으로 이끌어 왔습니다. 그 경험에서 탄생한 이 책은 단순한 지침서가 아니라, 실무에서 증명된 전략과 사례를 바탕으로 프로덕트 매니저와 리더들에게 실질적이고 강력한 도구를 제공합니다.

현업에서 프로덕트 매니지먼트를 고민하는 모든 분들에게 이 책을 자신 있게 추천합니다.

김용진, Prestolabs Co-founder

프로덕트 매니지먼트라는 역할이 국내에 자리 잡은 지 오래되었지만, 여전히 '좋은 프로덕트 매니지먼트란 무엇인가, 좋은 프로덕트 매니저란 누구인가'라는 질문에 대한 답은 명확하지 않습니다.

이 책은 그 질문에 대해 현장의 시선에서 해답을 제시합니다. 나래 님은 다양한 프로덕트를 매니징하며 쌓은 인사이트를 실제 사례와 함께 풀어내며, PM이란 결국 문제 해결자라는 점을 강조합니다. 단순히 일정 조율을 잘하는 사람이 아니라, 비즈니스 목표를 고객 중심으로 풀어내는 사람이 바로 좋은 PM이라는 것이죠.

PM이라면 협업이 중요하다고 누구나 알지만, 더 중요한 것은 '어떤 문제를 해결해야 하는가'입니다. 그리고 그것을 비즈니스 임팩트로 연결하는 능력입니다. 이 책은 그 과정을 아주 생생하게 보여 줍니다.

책을 읽다 보면 마치 직접 프로덕트를 만들어 나가는 듯한 경험을 합니다. 주니어 PM이라면 실무에서 문제를 어떻게 바라보고 해결해야 하는지 배울 수 있고, 경력 있는 PM이라면 자신의 의사 결정 방식을 점검하고 더 나은 전략을 고민하는 계기를 얻을 것입니다.

함께 일한 적이 있는 나래 님은 실행력이 뛰어나고 현실적인 접근을 하는 PM입니다. 원론적 이야기보다 지금 당장 적용할 수 있는 방법을 고민하는 인재입니다. 그런 그녀의 경험과 통찰이 담긴 이 책을 PM이 무엇을 해야 하는지, 어떤 태도와 접근 방식이 좋은 PM을 만드는지 고민하는 모든 분에게 강력히 추천합니다.

신영선, Flipster head of product

프로덕트 팀이 많아졌어도 여전히 '프로덕트 팀이 화면 설계서 없이 어떻게 일하는가'에 대해서는 아예 상상하지 못하는 사람들이 많습니다. 곽나래 님은 쿠팡에서 겪은 경험을 통해 한국형 프로덕트 팀에서 일하는 모습을 생생하게 보여 줍니다.

지금 당장 프로덕트를 만드는 방식을 바꾸고 싶은 사람들에게는 실용적인 예시를, PM/PO라는 이름으로 크로스펑셔널 팀에서 일하고 싶은 사람들에게는 변화에 대한 힌트를 주는 책입니다.

이미준(도그냥), 〈현업 기획자 도그냥이 알려주는 서비스 기획 스쿨〉 저자/카카오스타일 PO

이 책은 시장에서 이기는 프로덕트를 만들기 위해 프로덕트 매니저가 갖추어야 할 역량과 협업의 중요성을 명확히 설명합니다. 특히 12장에서 강조된 다양한 직군 간 협업 마인드셋과 목적 조직의 성공 사례는 프로덕트를 어떻게 고객 중심으로 설계하고 발전시킬 수 있는지 구체적인 가이드를 제공합니다. 프로덕트 매니저를 꿈꾸는 뉴비는 물론, 현업에서 도전과 고민을 거듭하는 PM과 PO 모두가 함께 읽고 토론하며 성장의 발판으로 삼기에 더없이 적합한 책입니다. PM이라는 역할의 본질과 실천 방안을 고민하는 모든 사람에게 추천합니다.

김영욱, SAP Product Expert, Office of the CEO

프로덕트 매니저의 일은 고객이 직면한 문제를 깊이 이해하고 이를 해결하는 과정에서 팀과 협력하여 끊임없이 변화하는 시장 속에서 가치를 만들어 가는 것입니다. 하지만 이 과정은 결코 단순하지 않습니다. 의사 결정의 연속 속에서 데이터와 고객의 목소리를 읽어야 하고, 다양한 팀과 함께 방향을 맞추어야 하며, 때로는 예상치 못한 도전에도 유연하게 대응해야 합니다.

저는 쿠팡과 SSG닷컴에서 고객 수천만 명이 사용하는 프로덕트를 운영하며, 데이터 기반의 문제 해결과 반복적인 실험으로 프로덕트를 성장시키는 경험을 쌓아 왔습니다. 특히 쿠팡에서는 실리콘 밸리 팀과 협업하며 글로벌 프로덕트 개발 문화와 데이터 중심의 의사 결정 방식을 배우는 기회를 얻을 수 있었는데, 이때 한 경험은 PM으로서 사고방식을 더욱 넓히는 계기가 되었습니다.

그 과정에서 많은 시행착오를 겪었으며 'PM을 처음 시작할 때 이런 내용을 미리 알았다면 좋았을 텐데'라는 생각을 수도 없이 했습니다. 패스트캠퍼스에서 강의하면서도 프로덕트 매니지먼트에 대한 체계적인 가이드가 부족하다는 것을 다시 한 번 실감했습니다. 이 책은 그런 고민 속에서 탄생했습니다.

이론뿐만 아니라 실제 현장에서 적용할 수 있는 실질적인 가이드를 담고자 노력했습니다. PM을 처음 시작하는 사람들에게는 방향을 잡는 나침반이, 이미 현업에서 일하고 있는 PM들에게는 고민을 해결하는 참고서가 되길 바랍니다.

프로덕트 매니지먼트라는 여정은 혼자 가기에는 쉽지 않은 길입니다. 이 책이 여러분이 걷는 길에 작은 이정표가 될 수 있길 바라며, 함께 고민하고 성장해 나가길 기대합니다.

곽나래

저는 교육 기업에서 소프트웨어 개발 역량 검진 및 교육 솔루션을 운영하며, 고객의 요구 사항을 개발 방향에 반영하는 일에 종사하고 있습니다. 커머스, 엔터테인먼트, 소비재, IT 교육 분야를 직접 경험하며 산업을 막론하고 협업이 필수적이라는 점을 직접 체감했지만 제대로 실천하기는 어려웠습니다. 이 책은 다양한 산업군에서 PM이 문제를 해결하는 방식과 협업 과정에서 발생할 수 있는 사례를 정리해 줍니다. 덕분에 협업을 효과적으로 이끌어 나가는 방법에 대한 통찰을 얻을 수 있었습니다. PM에게 다양한 도구를 활용하는 역량도 중요하겠지만, 결정을 내리고 이를 설득하며 개발된 결과물을 효과적으로 전달하는 과정이 빠르게 반복되는 환경에서 놓칠 수 있는 부분을 짚어 준 점은 매우 유익했습니다. 특히 PRD(프로덕트 요구 사항 문서)를 어떻게 작성해야 하는지 구체적인 사례로 다루어 현업에서 실질적으로 적용할 수 있는 인사이트를 제공하여 큰 도움을 주었습니다. 이 책은 PM으로서 커리어를 시작하는 사람뿐만 아니라, 실무에서 더욱 성장하고자 하는 주니어 PM들에게도 큰 도움이 되리라 생각합니다.

한승윤, 휴넷모두의코딩 AIDT 실습솔루션 PM

이 책은 프로덕트 매니저로서 핵심 역량을 체계적으로 다루며, 실무에서 바로 적용할 수 있는 유용한 가이드를 제공합니다. 특히 다양한 도메인별 PM 인터뷰와 협업자 간의 소통 사례는 현실감을 더합니다. 실제 현장에서 겪은 고민과 해결 방안을 생생하게 접할 수 있다는 점이 좋았습니다. 데이터 기반 의사 결정과 고객 중심의 사고방식을 강조하며, PM으로 성장할 수 있는 구체적인 조언이 가득한 이 책은 제품 개발과 관리에 관심이 있고 PM으로 성장하고자 하는 분들에게 강력히 추천합니다.

이석곤, ㈜아이알컴퍼니 부설연구소 AI&빅데이터 플랫폼 수석

'제품의 성공'이라는 목표는 고작 다섯 글자이지만, 이 목표를 위해 프로덕트 매니저가 하는 일을 나열하자면 끝이 없습니다. 이 책에는 쿠팡이라는 이커머스 플랫폼에서 저자가 수행했던 프로덕트 매니저 업무와 지식이 한껏 담겨 있습니다. 이 책은 대규모 웹/앱 서비스에서 프로덕트 매니저가 어떤 역할을 하는지 알고 싶은 사람에게 많은 도움이 될 것입니다. 프로덕트 매니저라는 직업은 '잘하면 남 탓, 못하면 내 탓'이 되는 자리라는 내용이 기억에 깊게 남습니다. PM 입문자와 실무자에게 모두 도움이 될 이 책을 추천합니다.

윤병조, 소프트웨어 개발자

프로덕트 매니저(PM)에 관심이 있거나 성장하고 싶은 독자들에게 필수적으로 추천하고 싶은 책입니다. 저자의 많은 경험과 다양한 사례를 중심으로 설명하고 있어 누구나 PM의 역할 및 직무에 대해 전반적으로 쉽게 이해할 수 있습니다. PM에 처음 입문하고자 하는 독자들이 PM으로 성장할 수 있도록 도와주는 디딤돌 역할을 하리라 생각합니다.

심형광, 한국아이디정보(주) 프런트엔드 개발자

목차

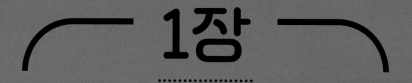

1장

프로덕트 팀 구성과
프로덕트 매니저 역할

PRODUCT MANAGER

프로덕트 매니저의 필요성

대시보드를 보고 있던 중 흥미로운 지점이 생겨 데이터 분석가(Data Analyst, DA)에게 말을 걸었습니다.

(PM) "흥미로운 점을 발견했어요. '우유' 검색어가 검색량이 가장 많기는 하지만 전환율만 놓고 보면 '서울우유 1000ml'보다 훨씬 낮네요. 무엇이 고객들의 구매 전환을 어렵게 만들었을까요?"

(DA) "음, 아무래도 서울우유 1000ml를 검색한 고객은 원하는 제품이 명확할 것 같네요. 우유라고 검색하면 노출되는 제품이 많으니까 애매하게 느낄 확률도 있고요."

(PM) "우유라고 검색해도 원하는 제품을 찾을 수 있게 카테고리를 좁히면 고객에게 도움이 되지 않을까요? 우리 목표인 검색 전환율 상승에도 도움이 될 것 같고요. 디자이너도 함께 이 의견을 고민해 보면 좋을 것 같아요."

이 대화 이후 저는 데이터 분석가와 디자이너, 개발자들과 바로 회의를 시작했고, 문제 원인에 대한 여러 아이디어가 오간 끝에 직접 고객을 만나 원인을 확인해 보기로 했습니다. 고객에게 문제 상황을 주고 어떻게 행동하는지 지켜보면 문제를 해결할 실마리를 찾을 수 있을 것 같았습니다.

우리는 테스트에 참여한 고객에게 쿠팡 앱에서 '우유'를 구매하는 상황이라 가정하고 원하는 제품을 골라 달라고 했습니다. 그리고 그 과정에서 떠오른 생각을 여과 없이 모두 이야기해 달라고 요청했습니다.

테스트 결과는 흥미로웠습니다. 한 고객은 검색한 후 바로 랭킹 최상위에 있는 제품을 골랐습니다. 그러고는 이것이 자기가 항상 마시는 제품이라고 설명했습니다. 또 다른 고객 역시 랭킹 최상위 제품을 골랐습니다. 이유를 물어보니 선호하는 우유가 딱히 없어서 생각 없이 골랐다고 대답했습니다. 그런데 우리는 이와는 조금 다른 고객층을 발견할 수 있었습니다. 스크롤을 계속 내리면서 원하는 제품을 열심히 탐색하는 고객이었습니다.

(고객) "음, 저는 매일우유를 주로 마셔서 그 제품을 찾고 있어요. 기왕이면 멸균이면 좋겠고요. 그냥 우유는 유통 기한이 금방 지나서요. 많이 안 마시거든요. 그런데 지금은 바로 눈에 안 띄네요. 아, 찾았다!"

이 고객은 원하는 기준이 뚜렷했습니다. 특정 브랜드, 멸균 또는 냉장, 용량 등에 관한 것이었습니다. 그런데 '우유'로만 검색하면 결과 값으로 나오는 제품이 아주 많아 원하는 제품이 랭킹 최상위에 없어서 제품을 찾는 데 어려움을 겪고 있었습니다. 이것은 비단 우유 검색어에만 한정된 문제는 아닐 것 같았습니다. 검색 결과에 많은 제품이 노출되는 검색어라면 필연적으로 어떤 제품을 골라야 할지 몰라 고객이 헤매기 쉽지 않을까요? 그렇다면 제품

▲ 그림 1-1 쿠팡 앱의 '검색 상단 노출 필터' 예

을 고르는 기준을 제시하고 그 제품들을 찾기 쉽게 만들면 문제를 해결할 수 있지 않을까요? 필터가 도움을 줄 수 있을 것 같습니다.

사실 쿠팡 앱에 필터 기능은 이미 있습니다. 검색 결과 옆의 파란색 [필터] 버튼을 누르면 창이 열리면서 세부적인 조건을 검색할 수 있습니다. 하지만 우리는 사용성 테스트에서 필터를 사용하는 고객을 한 명도 보지 못했습니다. 데이터를 확인해 보았더니 이 필터가 트래픽에 차지하는 비율도 크지 않았습니다. 원하는 제품을 찾아서 스크롤을 계속 내리던 고객에게 왜 필터는 사용하지 않았느냐고 물었더니 그 버튼을 눌러야겠다는 생각을 전혀 하지 못했다고 대답했습니다.

기능을 사용할 생각을 못하는 것은 눈에 잘 보이지 않기 때문이 아닐까요? 바로 이것이 트래픽이 높은 검색어에서는 필터를 검색 결과 최상단으로 꺼내는 프로젝트의 출발이었습니다. 우리가 한 생각은 적중했고, '검색 상단 노출 필터'는 타깃 검색어, 디자인, 로직을 두고 여러 번 개선 과정을 거쳐 검색 트래픽의 10% 가량을 차지하는 기능으로 성장했습니다.

고객 문제를 해결해 주는 프로덕트는 과연 어떻게 만들까요? 우리 프로덕트에 시간을 쓰고 돈을 쓰게 만들 방법은 무엇일까요? 프로덕트가 해결해야 하는 문제를 찾고 팀과 협력해서 솔루션을 찾아 나가며 끝없이 개선하면서 최적화하는 그 중심에 프로덕트 매니저(Product Manager, PM)가 있습니다.

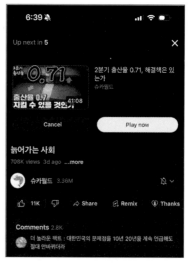

▲ 그림 1-2 유튜브 재생 화면 상단 예로 시청하던 영상이 끝나면 곧바로 다음 영상이 자동 재생

PM은 끊임없이 고객 문제를 찾고 비즈니스와 연결시켜야 합니다. 우리가 흔히 사용하는 프로덕트를 생각해 봅시다.

일을 끝내고 드디어 맞이하는 저녁 시간, 심심하니까 잠깐 숨 돌리면서 유튜브를 시청하기로 합니다. 앱을 열자마자 흥미로운 영상들이 잔뜩 보입니다. 최근에 시청한 영상과 비슷한 영상들과 구독한 유튜버가 올린 최근 동영상도 뜹니다. 무엇을 볼지 고민하면서 스크롤을 잠시 멈추자 시야에 들어온 영상이 자동 재생됩니다. 자동 재생된 영상을 시청하다 나도 모르게 클릭해서 들어갑니다. 평소에 자주 보던 '슈카월드' 영상이라 시간 가는 줄 모르고 끝까지 시청했는데, 영상이 끝난다 싶더니 곧바로 동일한 유튜버가 올린 또 다른 영상이 자동으로 재생됩니다. 최근에 올라왔는데 아직 못 본 또 다른 영상이라 별 생각 없이 쭉 시청하게 됩니다. 이번에는 최근 시청했던 동기 부여 관련 채널 'EO'에 새로 올라온 실리콘 밸리에서 일하는 한국인 워킹맘의 인터뷰 영상이 뜹니다. 그렇게 몇 시간이 훌쩍 흘러버립니다. 고객은 생각보다 많은 시간을 유튜브 시청에 썼음을 깨닫고 깜짝 놀랍니다.

이 모든 것이 프로덕트 매니징입니다. 유튜브는 사용자가 서비스 안에서 최대한 많은 시간을 머무를 수 있도록 영상을 고르는 어려움을 줄이는 장치를 속속들이 배치하고 있습니다. 탐색 페이지에서 사용자 시선이 멈춘 영상을 자동으로 재생함으로써 특정 영상을 고르지 않아도 시청할 수 있게 합니다. 어떤 영상을 보겠다고 결심하는 절차 없이 나도 모르게 시청을 시작하는 셈입니다. 그렇게 자연스럽게 영상을 고르고 시청까지 끝낸 뒤에는 흥미로운 영상을 추천해 주고 자동 재생되게 합니다. 다음 영상을 고를 필요가 전혀 없습니다! 영상 선택에서 오는 결정의 어려움을 획기적으로 줄인 것입니다. 그렇다면 '스크롤을 멈추었을 때 화면 중앙에 위치한 영상을 자동 재생'하고, '시청 중이던 영상이 끝났을 때 이전 영상과 비슷하지만 사용자가 아직 시청하지 않은 영상을 자동 재생'해야 한다고 누가 정할까요? 이 서비스를 위한 수많은 업무의 우선순위는 누가 결정했을까요? 자동 재생될 영상들의 세부적인 스펙과 재생 과정에서 보이는 디자인 요소는 누가 어떻게 개발자와 디자이너, 데이터 분석가와 협의해서 고객에게 구현해 냈을까요? 이 모든 일을 하는 사람이 바로 PM입니다. PM은 프로덕트의 중심을 잡고 나아갈 비전을 제시합니다. 그래서 팀이 최상의 성과를 내게 만듭니다.

PM은 사람들이 원하는 프로덕트를 팀이 만들 수 있도록 도와야 합니다. PM 업계에서 교과서처럼 쓰는 〈인스파이어드〉(제이펍, 2018)에는 다음 구절이 있습니다.

> 우리는 밤과 주말을 희생해가며 1년도 넘는 오랜 기간 열심히 일했다. (중략) 그런데 한 가지 문제가 발생했다. 우리 프로덕트를 구매하는 사람이 아무도 없었다. 시장에서 우리 프로덕트는 완전히 실패했다. 물론 기술적으로 매우 훌륭한 프로덕트였고 전문가들도 극찬했지만, 결국 사람들이 원하는 프로덕트가 아니었다.
> (중략)
> 우리는 곧 스스로 중요한 질문을 던졌다. 우리가 만드는 것에 대해 누가 무엇을 정의해야 하는가? 그들은 어떻게 의사 결정을 하는가? 우리가 만드는 프로덕트의 사용성이 충분한지를 그들은 어떻게 파악할 수 있을까? 많은 팀이 어려운 과정을 통해 배우게 되는 사실을 우리 팀은 비교적 젊은 나이에 매우 깊이 깨달았다. **만들만한 가치가 있는 프로덕트가 아니라면 엔지니어팀이 얼마나 훌륭한지는 아무 의미가 없다는 것이다.**

저는 지난 커리어 동안 훌륭한 개발자들과 일했습니다. 똑똑하고 헌신적인 동료들이었습니다. 문제점을 이야기하면 열정적으로 개발 방안을 강구했고 빠른 속도로 개발해서 시장에 론칭했습니다. 하지만 아무리 뛰어난 개발 리소스가 있더라도 애초에 세상에 필요 없는 프로덕트를 만들고 있다면 캐비어를 가지고 알탕을 끓이는 것과 같습니다. PM은 프로덕트가 길을 잃지 않고 가치 있는 프로덕트를 만들 수 있도록 길잡이가 되어야 합니다.

처음 쿠팡에 입사했을 때 멘토였으며 지금은 '여기어때'의 CPO인 한근수 님이 제게 해 준 조언이 있습니다. "우리 프로덕트가 성공하면 그것은 모든 팀원의 공이죠. 하지만 실패하면 전부 PM의 책임입니다."

어찌 보면 PM에게는 가혹할 수도 있겠지만 그 말이 맞습니다. 나아갈 방향을 결정하고 팀원들이 가장 중요한 일을 하게 만듦으로써 고객이 사랑하고 비즈니스 목표를 달성하는 프로덕트를 만드는 것, 그 책임의 중심에 PM이 있기 때문입니다. 프로덕트가 성공하면 개발자는 개발을 잘했고, 데이터 분석가는 인사이트를 제공했으며, 디자이너는 편리한 디자인을 제공했고, QA 엔지니어는 버그 없이 프로덕트가 나가도록 일한 것입니다. 그래서 당연하게도 모두의 공입니다. 하지만 프로덕트가 실패하면 목표를 잘못 세웠거나, 좋은 솔루션을 디자인하지 못했거나, 제대로 개발되도록 조율하지 못했으므로 전부 PM의 책임이 되는 것입니다.

서비스 기획자, 프로덕트 오너, 프로덕트 매니저의 차이

▲ 그림 1-3 회사별 PM과 관련된 직군 이름

PM은 프로덕트가 나아가야 할 방향을 잡는 것부터 개발해서 고객에게 전달하고 피드백을 받는 과정까지 모두 총괄하는 직무입니다. 그런데 IT 기업 채용 공고를 보다 보면 이것과 비슷한 일을 하는 것 같은데도 회사마다 각기 다른 직군 이름을 사용하고 있어 혼란스러울 수 있습니다. 가령 같은 직무에 쿠팡은 **프로덕트 매니저(PM)**, 토스는 **프로덕트 오너**(Product Owner, PO), 네이버는 **서비스 기획자**라는 이름을 씁니다. 구글, 몰로코, 메타 등 글로벌 기업은 PM이라는 이름을 사용하고 오늘의집, 우아한 형제들, 카카오는 모두 각자 정한 이름을 사용합니다. 회사마다 사용하는 직무 이름이 다른 이유는 무엇일까요?

회사마다 사용하는 직무 이름이 다른 이유는 이렇습니다. 첫 번째는 조직 구성과 업무 프로세스의 차이에서 직무 기대 역할에 관한 차이가 발생하기 때문이고, 두 번째는 한국 IT 기업이 발전해 오면서 겪은 역사적인 사실 때문입니다.

보통 PM이나 PO라는 이름을 사용하는 회사들은 '목적 조직'과 '애자일 프로세스'를 택하고 있습니다. 실리콘 밸리에서 이미 정립된 명칭인데, 일부 한국 회사들이 실리콘 밸리의 업무 프로세스를 도입하면서 이 명칭을 함께 사용한 것입니다. 반면에 서비스 기획자는 한국 회사에서 전통적으로 사용하던 이름입니다. '기능 조직', '워터폴 프로세스'를 택하는 경우가 많습니다.

⊘ **목적 조직**: 조직의 목표와 결과에 초점을 맞추어 팀 구성(**예** 토스 송금 사일로)
⊘ **기능 조직**: 기능별 인력으로만 팀 구성, 기획 팀은 기획자로만 구성하고 디자인 팀은 디자이너로만 구성
⊘ **기능 조직에서 각 팀 구조**

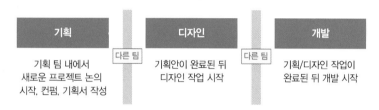

▲ 그림 1-4 목적 조직과 기능 조직의 차이

목적 조직은 조직의 목표와 결과에 초점을 맞추어 팀을 구성합니다. 가령 토스에는 '송금' 프로덕트를 다루는 송금 사일로(silo)가 있습니다. 사일로란 토스에서 프로덕트를 만드는 개별 조직으로 PM, 개발자, 디자이너, 데이터 분석가 등 직군이 다른 6~8명이 함께 모여 작은 스타트업처럼 자율성을 가지고 일하고 있습니다. 다른 회사에서는 이런 조직을 스쿼드(squad)나 팟(pod)이라고 합니다. 송금 사일로에서는 송금 프로덕트를 만드는 PO, 데이터 분석가, 개발자, 디자이너가 한 팀을 이루어 일합니다.

반면에 기능 조직은 기능별 인력으로 팀을 구성합니다. 기획 팀은 기획자로만 구성되어 있고, 디자인 팀은 디자이너로만 구성되어 있습니다. 기획 팀 내에서 새로운 프로젝트 논의가 시작되고 승인과 기획서 작성

이 끝나면 디자인 팀으로 업무가 넘어가 디자이너가 작업을 시작합니다. 그 뒤 디자인도 모두 끝나면 개발 팀이 개발을 시작하는 것입니다. 그래서 기능 조직 구조는 워터폴(waterfall) 프로세스와 연관이 깊습니다. 아이디어, 비즈니스케이스, 로드맵, 요구 사항, 디자인, 구현, 테스트, 배포로 이어지는 업무 프로세스가 폭포수처럼 순차적으로 발생하고 이전 업무가 끝나야 다음 업무가 시작됩니다. 이런 워터폴 프로세스는 단계별 업무 분장이 명확하여 누가 어떤 역할을 해야 하는지 쉽게 이해할 수 있고, 현재 단계를 추적하고 병목을 피하기가 쉽다는 장점이 있습니다.

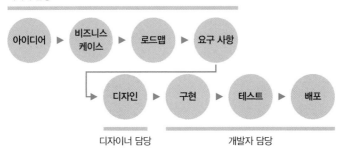

▲ 그림 1-5 기능 조직에서 주로 사용하는 워터폴 프로세스

하지만 단점도 있습니다. 〈인스파이어드〉에 따르면 워터폴 프로세스는 아이디어 근거가 부족하고 개발자, 디자이너, 데이터 분석가가 늦게 참여하며 효과 검증 역시나 너무 늦게 일어납니다. 기획자들은 이 비즈니스로 얼마나 돈을 벌 수 있는지 근거를 세우려고 노력하지만 사실 기획 단계에서 이를 정확히 알기란 어렵습니다. 이 프로덕트로 얼마나 돈을 벌 수 있을지는 근본적으로 얼마나 좋은 솔루션을 만들어 내느냐에 달려 있기 때문입니다.

아무리 뛰어난 기획자라고 해도 어디까지나 가설에 입각해서 기획을 합니다. 고객이 실제로 어떻게 반응할지는 솔루션을 개발해 보고 AB 테스트까지 돌려야만 정확히 검증할 수 있습니다. 프로덕트 개발 비용을 추정하는 것도 쉽지 않습니다. 기획자는 개발자에게 시간이 대략 어느 정도 걸릴지 추정해 달라고 요청하지만, 개발자 입장에서 아직 어떤 솔루션을 만드는지도 정확히 모르는 상태인데 어떻게 이를 측정할 수 있을까요? 어차피 솔루션을 만들어 시장에서 테스트하기 전까지 정확히 추정하기 어렵다면 추정에 너무 많은 시간을 쓰기보다는 빠르게 개발하여 시장에서 검증받는 것이 더 효율적이지 않을까요?

커리어 내에서 워터폴/기능 조직과 애자일/목적 조직 프로세스를 둘 다 경험한 제 입장에서 보았을 때도 〈인스파이어드〉에서 제기하는 문제의식에 상당 부분 동의할 수밖에 없습니다.

워터폴/기능 조직 체제에서는 팀 간에도 완성도 있는 상태로 업무 교류가 되길 바랍니다. 따라서 완성된 상태의 기획안을 요구하기 때문에 자연스럽게 내부 보고 절차가 길어집니다. 그 결과 기획 팀 내에서 승인받는 것에 너무 많은 시간을 보내게 되고, 내부를 잘 설득하기 위해서 디자인의 초기 시안을 실제 화면처럼 시각적으로 표현하는 목업 작업까지 진행하는 경우도 있었습니다. (디자이너가 했으면 더 잘, 더 빨리 끝났을 부분입니다. 이렇게 함으로써 디자인 툴을 잘 다루게 된 것은 뜻하지 않은 효과였죠.)

또 한 가지 안타까운 점은 기획 팀 내에서 정보가 고이고 협업이 단절되는 상황이 생길 수밖에 없었기 때문에 그 과정에서 다른 팀 의견까지 반영하기가 어려웠습니다. 목표 설정과 아이디어 도출 과정에 들어갈 수 있는 인풋(input)이 적어지는 것입니다. 비단 기획 과정에서 겪는 아쉬움만 있지는 않았습니다. 디자인과 개발 단계에서는 다른 직무 동료들의 아이디어가 큰 도움이 되고는 하는데, 워터폴 방식은 이 가능성을 100% 활용하지 못합니다.

이 한계를 더 먼저 경험한 실리콘 밸리의 기술 기업들은 프로덕트 매니저가 중심이 된 목적 조직 체제와 애자일 프로세스를 도입했습니다. 이는 프로덕트를 만드는 여러 직무가 함께 모여서 짧은 사이클로 프로덕트를 개발, 테스트하고 피드백을 받아 보완하는 방식입니다. 프로덕트 기획(디자인) 단계부터 개발자, 데이터 분석가, 디자이너 등 전 팀원이 참여해서 함께 프로덕트를 만듭니다.

이런 체제를 국내에서는 쿠팡, 토스를 선두로 여러 스타트업이 도입했고, PM의 오너십을 더욱 강조하여 미니-CEO 역할을 부여하면서 프로덕트 오너(PO)라는 이름으로 브랜딩했습니다. 하지만 아직 국내에서는 직군 이름이 제대로 정립되지 않은 상태입니다.

쿠팡과 토스가 PO라는 이름을 사용하면서 PO가 유명해졌지만 국제 기준과는 조금 다르고, 본래 의도와 다르게 유행처럼 쓰는 경향도 있습니다. 실리콘 밸리에도 PO 직무가 있지만, 백로그를 관리하고 스크럼을 주도하는 역할을 합니다. 군이 따지자면 더 전체적인 관점에서 프로덕트에서 큰 그림을 보는 역할을 하는 사람이 프로덕트 매니저입니다. 이에 따라 쿠팡은 2022년 국제 기준에 맞추어 프로덕트 오너(PO)라는 직군 이름을 프로덕트 매니저(PM)로 변경했습니다.

그렇다면 PO나 PM이라는 동일한 직군 이름을 쓰는 경우에는 항상 동일한 역할을 지칭하는 것일까요? 물론 아닙니다. PO라는 이름이 히트를 치면서 목적 조직 체제와 애자일, PO 오너십을 도입하지 않은 회사들도 PO라는 이름을 사용하는 경우가 생겼고, 목적 조직 체제와 애자일 프로세스를 받아들인 회사인데도 과거부터 사용하던 서비스 기획자라는 이름을 쓰는 곳도 종종 있었기 때문입니다.

결론적으로 국내에서 사용하는 포지션 이름은 아직 정립되지 않은 상태입니다. 따라서 직무 이름뿐만 아니라 회사의 구성, 업무 프로세스, 직무 권한을 알아야만 기대 역할이 무엇인지 정확히 알 수 있습니다. 이직을 고민하는 단계라면 인사 팀에 질문하거나, 가능하다면 내부 지인을 통해 기대 역할이 무엇인지 확인하는 것이 정확한 역할을 파악하는 데 도움이 될 수 있습니다.

프로덕트 팀 조직 구성과 협업 방식

⊘ 프로덕트 팀은 여러 직무가 협업하는 목적 조직

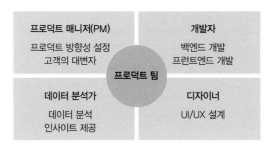

▲ 그림 1-6 프로덕트 팀의 역할 구조

프로덕트 팀은 여러 직무가 '프로덕트를 만든다'는 목적 아래 협업하는 목적 조직으로, 주로 PM과 디자이너, 데이터 분석가(DA), 개발자, QA 엔지니어로 구성되어 있습니다. PM이 고객의 대변자와 프로덕트 방향성을 설정하는 길잡이 역할을 한다면, 다른 팀원들은 방향성을 실제 프로덕트로 구현할 수 있도록 각자의 직무 수행 능력을 더하는 역할을 합니다. 팀에는 구성원이 가진 직무를 수행하는 능력별 차이만 있을 뿐 위계 관계는 없어야 합니다.

성공하는 프로덕트를 만들려면 각자가 맡은 역할을 잘 해내야 합니다. 디자이너는 고객이 실제로 사용하는 화면과 경험을 시각화하고, 고객의 니즈와 목표에 맞추어 최적의 사용자 경험을 설계해야 합니다. 데이터 분석가는 데이터를 분석하여 인사이트를 제공하며, 개발자는 프로덕트를 실제로 구현해 냅니다. 백엔드 개발은 서버 측 개발을 담당하며 주로 데이터 처리, 비즈니스 로직, 데이터베이스를 관리합니다. 프런트엔드는 사용자 인터페이스 및 사용자 경험을 위해 웹이나 앱을 개발하는 데 중점을 둡니다. QA 엔지니어는 프로덕트가 버그나 사용성 문제 없이 원활하게 배포될 수 있도록 테스트를 진행합니다. 성공적인 프로덕트 팀이라면 각각의 직무가 밀접하게 소통하면서 시너지를 내야 합니다. 성공적인 팀의 모습을 상상해 볼까요?

쿠팡이츠의 PM은 VOC(Voice Of Customer)를 분석하다 고객들이 주문한 음식을 배달하고 있는 배달원의 위치를 몰라서 답답함을 느낀다는 점을 발견했습니다. 찾아낸 여러 가지 문제점 중에서 우선순위를 결정하기 위해서는 데이터 분석가의 도움이 필요했습니다. 팀은 고객 피드백과 주문 추적 데이터를 분석하여 이 문제가 고객 만족도에 직접적인 영향을 미치며 재주문율에도 유의미한 영향이 있다는 것을 입증했습니다. 해결했을 때 큰 성과가 있을 것이라는 판단하에 이 문제점에 대한 우선순위를 높여 진행하기로 했습니다.

팀은 아이디어를 모았고 배달원의 현재 위치를 GPS 기반으로 지도상에 실시간으로 제공하기로 했습니다. 디자이너는 직관적인 UI를 제안했고 빠르게 프로토타이핑을 한 뒤 사용성 테스트를 진행하여 몇 가지 수정을 거친 디자인을 만들어 냈습니다. 프런트엔드와 백엔드 개발자는 GPS 위치를 API로 받아 와서 디자인에 맞게 고객 화면에 보여 주는 것을 구현했습니다. PM은 이 모든 과정을 매니징했고, AB 테스트를 진행한 뒤 좋은 성과를 얻은 것을 입증하여 최소 기능 제품(Minimum Viable Product, MVP) 론칭에 성공했습니다.

그러나 한 번의 개선으로 모든 것이 해결되지는 않았습니다. PM은 사용자 피드백을 지속적으로 추적한 뒤 주문이 처리되는 각 단계(요리 중, 배달원 배정, 배달 중)에 대한 상세 정보도 추가해야겠다고 결정했습니다. 두 번째 테스트도 성공적이었고, 여기에서 얻은 인사이트를 바탕으로 사용자 경험을 더욱 개선하는 추가 테스트 계획을 세웠습니다. 배달 예상 시간의 정확도를 높일 수 있는 로직을 추가하는 한편, 사용자가 주문 상태를 더 쉽게 확인할 수 있도록 알람 기능도 추가했습니다. 알람을 언제 어떤 문구로 안내해야 하는지에 대해 팀은 적극적으로 소통하며 요구 사항을 확정했습니다.

아마도 보통은 이런 방식으로 업무가 진행될 것입니다.

프로덕트 매니저가 갖추어야 할 역량

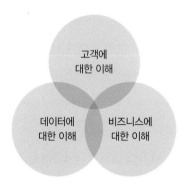

▲ 그림 1-7 프로덕트 매니저가 갖추어야 할 역량

프로덕트 매니저가 갖추어야 할 역량은 여러 가지가 있으며 큰 틀에서 보았을 때 고객, 비즈니스, 데이터에 대한 이해를 빼놓을 수 없습니다. 하지만 그중에서도 가장 중요한 것을 꼽자면 저는 단연코 '고객 이해' 이지 싶습니다.

고객 이해

우리 고객에게는 무엇이 필요하며, 어떤 지점에서 문제점을 느낄까요? 고객은 우리 프로덕트를 어떤 패턴으로 사용하고 있을까요? 우리가 더 좋은 서비스를 제공하려면 어떻게 접근해야 할까요? PM은 고객이 겪는 어려움과 니즈를 깊이 이해하고 이를 프로덕트에 녹여 내야 합니다. 아마 에어비앤비의 초기 성공 이야기가 창업자들이 고객을 깊게 이해하여 문제를 해결한 좋은 예시가 되어 줄 수 있겠네요.

34

에어비앤비 창립 초기, 회사는 사용자 유치와 숙소 리스트의 질적 하락 때문에 어려움을 겪고 있었습니다. 웹 사이트에 숙소를 등록하는 호스트들은 있었지만, 숙소 예약률은 기대에 미치지 못했습니다. 창업자인 브라이언 체스키(Brian Chesky)와 조 게비아(Joseph Gebbia)는 문제 원인을 파악하고자 뉴욕에 있는 숙소를 방문하기로 결정했습니다. 고객인 호스트들을 만나 직접 대화를 나누고, 숙소를 살펴보며 고객이 직면한 문제점을 이해하려고 한 것이죠. 그리고 그들은 곧 문제가 무엇인지 깨달을 수 있었습니다.

숙소 사진의 질이 낮아 예약률에 부정적인 영향을 미치고 있었습니다. 전문적이지 않은 사진들은 실제 숙소의 매력을 제대로 전달하지 못했고, 고객들에게 머물고 싶은 공간으로 다가오지 않았던 것입니다. 이 문제 해결책으로 창업자들은 직접 고품질의 사진을 찍어 호스트들에게 예시를 보여 주었고 숙소 매력을 극대화할 수 있는 설명도 추가하도록 조언해 주었습니다. 이런 노력은 숙소 예약률 증가로 이어졌으며, 사용자 경험을 최우선으로 여기는 에어비앤비의 기업 문화와 프로덕트 개발 전략에도 깊은 영향을 미쳤습니다.

에어비앤비 사례처럼 PM은 항상 고객 입장에서 그들이 가진 생각과 욕구, 어려움을 파악해야 합니다. 현장으로도 지체 없이 가야 합니다. 수시로 고객을 만나서 그들이 하는 이야기를 들어야 합니다.

비즈니스 이해

PM은 회사 이익을 추구하는 리더로서 비즈니스도 깊게 이해해야 합니다. 시장 분석, 비즈니스 모델(BM), 수익 창출 메커니즘, 경쟁사 분석 등 비즈니스의 모든 측면을 아우르는 능력을 갖추어야 합니다. 비즈니스 이해를 바탕으로 한 의사 결정은 프로덕트가 시장에서 성공적으로 자리 잡는 데 중대한 공헌을 하기 때문입니다. 넷플릭스의 스트리밍 서비스 전환은 비즈니스 모델의 깊이 있는 이해와 시장 변화에 대한 통찰력을 바탕으로 내린 대표적인 결정입니다.

넷플릭스는 원래 DVD 대여 서비스로 시작했지만, 기술 발전과 사용자 소비 습관 변화를 예측하여 이른 시기에 디지털 스트리밍으로 전환하기로 결정했습니다. 이 결정은 여러 면에서 비즈니스에 대한 깊은 이해를 반영하고 있습니다. 넷플릭스는 인터넷 보급과 디지털 소비 증가 등 시장 변화를 예측했고, 구독 기반 모델을 채택하여 지속 가능하고 예측 가능한 수익을 창출해 냈습니다. 비즈니스 모델을 혁신한 것입니다. 스트리밍 전환은 당시 시장에 없었던 새로운 가치를 고객에게 제공한 것이어서 경쟁 우위를 확보할 수 있었습니다.

결과적으로 넷플릭스는 전 세계에서 가장 큰 스트리밍 서비스 제공 업체가 되었습니다. 이는 비즈니스 환경을 깊이 이해하고 시장 변화에 능동적으로 대응한 결과라고 볼 수 있습니다.

데이터 이해

고객과 비즈니스를 깊이 이해하고 끊임없이 서비스를 개선해 나가려면 데이터 이해는 필수적입니다. 고객이 무엇을 원하는지, 현재 시장에서 무엇이 트렌디한지 알려면 수시로 데이터를 분석하면서 인사이트를 얻어야 하기 때문입니다. 프로덕트를 구현하는 데 사용되는 갖가지 데이터를 이해하는 것은 물론입니다. 스포티파이(Spotify)는 사용자 데이터를 활용해서 개인화된 음악 감상 경험을 제공한 대표적인 성공 사례입니다.

스포티파이는 데이터 분석과 머신러닝 알고리즘을 활용하여 각 사용자의 음악 취향과 청취 습관을 이해하고, 이를 바탕으로 맞춤형 플레이리스트를 생성합니다. 스포티파이의 '새 위클리 추천곡'은 매주 사용자에게 개인화된 리스트를 제공하는데 사용자의 청취 기록, 선호 아티스트, 장르를 분석하여 생성됩니다. 또 청취 패턴이 비슷한 다른 사용자의 데이터도 참고하여 새로운 음악까지 추천합니다. 새 위클리 추천곡은 사용자가 아직 알지 못하는 새로운 아티스트나 곡을 발견할 수 있게 해 주어 좋은 평가를 받고 있습니다. 이를 구현하고자 스포티파이는 사용자의 다양한 데이터를 수집하며, 머신러닝 모델은 데이터를 분석하여 사용자 취향을 예측하고, 예측에 따라 적절한 음악을 추천합니다.

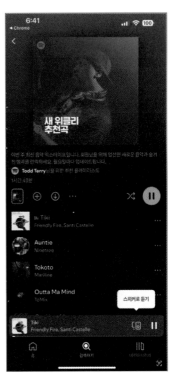

그렇다면 누가 개인화된 리스트를 생성하기로 결정했을까요? 이 기능을 구현하기 위해 사용자의 청취, 검색 기록, 플레이리스트 생성 패턴 등 데이터를 수집해야 한다는 것은 누가 알아냈을까요? 개발자와 협업하여 프로젝트를 이끌어 나가는 것은 누구일까요? 바로 PM이 해 오던 일이자 앞으로 해야 할 일입니다. 이 일을 원활히 하려면 데

▲ 그림 1-8 스포티파이 '새 위클리 추천곡' 화면

이터 수집 방식과 분석 결과를 폭넓게 이해하고 인사이트를 찾아내는 노력은 필수입니다.

마치며

✅ 고객 중심으로 생각하고 고객이 겪는 문제를 이해하세요

PM이 이루려는 목표는 고객이 진정으로 원하는 프로덕트를 만드는 것입니다. 단순히 기능을 추가하거나 트렌드를 따라가기보다 고객이 겪고 있는 실제 어려움을 깊이 이해하려고 노력하세요. 예를 들어 쿠팡의 '검색 상단 노출 필터'는 고객이 원하는 제품을 쉽게 찾지 못하는 문제를 해결하려는 시도에서 출발했습니다.

✅ 데이터와 친해지세요

데이터로 고객 행동을 이해하고 숨은 문제를 찾아내는 능력은 PM에게 필수입니다. '우유' 검색 데이터를 분석하여 고객이 원하는 결과를 얻지 못하고 있다는 점을 발견한 사례처럼 데이터는 문제를 정의하고 해결 방안을 찾는 데 중요한 출발점입니다.

✅ 팀원들과 협업을 중시하세요

PM은 데이터를 분석하는 DA, 화면을 설계하는 디자이너, 기능을 구현하는 개발자 등 다양한 팀원과 협업해야 합니다. 성공적인 PM

은 각 직무 상섬을 이해하고 이끌어 내며, 팀이 같은 목표를 향해 나아가도록 조율합니다.

✔ 책임감을 가지세요

PM은 성공의 공은 팀과 나누고, 실패의 책임은 스스로 져야 합니다. 팀원들이 최선을 다할 수 있는 환경을 만들고, 결과를 책임질 각오로 임하세요. 방향성을 잘못 설정하거나 고객 문제를 제대로 해결하지 못했다면 그것은 결국 PM의 책임입니다.

✔ 비즈니스와 고객의 균형을 고민하세요

성공적인 PM은 고객 문제를 해결하는 동시에 비즈니스 목표와 연결된 가치를 창출합니다. 단순히 기술적으로 뛰어난 기능을 만들기보다 그것이 고객과 비즈니스에 어떤 영향을 미칠지를 항상 고려하세요.

✔ 다양한 조직 모델을 이해하세요

워터폴과 애자일, 기능 조직과 목적 조직의 차이를 이해하고, 자신이 속한 팀 구조에 맞는 방식으로 협업하세요. PM의 역할은 조직 프로세스 안에서 최적의 결과를 만들어 내는 것입니다.

2장

애자일 방법론

PRODUCT MANAGER

애자일 프로세스의 개념과 원칙

"일단 빠르게 실험하고 고객 피드백을 볼까요?"

쿠팡 프로덕트 팀에서 일하면서 귀에 딱지가 앉을 정도로 자주 들은 말입니다. 거창한 것을 빼고 일단 빠르게 만들어 고객이 원하는 것인지 확인해 보자는 의미죠. 프로덕트를 만드는 사람들이라면 누구나 고객이 좋아하고 완성도 있는 프로덕트를 만들고 싶어 합니다. 애정이 크고 책임감이 막중하면 부족한 점도 쉽게 보이기 마련이고요. 완성도를 높이려면 계속해서 수정하고 다듬어야 한다고 생각할 수도 있습니다. 팀은 혼신을 다해서 프로덕트를 만들며, 부족함을 보완하고 디테일을 추가해 나갈 것입니다.

그러나 처음부터 그렇게 하려면 시간이 매우 오래 걸립니다. 100% 완벽한 프로덕트는 애초에 만들 수도 없고, 우리 기준에 완벽한 완성도를 고수한다고 해서 고객 반응을 확신할 수도 없습니다. 그래서 쿠팡에서는 완벽한 프로덕트를 만들기 위해 오랜 시간을 소모하기보다는 빠른 속도로 처리하는 것을 더 선호합니다. 이것이 실제로 효과가 있는 해결책인지 알려면 문제 해결이라는 관점에 충실한 MVP를 만들고, 피드백을 통해 솔루션을 검증한 뒤 빠르게 개선해 나가는 것이 낫다고 판단했기 때문입니다.

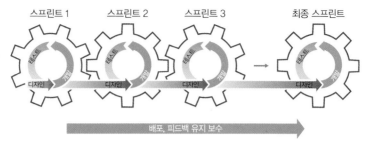

스프린트 1　　　스프린트 2　　　스프린트 3　　　최종 스프린트

배포, 피드백 유지 보수

▲ 그림 2-1 애자일 프로세스

애자일(Agile) 프로세스는 유연하고 반응적인 개발 방법론을 가리킵니다. 이것은 짧은 개발 사이클을 통해 변화하는 고객 요구 사항에 신속하게 대응하고 지속적으로 가치를 제공하는 것이 목표입니다. 애자일 핵심은 개발 과정을 더 효율적이고 유연하며 반응적으로 만드는 데 있습니다. 애자일 프로세스에서는 프로덕트 기획(디자인) 단계부터 개발자, 데이터 분석가, 디자이너 등 전 팀원이 참여합니다. 기능을 구현하는 것이 아니라 문제를 해결하는 것이 목적이기에 프로덕트가 달성하고자 하는 목적과 히스토리에 모두가 동시에 공감하며 아이디어를 냅니다. 디자인, 개발, 테스트 등 모든 과정이 짧은 사이클로 빠르게 돌아가며, 재빨리 피드백을 받아 문제점을 보완합니다.

우리는 프로덕트를 만들면서 끊임없는 위험에 직면합니다. 고객이 과연 이 프로덕트를 사용하거나 구매할까요? 사용 방법을 제대로 이해할 수 있을까요? 조직 내 개발자의 시간, 역량, 기술로 필요한 것을 만들어 낼 수 있을까요? 우리는 빠른 사이클을 바탕으로 해결책을 만들어 나가는 애자일 프로세스를 사용함으로써 이런 위험을 초기에 방어하고 대응할 수 있습니다.

스프린트

스프린트(sprint)는 팀이 일정량의 작업을 완수하는 짧은 기간을 의미
합니다. 보통 2주 전후 기간을 사용하며 프로덕트 내 세부적이고 작은
'기능'들을 개발하는 사이클에 가깝습니다. 가령 쿠팡 검색이 프로덕트
라면, 스프린트는 '로켓배송' 배지 기능을 출시하는 작업을 하는 정도
의 기간이라고 할 수 있습니다. 애자일 조직에서는 작고 빠르게 개발하
여 재빠르게 출시하는 것이 목표이기 때문에 스프린트 내에 기획, 디
자인, 개발까지 완료해야 합니다.

스프린트 동작 방식은 다음 그림과 같습니다.

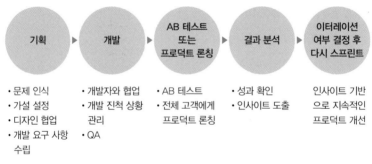

▲ 그림 2-2 스프린트 동작 방식

PM은 스프린트 전 과정에서 주도적인 역할을 해야 합니다. 가장 빠르
게 문제를 인식하고 주도적으로 가설을 설정하고, 그다음에는 각 팀원
들과 협업하여 기능이 나아갈 방향을 잡아야 합니다. 디자이너와 협업
하여 가설 검증에 맞는 디자인을 산출할 수 있도록 하고 개발 요구 사
항을 수립해야 합니다. 개발 과정에서 끊임없이 개발자와 협업하면서

기획 의도에 맞는 개발이 일정 지연 없이 완성되도록 이끌어야 합니다. 그 과정에서 방해 요소가 있다면 적극적으로 해결해야 합니다.

개발이 완료되고 스프린트가 끝나면 그다음에는 AB 테스트를 하거나 전체 고객에게 프로덕트를 출시할 것입니다. 그러면 테스트 또는 출시 성과를 분석하고 인사이트를 도출해야 합니다. 여기에서 얻은 인사이트를 바탕으로 이터레이션(iteration)* 여부를 결정한 뒤 다시 스프린트를 진행합니다. 이런 사이클이 분기 내내 반복됩니다.

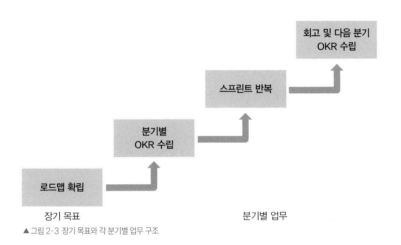

▲ 그림 2-3 장기 목표와 각 분기별 업무 구조

스프린트는 장기 로드맵과 분기별 OKR의 실행 단위라고 볼 수 있습니다. 장기 로드맵은 회사가 이루고자 하는 목표와 방향성을 제시하며, 이를 기반으로 각 분기별 OKR이 설정됩니다. 3장에서 자세하게 설명하겠지만, OKR은 조직과 팀이 해당 쿼터 동안 달성하고자 하는 주요 성과와 결과를 구체적으로 나타냅니다.

---

* 작은 단위로 기능이나 디자인 테스트를 진행한 뒤 점진적으로 개선하여 최종 목표에 다가가는 과정을 의미합니다.

스프린트는 이런 분기별 OKR을 실현하는 실행 도구로 각 스프린트에서 작은 단위의 업무를 빠르게 계획하여 개발하고 테스트한 뒤 출시합니다. 한 분기 동안 여러 차례 스프린트를 반복하면서 OKR에 가까워지며, 분기 말에는 회고를 통해 현재 성과를 점검하고 다음 분기의 OKR을 수립하여 장기 로드맵과 일관성을 유지합니다. 이 과정을 거쳐 팀은 장기 목표를 잃지 않으면서 유연하고 민첩하게 업무를 진행할 수 있으며, 결과적으로 장기적인 성과를 효과적으로 달성할 수 있습니다.

MVP

애자일 프로세스에서는 많은 시간이 소요되는 거창한 프로덕트보다는 최소 기능만 담은 MVP를 빠르게 개발하여 고객 반응을 확인합니다. MVP는 프로덕트가 시장에 출시될 수 있는 최소한의 기능만 갖추고는 고객에게서 유의미한 피드백을 얻을 수 있도록 하는 프로덕트 버전입니다. 이 버전으로 기업은 최소한으로 리소스를 사용하여 시장 반응을 테스트하고, 프로덕트를 점진적으로 개선해 나갈 수 있습니다.

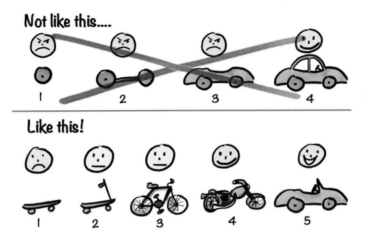

▲그림 2-4 MVP 개념 이해
(출처: Henrik Kniberg, https://blog.crisp.se/2016/01/25/henrikkniberg/making-sense-of-mvp)

MVP 뜻을 좀 더 풀어서 설명하면 다음과 같습니다.

- **Minimum(최소한)**: 목표 달성과 고객 가치 학습을 위한 최소화이자 최적화. 필수적이지 않은 낭비를 제거해야 한다는 의미입니다.
- **Viable(실행 가능한)**: 프로덕트 매니저가 의도한 제품의 핵심 콘텐츠를 담고 있어야 합니다.
- **Product(제품)**: 제품으로서 품질을 확보하는 것입니다.

주의할 점은 최소 기능 제품이라고 해서 빠른 출시에만 집중한 채 낮은 품질을 담아서는 안 된다는 것입니다. 핵심 콘텐츠가 담겨 있는 상태에서 '비본질적인 것'을 제거하는 것이 핵심이죠.

예를 들어 운송 수단이 없는 세상에서 고객이 장거리를 빠르게 이동하는 데 어려움을 겪는 가상의 상황을 떠올려 봅시다. 이 문제를 해결하려고 바로 자동차를 만드는 것은 비합리적인 결정입니다. 자동차 개발을 위한 기술 연구와 생산에 오랜 시간이 걸릴 것이기 때문입니다. 그래서 자동차보다 빠르고 간단하게 만들 수 있는 MVP를 개발한다고 합시다. 이 MVP의 적절한 형태는 바퀴 하나라든지 운전대 없이 차체만 있는 형태는 아닐 것입니다. 그것들은 고객이 이동하는 것에 도움이 되지 않아 '장거리를 빠르게 이동할 수 있게 한다'는 프로덕트 핵심을 만족시키지 못하기 때문입니다. 프로덕트로서 팔릴 수 있는 품질을 만족했다고도 볼 수 없고요.

여기에서 MVP는 거창하게 자동차를 바로 만드는 것이 아니라 일단 어떻게든 이동에 도움을 주는 수단을 만드는 것입니다. 납작한 판과 동그란 바퀴 두 개를 만들어 이어 붙여서 간단하게 보드를 만드는 것처럼 말이죠. 이 보드는 서울에서 부산까지 이동하게 해 줄 수는 없을지라도 강남역에서 역삼역까지 빠르게 이동하게 해 줄 수는 있을 것입니다. 이런 조그만 개선만으로도 매일 강남역과 역삼역을 지나가면서 시간을 줄이고 싶었던 고객에게는 도움이 되고요. 이렇게 개발하고 나면 고객에게서 만족했다는 칭찬과 함께 더 빠르고 편하면서 안전했으면 좋겠다는 피드백도 동시에 받을 것입니다. 피드백을 바탕으로 보드를 좀 더 안전하고 운전하기 쉽게 개선해서 킥보드와 자전거로 개선할 수 있습니다. 보드, 킥보드, 자전거를 거쳐 오토바이, 결국에는 자동차까지 프로덕트를 발전시키는 것이 MVP를 활용한 애자일 방법론이라고 할 수 있습니다.

때때로 MVP는 실제 판매 대상 제품이 아직 없는 상황에서 제품 콘셉트의 핵심을 보여 주는 것으로도 가능합니다. 클라우드 기반 파일 공유 서비스 드롭박스(Dropbox)가 좋은 예시가 될 수 있겠군요.

드롭박스 창업자가 처음 투자자들에게 아이디어를 제안했을 때 팀은 아직 프로토타입도 제대로 갖추지 않은 상태였습니다. 그래서 창업자 드류 휴스턴은 어떻게 드롭박스가 작동하고 그것이 사용자의 파일 저장 및 공유 문제를 해결할 수 있는지 보여 주는 비디오를 제작하여 웹사이트에 게시했습니다. 관심이 있는 사용자들은 베타 테스터로서 등록할 수 있었습니다. 이 비디오는 드롭박스에 엄청난 관심을 불러일으켰고 많은 사람이 베타 테스터로 등록했습니다. 여기에서 얻은 피드백을 바탕으로 팀은 프로덕트를 개선할 수 있었습니다. 결국 드롭박스는 클라우드 스토리지 시장에서 주요한 역할을 할 수 있었습니다.

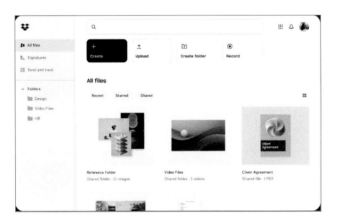

▲ 그림 2-5 드롭박스의 현재 모습

프로덕트의 적용 범위를 결정하고 유지 보수할 때도 MVP 개념을 사용할 수 있습니다.

제가 처음 필터 프로젝트를 시작할 때도 확실하지 않은 프로덕트를 위해 시작부터 너무 많은 개발과 운영 노력을 들일 수 없다고 생각해서 작은 범위의 MVP로 시작했습니다. 일단은 검색어 몇 개만 검색어별로 노출될 필터 리스트를 수기로 정리하여 개발한 뒤 AB 테스트를 진행했습니다. 이 테스트 결과로 검색 결과 상단에 필터를 꺼내서 보여 주는 것이 효과가 있음을 검증했습니다.

그다음으로는 타깃으로 삼는 검색어 개수를 늘리면서 어떤 경우에는 효과가 있고, 어떤 경우에는 효과가 적은지 학습해 나갔습니다. 얻은 인사이트를 종합하여 대규모 검색어 리스트에 필터 리스트를 자동 생성할 수 있도록 프로덕트를 고도화했고, UI 최적화도 진행하면서 발전된 프로덕트 모습을 완성해 냈습니다. 이렇듯 시작 단계에서는 빠르게 실현하려고 가벼운 MVP를 만들고, 추후 테스트 결과를 보면서 인사이트를 얻어 점진적으로 개선해 나갈 수 있습니다.

회고

회고는 프로젝트나 스프린트 또는 일정 기간 동안의 작업을 되돌아보고 학습하며 미래를 개선하려는 계획을 세우는 과정입니다. 주로 애자일 방법론에서 사용하며, 팀이 지속적으로 작업 방식을 개선할 수 있도록 돕는 중요한 활동 중 하나죠. 회고는 프로젝트 성공을 축하하고 문제를 식별하며 해결책을 모색할 수 있는 중요한 기회를 제공합니다.

> "회고(retrospective)는 누군가를 탓하려는 것이 아닙니다. 팀이 프로세스를 개선하고 더 잘 협업하기 위한 것입니다."

제가 회고를 진행할 때마다 도입부에 팀원들에게 하는 말입니다. 지난 일을 돌아보며 아쉬운 점을 이야기하다 보니 누군가는 잘못을 지적당한다고 느끼고 상처받을 수도 있기 때문입니다. 그러나 회고의 목적은 누군가의 잘잘못을 밝히는 것이 아니라 우리가 개선할 수 있는 점을 찾아내고 개선 계획을 세우기 위함입니다.
원활하게 회고를 진행하려면 다음 요소들을 잊지 않아야 합니다.

회고의 3요소

- **Key**: 좋았던 점으로, 앞으로 스프린트를 진행할 때도 계속 유지할 사항입니다.
- **Problem**: 아쉬웠던 점으로, 앞으로 개선되어야 할 사항입니다. 사건 자체뿐만 아니라 문제에 이르는 과정까지 상세히 기술하는 것이 좋습니다.
- **Try**: 도출된 문제 원인을 파악하여 이를 기반으로 어떤 시도를 해 볼 수 있을지 파악하는 것입니다. 실행 항목으로 구체화하는 것이 필요합니다.

주의점

- **정기성**: 정기적으로 진행하는 것이 좋으며, 프로젝트의 중요한 마일스톤(milestone)*이 완료될 때나 분기가 끝날 때는 회고를 진행하길 추천합니다.
- **개방성과 신뢰**: 팀원들이 솔직하게 의견을 공유하고, 서로를 존중하는 분위기에서 진행되어야 합니다. 상위 관리자에게 일방적으로 평가받는다거나 서로를 비난하는 분위기여서는 안 됩니다.
- **행동 계획**: 문제를 식별하는 것에서 더 나아가 구체적인 행동 계획을 수립해야 합니다.

한 번은 고객이 검색할 때 개인 취향을 반영한 제품을 검색 결과에 추천하는 위젯을 개발한 적이 있습니다. 그런데 기획 의도와는 달리 개발 과정에서 개인화 데이터가 앱으로 제대로 내려오고 있지 않은 것을 발견했습니다. 이 문제를 해결하느라 배포가 한 주 지연되었습니다. 개발을 마친 뒤에는 회고를 진행했습니다.

프런트엔드 개발 팀에서 먼저 그때 상황에 대한 이야기를 꺼냈습니다. 처음 개발 스펙을 논의할 때는 필요한 정보가 서버에서 제대로 내려올 것이라고 생각했는데 막상 앱 개발을 시작해 보니 들어오는 정보 형식이 달랐다는 이야기였습니다. 왜 달랐는지 프런트엔드 개발 팀과 서버 개발 팀에서 논의하는 것을 종합해 보니 개발 초기에 데이터 전달 형식을 합의하지 않은 것이 문제였습니다. 앞으로는 백엔드, 프런트엔드 모두 작업이 필요한 건 개발 시작 전에 스펙을 간단히 먼저 논의하는 시간을 갖고 개발 중에도 지속적으로 교류하기로 했습니다.

---

* 프로젝트 진행 과정에서 특정할 만한 사건, 중요한 지점을 의미합니다.

그리고 어떤 방해 요소가 있으면 발견 즉시 팀 채널에 알리기로 정했습니다.

이처럼 우리는 회고를 통해 문제 상황을 파악하고 프로세스를 개선할 수 있습니다.

마치며

✅ 처음에는 작은 성공을 목표로 잡아도 괜찮습니다

처음부터 모든 것을 완벽하게 하려고 하지 않아도 됩니다. 애자일 방법론처럼 작은 스프린트를 반복하며 배우고 성장하는 과정 자체가 중요합니다.

✅ MVP를 이해하고 활용하세요

무언가를 만들 때 '최소한으로 실행 가능한 형태'로 시작하세요. 간단한 프로덕트를 빠르게 만들어 보고, 고객 피드백을 받아 개선하는 연습이 실제 업무에서도 큰 도움이 됩니다.

✅ 회고 습관을 들이세요

프로젝트를 끝내고 나면 항상 '어떤 점이 좋았는지, 어떤 점을 개선해야 하는지' 스스로 되돌아보세요. 회고는 단순히 팀 프로세스를 개선하는 것을 넘어 개인 성장에도 큰 영향을 미칩니다.

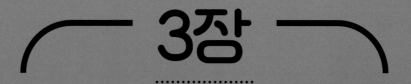

3장

OKR 설정

PRODUCT MANAGER

OKR 개념과 필요성

매 분기마다 긴장되지만 피할 수 없는 순간이 있습니다. 이번 분기의 OKR 달성치를 평가하고 다음 분기 지표를 설정하는 일입니다. OKR이란 'Objectives and Key Results(목적과 핵심 결과)'의 약어로, 조직이 달성해야 하는 목표를 설정하고 실제로 얼마만큼 달성했는지 성과를 추적할 수 있도록 수치화하는 방법론입니다. 보통 OKR은 3개월 단위로 재설정하는데, 바로 3개월이 팀이 가장 효율적으로 목표 달성을 위해 달릴 수 있는 시간이라고 평가받았기 때문입니다. 3개월이라는 짧다면 짧은 시간 동안 목표치를 달성하는 것은 언제나 도전과 같습니다. 따라서 OKR을 설정하는 것은 팀이 긴박하게 목표 달성을 위해 몰입하게 하는 효과가 있습니다.

▲ 그림 3-1 OKR 설명

존 도어(John Doerr)가 구글에 전파한 OKR 이론에 따르면, OKR은 무난히 달성 가능한 수준보다는 도전적인 수준으로 잡아야 효율적이라고 합니다. 다시 말해 능력 있는 팀원들이 최선을 다해서 노력한다면 달성할 가능성이 있는 정도의 수준이어야 한다는 것입니다. 목표 달성이 너무 쉬우면 효율성이 떨어지고, 아예 달성이 불가능한 목표를 제시하면 구성원 사기가 떨어질 수 있습니다. 쿠팡도 이런 관점에 맞는 도전적인 OKR을 세팅하고는 합니다.

쿠팡은 오랫동안 이어진 계획된 적자를 끝내고 흑자 전환에 성공했습니다. 흑자를 위한 전사적인 노력이 2022년부터 있었습니다. 특히 '로켓 프레시'의 흑자 전환이 절실했습니다.

신선식품은 전체 쿠팡 거래액(Gross Merchandise Volume, GMV)에서 최상위를 다투는 카테고리지만 팔수록 적자를 보는 상황이었습니다. 로켓 프레시의 이익률을 개선하지 않고 흑자 전환을 하는 것은 불가능했습니다. 전사적인 이익률 개선을 목표로 도전적인 KR(Key Results: 핵심 결과)을 잡고 달리기 시작했습니다. 저 역시 검색 팀의 PM으로서 분기 내 로켓 프레시 이익률을 흑자 전환 가능 수준으로 향상시키는 것을 KR로 잡았습니다.

▲ 그림 3-2 쿠팡 검색에서 로켓 프레시 제품을 검색한 예

각 목표와 KR은 좀 더 구체적인 수준에서 쪼갤 수 있습니다. 팔수록 손해인 상황에서 이익률을 올리려면 어떻게 해야 할까요? 우선 어디서 손해가 나는지 분석하는 것이 먼저입니다.

데이터 팀, 파이낸스 팀, 프로덕트 팀이 협업하여 문제 원인을 찾은 결과, 콜드체인(신선도를 위해 온도 민감 제품을 생산부터 소비까지 저온 상태로 유지하는 유통 시스템) 배송을 하기 때문에 배송비 단가가 커서 작은 규모의 주문을 배송했을 때 손실이 나기 쉬운 것이 문제였습니다. 이 상황을 해결하기 위해서는 고객이 한 번에 주문하는 규모를 키우거나, 제품당 이익률을 증가시키거나, 기타 손실을 줄여야만 했습니다. 그래서 각 대응 방안을 큰 목표 아래의 세부 KR로 설정했습니다.

이처럼 하나의 목표에 KR이 여러 개 설정될 수 있습니다. 보통은 회사 경영진이 큰 목표를 설정한 뒤 개별 팀이나 직원이 이에 기여하는 KR을 설정하는 방식을 채택할 수 있습니다. 목적 조직 팀에서는 PM이 경영진, 팀 내 엔지니어링 리드와 협의하여 KR을 설정하고는 합니다. 이렇게 각 팀이 자신이 달성할 OKR 설정에 참여하면 팀원들은 자신의 KR이 상위 목표에 어떻게 기여하는지 정확하게 이해할 수 있고, 일상 업무를 팀의 전략적 목표와 연결할 수 있습니다.

그렇다면 OKR 개념을 좀 더 자세히 이해해 봅시다. '목표(Objectives)'는 달성하고자 하는 '무엇'을 의미합니다. 목표는 목적지와 방향을 가리키며, 공격적이면서도 현실적이어야 합니다. 그리고 뚜렷하고 객관적이고 구체적이어야 합니다. 성공 가능성을 떠나서 목표가 '무엇'이라고 들었을 때 누구나 쉽게 이해할 수 있어야 한다는 의미입니다. 또 목표를 달성했다면 뚜렷한 가치를 얻을 수 있어야 합니다.

'핵심 결과(Key Results)'는 목표 달성을 '어떻게 측정할지' 의미합니다. 이것은 측정 가능한 이정표이며, 모든 이정표를 거쳤다면 목적지에

도착해야 합니다. 핵심 결과는 노력이 아니리 결과에 관한 깃입니다. '조언', '도움', '분석', '참여'라는 용어가 보였다면 그것은 노력에 대한 설명입니다. 핵심 결과는 이런 노력이 최종 사용자에게 미치는 영향입니다.

예를 들어 '5월 1일까지 가입률을 25% 끌어올리기' 같은 것이 이에 해당합니다. 핵심 결과는 또한 완성 증거를 포함해야 하며, 그 증거는 접근 가능하고 객관적이며 뚜렷하게 확인할 수 있어야 합니다. 변화를 기록한 기록, 문서 등이 이에 해당합니다. 실행 계획(Initiatives)은 목표와 핵심 결과를 달성하려고 실제로 실행하는 구체적인 작업이나 활동을 의미합니다.

즉, 실행 계획은 핵심 결과를 이루는 구체적인 행동 계획입니다. 목표는 '어디로 가야 하는지' 제시하고 핵심 결과는 '진척 상황을 어떻게 측정할지' 알려 준다면, 실행 계획은 '목표를 달성하려면 실제로 무엇을 해야 할지'에 대한 답을 제공합니다. 이는 프로젝트 실행의 구체적인 단계로 핵심 결과를 뒷받침하는 모든 세부 과업이 여기에 포함됩니다.

효율적인 OKR 설정 방법

OKR 수립을 위한 원칙

- 목표는 명료한 하나의 문장으로 세팅합니다.
- 실질적인/현실적인 데이터를 활용합니다. 또 달성 상태는 분기 내수시로, 최소한 주기적으로 확인 가능해야 합니다. 모든 핵심 결과를

분기 중에 추적할 수 없고 분기 말이 되어야 확인이 가능하다면 팀이 올바른 방향으로 가고 있는지 중간에 확인할 수 없을 것입니다.

- KR은 측정 가능한 결과이며 객관적으로 점수를 매길 수 있어야 합니다. '가입률 높이기'처럼 추상적이면 안 되고, '5월 1일까지 가입률 25% 끌어올리기'처럼 구체적이어야 합니다.

- 구체적인 기준을 활용합니다. '사용자 100만 명'이라고 할 때 사용자는 누구를 의미하는지 명확해야 합니다. 매일 사용하는 사람인지, 어느 정도 사용하는 사람인지 말이죠.

- 조직 전체를 위한 상위 OKR을 세우고, 그다음으로 각 팀을 위한 구체적인 OKR을 세팅합니다.

이 원칙을 참고하여 전사적 레벨부터 이커머스 검색 부문, 하위 팀 단위에서 OKR을 세팅하는 예시를 들어 보겠습니다.

전사 목표: 흑자 전환을 위한 이익률 10% 개선
- 검색 부문: 검색 이익률 20% 개선
- 광고 부문: 광고 이익률 30% 개선
- 물류: 물류 효율화를 통한 손실 10% 감소

검색 부문: 검색 이익률 20% 개선
- UX - 로켓 프레시 팀: 로켓 프레시 검색 이익률 20% 개선
- UX - 그 외 카테고리 통합 팀: 그 외 카테고리 검색 이익률 20% 개선
- 자동완성 팀: 자동완성을 개선하여 검색 이익률 10% 개선
- 랭킹 팀: 랭킹을 개선하여 검색 이익률 25% 개선

이를 바탕으로 UX 로켓 프레시 팀에서는 더 세부적인 레벨의 KR을 세울 수 있었습니다. 이익률이란 '(판매가 – 원가 – 기타 비용) / 판매가'이므로, 이익률을 상승시키기 위해 '판매가 – 원가' 금액이 큰 제품을 더 많이 판매하거나 기타 비용을 줄이는 전략을 취할 수 있습니다. 기타 비용을 자세히 살펴보면 로켓 배송 배송비는 제품당이 아니라 주문 건당 발생하므로, 고객이 비슷한 양의 제품을 여러 번 나누어 주문하기보다는 한꺼번에 주문하도록 유도한다면 전체 비용은 감소할 것입니다.

또 추가적인 분석으로 식품 특성상 유통 기한이 짧아 많은 폐기 비용이 발생하여 이익률에 유의미한 영향이 있다는 것을 파악했다면, 폐기 비용을 감소시키겠다는 전략도 세울 수 있습니다. 이렇게 파악한 방향성을 KR과 전략 레벨로 정리하면 다음과 같습니다.

- **이익 증가**: 제품당 이익률 10% 상승,

  이익률이 높은 제품 노출 강화하기
- **비용 감소**: 주문 건당 주문 금액 10% 증가,

  고객이 분기 내에 비슷한 금액을 구매한다고 가정했을 때

  주문 건수를 늘리기보다는 주문당 금액 증가시키기
- **비용 감소**: 폐기 금액 20% 감소,

  폐기가 임박한 제품 판매를 촉진하여 폐기 발생 감소시키기

효과적인 설정 주기

그렇다면 어느 정도 주기로 OKR을 설정하는 것이 좋을까요? OKR 방법론에서는 가급적 연간이나 분기 단위로 설정하길 권장하고 있습니다. 많은 기업에서는 연간 계획만 세우고 있지만, 분기 단위의 방향성을 세우면 변화하는 외부 환경과 고객 요구 사항에 빠르게 대응할 수 있습니다. 조직에 필요할 때 전략적 방향을 재조정하고, 새로운 기회를 잡거나 위험을 관리하는 데도 도움이 됩니다. 또 짧은 달성 기간은 조직이 집중해야 할 핵심 목표에 에너지와 자원을 모으게 돕습니다.

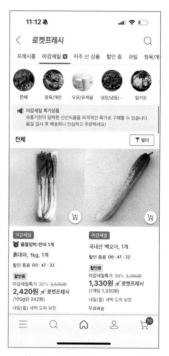

▲ 그림 3-3 쿠팡에서 폐기를 줄이려고 마감임박 제품을 할인 판매하는 예

1분기 기준으로 타임라인을 설정한다면 다음과 같을 것입니다.

- **1분기 시작 4~6주 전**: 연간 및 1분기 OKR에 대한 브레인 스토밍
- **1분기 시작 2주 전**: 연간 및 1분기 전사 OKR에 대한 본격적인 논의와 구성원 공지
- **1분기 시작**: 팀별 1분기 OKR 논의
- **1분기 시작 일주일 후**: 팀별 1분기 OKR 공유
- **1분기 전체**: 발전 상황 추적/검토
- **1분기 말**: 1분기 OKR 분석과 평가

분석과 평가

분기 말에는 달성 정도를 구체적인 수치로 평가해야 할 뿐만 아니라 성공과 실패 요소를 분석하는 것이 필요합니다. 그리고 평가 과정에서 나온 피드백은 새로운 OKR 설정에 반영해야 합니다.

구체적으로 말하면 실패한 전략은 수정하거나 대체 전략을 모색하고, 성공적인 접근 방법은 다른 영역에도 적용할 수 있는지 고려하는 것이 필요합니다. 시장 환경, 조직의 전략적 방향과 변화 또는 내부 우선 순위의 변경 등 외부 및 내부 요인을 고려하여 목표를 업데이트하거나 재조정할 수도 있습니다. 이는 조직이 항상 현재 상황에 가장 적합한 목표를 추구하도록 도울 것입니다. 그리고 이전 분기의 경험에서 얻은 학습을 바탕으로 OKR 프로세스 자체를 개선합니다. 예를 들어 목표 설정의 정확성을 높이거나 핵심 결과의 측정 방법을 개선하는 등 조치가 포함될 수 있습니다.

OKR을 설정할 때 주의할 점

OKR을 세팅할 때는 관성적이거나 소심한 OKR을 세우지 않도록 주의해야 합니다. 관성적이거나 소심하다는 것은 고객이 정말로 원하는 것이 아니라 기존 상태에서 충분히 이룰 수 있는 것을 OKR로 세우는 것을 의미합니다. 대형 기업에서 일상적인 업무 효율성을 높이려고 설정한 OKR이 이 범주에 속할 수 있겠습니다. 예를 들어 어떤 기업이 '현재 프로젝트의 마감 기한 준수율을 95%에서 97%로 개선한다'는 OKR을 설정했다고 가정해 봅시다. 이 목표는 기존 업무 흐름의 소소한 개선에 초점을 맞추고 있으며 조직의 근본적인 변화나 혁신은 촉진하지 않습니다. 이런 OKR은 팀원들에게 큰 도전을 제공하지 않으며 때로는 단순히 '체크리스트'를 완성하는 데 그치기도 하는데, 이는 조직의 혁신적 성장에 전혀 도움이 되지 않습니다.

가치가 낮은 목표를 세우는 것도 지양해야 합니다. OKR을 달성했는데도 사용자나 회사에 이익을 주지 못한다면 그것을 목표로 세울 필요가 없는 것이죠. 예를 들어 토스의 어느 팀이 '사용자 프로필 커스터마이징(customizing) 기능 출시' 같은 OKR을 세웠다고 생각해 봅시다. 이 기능이 단순히 앱 내에서 프로필 사진이나 테마 색상을 변경하는 정도라면 금융 서비스에서 사용자가 실제로 중요하게 여기는 핵심 가치와는 거리가 멀 것입니다. 이런 목표는 달성하면 사용자 경험을 약간 개선할 수는 있지만 회사 비즈니스에는 거의 차이를 만들지 못하기 때문에 OKR로는 적합하지 않습니다. 특히 자원이 한정된 스타트업에서는 이와 같은 OKR로 시간을 낭비하는 것이 치명적일 수 있습니다.

마지막으로 모호한 OKR을 세우지 않도록 주의해야 합니다. 예를 들어 증권 앱에서 '포트폴리오 분석 사용성 기능 개선'을 목표로 둔다고 가정해 볼게요. 어떤 것이 사용하기 쉽고 어려운지는 고객 100명에게 의견이 100개 있을 수 있습니다. 거래를 자주 하는 고객과 가끔 하는 고객, 공격적 투자 성향을 가진 고객과 안정적 투자를 선호하는 고객, 국내 주식을 주로 거래하는 고객과 미국 주식을 주로 거래하는 고객이 원하는 것도 다르겠죠. 그래서 이렇게 모호한 목표로는 방향성을 잡기도 어려운 데다 성공과 실패를 평가하기도 힘듭니다. 이 경우 '포트폴리오 분석 기능의 레이턴시(latency)*를 50% 낮춤으로써 리텐션을 10% 늘리기' 같은 구체적인 OKR로 수정해야 합니다.

---

* 시스템이나 서비스가 사용자 요청에 응답하는 데 걸리는 지연 시간을 의미합니다.

마치며

✅ OKR을 이용하여 큰 그림을 그리세요

OKR은 단순히 업무를 나열하는 도구가 아닙니다. 자신의 업무가 조직 전체 목표와 어떻게 연결되는지 이해하세요. 이 과정을 거쳐 회사의 방향성과 자신의 역할을 명확히 파악할 수 있습니다.

✅ 구체적이고 측정 가능한 결과를 추구하세요

추상적인 목표는 실행을 어렵게 합니다. 예를 들어 '사용자 경험 개선'이 아니라 '3개월 내 UX 레이턴시 30% 감소'처럼 구체적이고 측정 가능한 결과를 설정하세요. 명확한 지표는 업무 방향성을 강화합니다.

✅ 분기 단위로 학습하고 조정하세요

OKR은 3개월 단위의 실험입니다. 한 분기 동안 계획을 실행하고 결과를 분석하며 다음 목표를 위한 교훈을 얻으세요. 단기적으로 학습하며 점진적으로 조직과 개인의 성과를 개선할 수 있습니다.

✅ 실패를 두려워하지 마세요

달성하지 못한 목표에서 배울 점을 찾으세요. 실패한 이유를 분석하고, 이를 다음 분기의 OKR에 반영하세요. 실패를 성장의 기회로 삼는 자세가 더 나은 PM으로 성장하는 데 큰 도움이 됩니다.

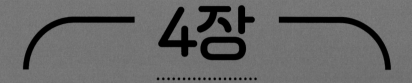

4장

AB 테스트

PRODUCT MANAGER

AB 테스트의 기본 개념과 필요성

AB 테스트는 두 가지 버전 A와 B를 비교 평가하여 더 나은 성과를 내는 버전을 찾아내는 실험 방법론입니다. 기존 버전(컨트롤 그룹)과 테스트 그룹을 각기 다른 사용자에게 노출시킨 뒤 테스트 그룹이 기대하는 효과를 달성할 수 있는지 검증하는 것입니다. 주로 최선의 UX나 알고리즘을 테스트하여 사용자 경험을 최적화하는 데 사용됩니다. 예를 들어 기존 버전에서 구매 버튼이 하얀색이라면, 테스트 그룹에서는 빨간색 버튼을 배치하는 것입니다. 그 후 구매 버튼의 색상을 바꾸는 것이 구매율 상승에 유의미한 영향이 있는지 검증합니다.

넷플릭스의 가입 문구 변경 실험

넷플릭스는 AB 테스트를 프로덕트 개발에 적극적으로 사용하는 대표 기업입니다. UX뿐만 아니라 개인화 알고리즘, 인코딩 품질 등 프로덕트의 거의 모든 부분에서 AB 테스트를 진행하고 있죠. 특히 가입 문구를 두고 실행한 실험은 AB 테스트 성공 사례로 매우 유명합니다.

넷플릭스는 아직 구독하지 않은 고객들에게 노출되는 랜딩 페이지 상단 중앙에 위치한 구독 CTA(Call-To-Action) 버튼을 두고 여러 가지 카피를 실험했습니다. [JOIN NETFLIX], [JOIN NOW], [GET NETFLIX], [TRY IT NOW]를 A, B, C, D 그룹으로 두고 다변량 테스트를 했고, 가볍게 눌러 보기 좋은 [TRY IT NOW]가 가장 좋은 성과를 얻었습니다(한국어 웹 사이트에서는 [시작하기] 사용).

▲그림 4-1 넷플릭스의 가입 문구 변경 AB 테스트 예(출처: https://goodui.org/leaks/netflix-a-b-tested-these-4-button-labels-with-join-now-possibly-leading/)

그다음으로는 무료 체험 기간을 30일, 14일, 7일로 설정하는 테스트도 진행했으나 단순하게 [TRY IT NOW]만 노출하는 테스트 성과가 가장 좋았다고 합니다. 무료 체험 기간을 명시한 경우에는 사용자에게 무료 체험 이후 구독을 유지할지 말지를 고민하게 만들었겠지만, 단순한 카피만 노출시킨 경우에는 사용자의 심리적 허들을 낮추어 높은 전환율을 가져왔을 것이라고 짐작할 수 있습니다.

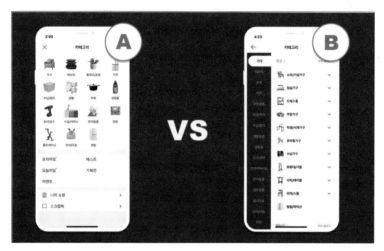

▲ 그림 4-2 오늘의집 AB 테스트 예(출처: 오늘의집, https://www.bucketplace.com/)

AB 테스트는 왜 필요할까?

- **사용자 경험 최적화**: 사용자 인터페이스의 작은 변화도 사용자 행동에 큰 영향을 미칠 수 있습니다. AB 테스트는 이런 변화가 실제로 사용자 경험을 개선하는지 확인하는 효과적인 방법입니다. 동시에 여러 프로덕트 팀이 개발하고 마케팅 팀은 프로모션을 진행한다면, 게다가 시장 변화까지 활발하다면 어떤 변화가 성과 변동을 만들었는지 파악하기가 어렵습니다. AB 테스트는 A 실험군과 B 실험군 사이의 변경을 제외한 변인은 최대한 통제함으로써 어떤 변경 사항이 실제로 성과에 영향을 미치는지 명확한 증거를 제공합니다.

- **데이터 기반 의사 결정**: AB 테스트는 주관적인 판단이나 추측이 아닌 구체적인 데이터를 기반으로 의사 결정을 돕습니다. 이는 프로덕트 개발과 사용자 경험 개선을 위해 객관적이고 정확한 결정을 내리는 데 도움을 줍니다. 클릭률, 전환율, 이탈률 등 지표가 흔히 사용되

며, 해당 테스트에 맞는 지표를 추가로 심어서 성과를 검증할 수 있습니다.

- **위험 감소**: 새로운 기능이나 디자인을 전체 사용자에게 적용하기 전에 소규모 그룹에서 테스트함으로써 잠재적인 리스크를 줄일 수 있습니다. 가령 어떤 프로덕트를 소규모 테스트 그룹에 실험했는데 매출 감소가 10% 있었다고 가정해 봅시다. 이런 프로덕트를 전체 고객에게 테스트했다면 전체 매출의 10%가 감소하는 치명적인 결과를 불러왔을 것입니다. 하지만 AB 테스트 덕에 통제할 수 있는 정도의 손실만 얻는 선에서 테스트를 종료할 수 있었습니다. 반면 테스트 그룹에서 좋은 성과를 얻은 프로덕트는 즉시 전체 고객에게 노출되도록 변경하면 됩니다. AB 테스트를 사용하면 실패 위험은 줄이고 성공한 프로덕트만 전체 고객에게 공개할 수 있습니다.
- **지속적인 개선**: AB 테스트는 지속적이고 점진적으로 실시할 수 있습니다. 모든 변경을 한꺼번에 공개하면 어떤 요소가 어떤 영향을 미치는지 평가하기 어려우나 점진적인 AB 테스트를 사용하면 각 기능이 어떤 영향을 미치는지 정확히 평가하면서 배운 점을 다음 개선에 활용할 수 있습니다.

결론적으로 AB 테스트는 비즈니스와 기술 환경에서 중요한 의사 결정을 내릴 때 중대한 오류를 방지하고 사용자 만족도를 극대화할 수 있는 핵심 도구입니다. 이것으로 조직은 더 나은 사용자 경험을 제공하고 경쟁력을 강화할 수 있습니다.

▲ 그림 4-3 신발 브랜드 Clarks가 제품 상세 페이지에서 무료 배송을 표시하는 AB 테스트를 진행한 뒤 전환율을 2.6% 상승시킨 사례(출처: https://www.cursorup.com/blog/ab-testing-case-studies)

AB 테스트는 언제 어느 팀에 필요할까?

AB 테스트는 항상 모든 팀에 필요합니다. 테스트할 여건만 된다면 하는 것이 언제나 낫다고 권하고 싶습니다. 아무리 경험 많은 팀이라도 고객 반응을 100% 예측할 수는 없기 때문입니다. 저는 MAU가 수천만 명에 달하는 커머스 회사에서 8년을 일했습니다. 소비 트렌드를 두고 책과 칼럼을 쓴 적도 있습니다. 한국 소비자가 어떻게 행동하는지 꽤 잘 안다고 생각했습니다. 제게 조언해 주는 상사들은 어땠을까요? 아마존과 월마트에서 오랜 시간을 보내고 쿠팡에 합류해서 성공을 견인하는 사람들이었습니다. 함께 일하는 개발자, 디자이너, 데이터 분석가 모두 업계에서 경험이 풍부한 사람들이었고요. 이런 정보만 들으면 우리가 꽤나 경험 많은 팀이라서 대체로 성공할 것이라고 기대할 수도 있겠네요. 하지만 현실은 그렇지 않았습니다. 우리는 꽤나 많이 실패했습니다. 옆 팀도 마찬가지고요.

군이 AB 테스트를 할 필요 없이 무조건 진행해야 하는 버그 수정 건들을 제외하고 거의 100% 모든 것에서 AB 테스트를 진행합니다. 변경 하나하나 '성공이냐 실패냐'로 나뉜 명확한 성적표를 받는다는 의미입니다. 성과가 명확하게 긍정적일 때만 '성공'했다고 평가합니다. 통계적으로 유의미한 차이가 없거나 긍정적인 효과가 있기는 했으나 다른 영역에서 카니발리제이션(cannibalization)*이 더 컸다면 실패로 봅니다.

이 기준 아래에서는 테스트 절반도 성공하기가 쉽지 않습니다. 왜 그럴까요? 모든 사람은 서로 다른 니즈와 행동 패턴을 보이는데, 우리는 이 모든 사람을 뭉뚱그려 '고객'이라고 부르며 테스트를 합니다. 아무리 사전에 고객 인터뷰를 하고 데이터를 기반으로 기능 설계를 하고 사용성 테스트를 한다고 해도 모든 사람의 반응을 100% 예측할 수는 없습니다. 할 수 있는 최선은 일단 테스트를 하고 결과를 보고 피드백을 받아 개선하는 것뿐입니다.

그렇다면 고객이 몇 명일 때부터 AB 테스트가 가능할까요? 이론적으로는 실험군이 30명 정도여도 유의미한 결과를 얻을 수 있다고 합니다. 다만 테스트군 규모가 클 때는 짧은 기간 내에도 유의미한 결과를 쉽게 얻을 수 있지만, 테스트군 규모가 작을 때는 결과를 얻기까지 짧으면 2~4주에서 길면 몇 개월이 걸릴 수도 있습니다. 그래서 현실적으로는 극초기 단계 스타트업보다는 고정 사용자가 어느 정도 생긴 상태의 기업에서 AB 테스트를 시작하고는 합니다. 일반적으로 사용자가 많은 글로벌 기업에서도 일주일 이상 테스트를 하길 권장합니다.

---

* 자기 잠식을 뜻하는 단어로 새로운 프로덕트나 서비스가 기존 자사 프로덕트 시장을 잠식해서 그 수요를 빼앗는 현상을 의미합니다.

테스트 대조군 설계

AB 테스트 성공은 컨트롤 그룹과 테스트 그룹을 어떻게 설계하고 구성하는지에 크게 의존합니다. 다음은 AB 테스트 실험 그룹을 효과적으로 설계하는 몇 가지 핵심 원칙입니다.

무작위 할당

컨트롤 그룹과 테스트 그룹에 속하는 참가자를 무작위로 할당함으로써 양 그룹 간에 시스템적인 차이가 발생하지 않도록 해야 합니다. 가령 넷플릭스에서 홈 화면 UI 테스트를 한다고 가정합시다. 컨트롤 그룹은 주로 홈 화면에 추천된 콘텐츠를 보는 성향이 강하고 테스트 그룹은 직접 키워드를 검색해서 콘텐츠를 찾는 경향이 강하다면, 이 두 그룹에서 진행하는 AB 테스트에는 각 그룹별 성향이 큰 영향을 미칠 것입니다. 이런 성향적 차이가 테스트 결과에 영향을 미치지 않도록 무작위로 그룹을 만들어야 합니다.

충분한 표본 크기

통계적 유의성을 확보하고 테스트 결과를 일반화할 수 있도록 충분한 수의 참가자를 포함시켜야 합니다. 이를 위해 사전에 통계적으로 유의미한 결과를 얻을 수 있다고 판단하는 표본 크기를 정해 놓는 편이 좋습니다.

기준선 데이터 설정

테스트 시작 전에 컨트롤 그룹과 테스트 그룹의 기준 데이터를 수집하여 테스트 영향을 정확하게 평가합니다. 테스트 결과를 이 기준선과 비교할 수 있습니다.

성과 검증이 용이한 단위로 테스트

중요한 것은 테스트 그룹의 성과 검증이 용이한 단위로 테스트되어야 한다는 점입니다. 예를 들어 쿠팡에 '유통 기한 마감임박 제품 추천 위젯'을 넣는 상황을 가정해 봅시다. 당시 OKR은 로켓 프레시의 이익률 증가였는데, 제품 폐기가 손실의 한 축이었습니다. 따라서 폐기가 임박한 제품을 할인하여 판매를 촉진함으로써 폐기 제품을 줄여 이익률을 상승시키는 것이 목표였습니다. 마감임박 제품에는 할인이 들어가므로, 고객 입장에서도 저렴하게 제품을 구입할 수 있는 기회가 되어 구매 전환율 또한 상승하리라고 기대했죠.

따라서 이 기능을 AB 테스트한다면, 검증하고 싶은 가설은 '쿠팡 검색에서 식품 관련 키워드를 검색했을 때 유통 기한 마감임박 할인 위젯을 노출시키면 이익률과 전환율이 상승할 것이다'로 볼 수 있습니다. 이 가설을 검증하려면 A 그룹(컨트롤 그룹)에는 위젯을 노출하지 않고 B 그룹에는 위젯을 노출하도록 AB 테스트를 설계하면 됩니다.

조금 더 고도화된 조건을 넣어서 AB 테스트를 진행할 수도 있습니다. 검색 결과에 위젯을 넣을 때는 이것을 어디에 노출시키는지가 중요한 조건이기 때문입니다. 따라서 위젯 노출 위치를 조정한 그룹을 여러 개 만들어서 테스트할 수 있습니다. B 그룹은 위에서 세 번째, C 그룹은 위에서 다섯 번째, D 그룹은 위에서 일곱 번째, E 그룹은 위에서 열 번째로 나누어 테스트를 진행할 수 있습니다. 이렇게 위젯 성과와 위젯이 들어감으로써 기존 랭킹 제품이 밀려나 발생하는 카니발리제이션까지 고려하여 위젯 노출 여부뿐만 아니라 어느 위치에 노출시키는 것이 최적인지 알아낼 수 있습니다.

좋지 않은 예시는 검증하고자 하는 가설을 명확하게 입증할 수 없도록 변수를 여러 개 섞어 테스트하는 것입니다. 가령 마감임박 제품 판매를 촉진하고자 위젯뿐만 아니라 '마감임박' 배지도 넣을 수 있습니다. 그렇다고 AB 테스트를 A 그룹은 위젯, 배지가 없고, B 그룹은 마감임박 할인 위젯 노출과 함께 위젯 외 공간에 '마감임박' 배지까지 붙인 뒤 같이 테스트를 진행하면 위젯과 배지의 영향을 구분할 수 없게 됩니다. 테스트 결과 성과가 좋더라도 둘 중에 어느 것이 성과를 이끌어 냈는지 알 수 없습니다. 어쩌면 서로가 서로에게 영향을 주었을 수도 있으니까요.

그렇다면 두 가지를 동시에 테스트해 보고 싶을 때는 어떻게 해야 할까요? 각각 장단점이 있는 기능이므로 테스트해 보고는 싶은데, 순차적으로 테스트하면 시간이 오래 걸려서 한꺼번에 테스트를 하고 싶다고 합시다. 이때는 다음과 같이 테스트 그룹을 설계하면 보다 명확한 분석이 가능합니다.

- A 그룹: 위젯, 배지 없음
- B 그룹: 마감임박 위젯만 노출
- C 그룹: 마감임박 배지만 노출
- D 그룹: 마감임박 위젯, 배지 동시 노출

AB 테스트 결과의 유효성 검증

AB 테스트 결과의 유효성을 판단하는 데 통계학에서 사용되는 몇 가지 주요 방법론을 사용할 수 있습니다. 이들 방법론은 데이터가 우연히 나타난 결과인지, 아니면 실제 유의미한 차이를 반영하는지 분석합니다. 주로 사용되는 방법론은 다음과 같습니다.

P-값

P-값(P-value)은 실험 결과가 우연히 발생했을 가능성을 나타내는 숫자입니다. 예를 들어 AB 테스트에서 A 버전과 B 버전의 성과 차이가 단순한 우연일 수도 있다고 가정해 봅시다. P-값이 높다면, 두 버전 간 성과 차이가 실제로 의미 있는 것이 아니라 우연히 생긴 가능성이 크다는, 의미입니다. 반대로 P-값이 낮다면, 두 버전 차이는 단순한 우연이 아니라 실제로 의미 있는 차이일 가능성이 크다는 의미입니다. 통상적으로 P-값이 0.05(5%) 이하일 때 두 버전 간에 의미 있는 차이가 있다고 판단합니다.

예를 들어 A 버전의 전환율이 10%, B 버전의 전환율이 12%였다고 가정해 봅시다. 이 차이에 대한 P-값이 0.03이라면 차이가 우연이 아닐 가능성이 높습니다. 즉, B 버전이 실제로 더 좋은 전환율을 내고 있다고 결론을 내릴 수 있습니다. 이렇게 AB 테스트에서는 P-값을 활용하여 어떤 버전이 더 좋은 성과를 내는지 검증합니다.

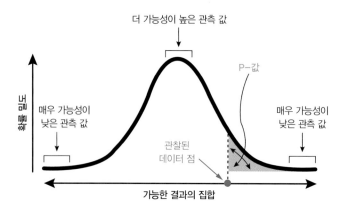

더 가능성이 높은 관측 값

P-값

매우 가능성이
낮은 관측 값

매우 가능성이
낮은 관측 값

관찰된
데이터 점

확률 밀도

가능한 결과의 집합

P-값(음영 처리된 영역)은 귀무 가설(null hypothesis)이
참이라는 가정하에 관찰된 결과나 그보다 더 극단적인 결과가 발생할 확률을 나타냅니다

▲ 그림 4-4 P-값 설명

신뢰 구간

신뢰 구간(confidence interval)은 실험 결과가 특정 신뢰 수준에서
어느 범위 안에 있을 가능성이 높은지를 나타내는 구간입니다. 예를 들
어 95% 신뢰 수준에서 A 버전의 전환율 신뢰 구간이 20±2%고 B 버
전의 신뢰 구간이 25±2%라면, A 버전의 실제 전환율은 95% 확률로
18%에서 22% 사이에 있을 것이고 B 버전의 전환율은 23%부터 27%
사이에 있을 것이라는 의미입니다. P-값이 낮으면서 두 버전의 신뢰
구간이 겹치지 않으면 그 차이가 통계적으로 유의미할 가능성이 높습
니다.

베이즈 방법론

베이즈 방법론(Bayesian approach)은 사전 확률(prior probability)
과 실험 데이터를 결합하여 사후 확률(posterior probability)을 계
산하는 방식으로 가설을 검증하는 방법입니다. 기존의 빈도주의적

(frequentist) 방법(P-값 기반)과는 다르게 실험 결과를 확률적 예측 형태로 해석할 수 있습니다. 예를 들어 "A 버전이 B 버전보다 우수할 확률이 85%다."처럼 직관적인 방식으로 결과를 이해할 수 있습니다. 특히 스타트업 환경이나 샘플 크기가 적은 실험에서 전통적인 P-값 기반 방법은 통계적으로 유의미한 결과를 도출하기 어려울 수 있습니다. P-값은 결과가 우연히 발생했을 가능성을 평가하는 반면, 베이즈 방법론은 특정 가설이 참일 확률을 지속적으로 업데이트할 수 있어 작은 데이터에서도 더 안정적인 결론을 도출할 수 있습니다.

또 베이즈 방법론은 실험 진행 중에도 새로운 데이터를 반영하여 실시간으로 결과를 업데이트할 수 있습니다. 즉, 실험이 끝날 때까지 기다릴 필요 없이 중간 데이터만으로도 의사 결정을 내리는 데 유리합니다. 이런 특성 덕분에 베이즈 접근법은 빠르게 변화하는 스타트업 환경에서 실험을 빠르게 개선하고 적응하는 데 유용하게 활용할 수 있습니다.

이런 결과들을 매번 테스트마다 수기로 계산해야 한다면 시간과 자원이 너무 많이 소요될 것입니다. 따라서 이런 결과들을 자동으로 보여주는 도구를 사용하면 좋습니다.

AB 테스트 도구 선택

앞서 언급했듯이 적절하게 AB 테스트를 하기 위해서는 실험군의 무작위 할당, 적당한 표본 크기 설정, 기준 데이터 수집 등이 필요합니다. 결과로 나타난 데이터가 우연의 산물이 아니라 유의미한 결과인지 통계적 검증을 거쳐야 합니다. 따라서 대부분의 회사에서는 이런 절차를 매번 수기로 진행하기보다는 AB 테스트 도구를 사용합니다. 아직도 회사에서 사용하는 AB 테스트 도구가 없다면 도입을 고려해야 합니다. 전 세계에서 많이 사용되는 도구로는 Optimizely, Google Optimize, VWO, Adobe Target 등이 있습니다. 한국 스타트업 프로덕트인 핵클 등을 사용하기도 합니다. 기능이 약간씩 다르고 가격도 다르기 때문에 어떤 도구가 좋은지는 각 회사 상황에 따라 선택하면 됩니다. 그렇다면 있으면 좋은 기능에는 무엇이 있을까요?

우선 AB 테스트가 제대로 기능하게 하려면 핵심적인 요소들을 빠짐없이 지원하고 있는지 체크해야 합니다. 자동으로 실험군을 무작위 할당하고 적당한 표본 크기를 설정하고 기준 데이터를 수집하고 통계적 유의성을 판단하는 것이죠. 그 외에 있으면 편한 기능들은 다음과 같습니다.

- **테스트 기간 자유 설정**: 짧은 기간부터 긴 기간까지 테스트마다 필요한 기간이 다를 수 있습니다. 상황에 따라 자유롭게 기간을 설정할 수 있는 기능이 있다면 편리합니다.
- **테스트 그룹 개수 자유 설정**: 테스트 그룹으로 B군만 두는 것이 아니라 설정을 조금씩 바꾼 B·C·D·E군을 테스트하고 싶을 수도 있습니다. 따라서 그룹 개수를 자유롭게 설정할 수 있는 기능이 있다면 좋습니다.
- **플랫폼 간 크로스 테스팅**: 하나의 테스트로 서버 데이터, 웹, 앱을 동시에 테스트할 수 있으면 플랫폼 간 통합된 결과를 보거나 필요한 대로 세그먼트를 나누어서 보기 편리합니다.

- **지표 신규 온보딩**: 도구가 기본적으로 제공하는 전환율, 매출 같은 지표 외에도 각 테스트마다 필요한 지표를 직접 설계해서 온보딩할 수 있는 도구가 분석하기에 좋습니다.
- **테스트 간 코호트(cohort) 기능**: AB 테스트 여러 개를 동시에 진행하는 경우가 있습니다. 코호트란 특성이 동일한 사용자 그룹을 의미하는데, 이 경우 한 사용자가 AB 테스트 여러 개에 동시에 속하게 되어 테스트 간 영향을 줄 수도 있습니다. 특정 AB 테스트끼리는 서로 영향을 주지 않게 분리하는 기능이 있으면 좋습니다.
- **특정 일자 제거 기능**: 외부 변수로 특정 날짜의 퍼포먼스에 영향이 있을 수 있습니다. 예외를 발생시키는 날짜는 필요하면 데이터에서 제거할 수 있도록 돕는 기능이 있으면 좋습니다.

이외에도 비즈니스 상황에 맞춘 세세한 필요성이 계속 생길 수 있습니다. 모든 요구 사항을 기존 도구를 사용하여 충족시키기는 어려울 수도 있습니다. 그래서 자체 도구를 개발할 수 있는 능력이 있는 회사라면 직접 개발하는 것을 택하기도 합니다. 쿠팡은 AB 테스트 플랫폼 전담 개발 팀이 따로 있습니다. 팀 하나를 AB 테스트 도구를 개발하는 데 할당할 정도로 AB 테스트를 중요하게 여기는 것이죠. 덕분에 프로덕트에서 나오는 다양한 요구 사항을 빠르게 반영하여 도구를 발전시키고 있으며, 이런 발전이 프로덕트 개발에도 많은 도움을 줍니다.

이터레이션

테스트는 한 번 진행된다고 끝나는 것이 아닙니다. 특히 최근의 애자일과 이터레이티브 테스팅(iterative testing) 기조에서는 한 번에 큰 변화를 주기보다는 빠르고 조그맣게 테스트를 시작하되, 이전 테스트에서 인사이트를 얻어 지속적으로 개선해 나가는 것을 선호하기도 합니다. 고객 피드백에서 배움을 얻고 그것을 바탕으로 다시 이터레이션(반복)하면서 끊임없이 개선하죠.

앞서 다룬 로켓 프레시의 '유통 기한 마감임박 제품 추천 위젯'을 테스트 하는 상황을 다시 예로 들어 보겠습니다. 테스트는 '쿠팡 검색에서 식품 관련 키워드를 검색했을 때 마감임박 할인 위젯을 노출시키면 이익률과 전환율이 증가할 것이다'는 가설을 검증하려고 진행했습니다. A군에는 마감임박 위젯이 없고 B군에는 위젯을 노출하여 둘을 비교했죠. 그런데 테스트를 돌려 보니 다소 명확하지 않은 결과가 도출되었습니다. 전환율은 어느 정도 상승했으나 이익률은 오히려 감소했습니다. 분석해 보니 마감임박 제품은 자동 할인이 적용된 탓에 이익률이 일반 제품보다 낮았고, 전환율 증가분과 폐기 손실 방어분이 이익률 감소분을 능가하지 못한 것이었습니다. 이것 참 애매하네요. 그렇다면 이런 상황에서는 어떻게 해야 할까요?

여기에서 우리는 상황을 개선시킬 수 있는 2차 가설을 세울 수 있습니다. '위젯에서 마감임박 제품을 보여 주되 개당 이익률이 높은 순으로 정렬하면 전환율이 오르면서 이익률도 감소하지 않을 것이다'고 말이죠. 그러면 다시 A군은 마감임박 위젯이 없고, B군은 마감임박 위젯이 있되 이익률이 높은 순으로 정렬하여 테스트를 진행합니다. 테스트 결과 이전 테스트와는 달리 이익률에 긍정적인 효과가 있다면 신규 테스트가 성공했다고 판단할 수 있습니다. 그런데 이번 테스트도 성공하지 못한다면 어떻게 해야 할까요? 이는 2차 가설이 틀렸다는 이야기이므로 다른 가설과 솔루션을 고안해서 다시 테스트해야 합니다.

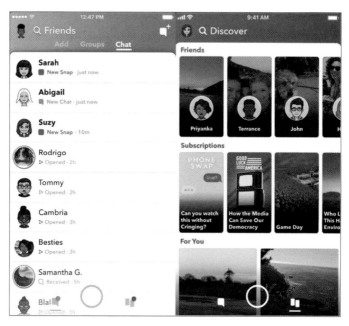

▲ 그림 4-5 스냅챗 UX 리디자인 예로, 친구 포스트와 미디어 콘텐츠를 분리
(출처: TechCrunch, https://techcrunch.com/2018/05/11/how-snapchat-should-work/)

이터레이션은 이미 사용자가 많은 서비스에서 고객 저항을 최소화하는 측면에서도 도움이 됩니다. 많은 고객이 변경된 디자인이 좋고 나쁘고를 떠나서 익숙한 것에 더 편안함을 느끼기 때문입니다. 한 번에 너무 급진적인 변화를 준다면 기존 고객들이 이를 어색하고 불편하게 느껴 결국에는 이탈할 수 있습니다.

스냅챗이 2018년에 한 리디자인 실패가 좋은 사례입니다. 스냅챗은 2018년에 사용자 인터페이스를 전면적으로 리디자인했습니다. 앱 구조를 변경하고 미디어 콘텐츠와 친구들의 포스트를 분리해서 보여 주는 것이 주요 변경 내용이었습니다. 하지만 이 변경은 대규모 사용자 반발을 초래했습니다. 스냅챗 사용자들은 새 디자인이 혼란스럽고 사용하기 어렵다고 느꼈으며, 친구들의 포스트와 미디어 콘텐츠가 분리됨으로써 친구들의 활동을 팔로우하기가 더 어려워졌다고 느꼈습니다. 그 결과 상당수 사용자가 이탈하는 최악의 결과를 얻고 말았습니다.

스냅챗 사례는 우리에게 좋은 교훈을 줍니다. 과연 스냅챗의 개편 방향성이 적절한 방향이었을까요? 점진적으로 AB 테스트를 하면서 검증해 나갔어도 과연 이렇게나 잘못된 방향성에 도달했을까요? 이미 많은 사용자가 쓰고 있는 앱이라면 한번에 너무 큰 변화를 주는 것은 대체로 좋지 않은 결과를 초래할 수 있습니다.

마치며

◆ 가설 중심으로 실험을 설계하세요

AB 테스트는 단순한 기능 비교가 아니라 가설 검증 도구입니다. "이 변화가 고객에게 어떤 영향을 미칠 것인가?"라는 질문에 답할 수 있는 가설을 세우고 이를 증명하거나 반박할 데이터를 수집하세요.

✔ 결과는 객관적인 데이터로 판단하세요

사용자 행동 데이터를 기반으로 성공 여부를 판단하세요. 클릭률, 전환율, 리텐션 등 구체적이고 측정 가능한 지표를 설정하는 것이 중요합니다. 감이나 추측보다는 데이터를 믿으세요.

✔ 점진적 테스트로 위험을 줄이세요

큰 변화를 한 번에 시도하기보다 점진적으로 시도하는 것이 더 나을 때가 있습니다. 스냅챗 리디자인의 실패 사례처럼 대규모 개편은 사용자 이탈로 이어질 수 있습니다. 점진적이고 반복적으로 테스트하여 사용자 반응을 예측하고 최적의 방향으로 나아가세요.

✔ 실패를 두려워하지 마세요

모든 테스트가 성공하지는 않습니다. 실패는 데이터로 얻은 값진 학습 기회입니다. 실패 원인을 분석하고 새로운 가설로 이어 가며 이터레이션을 지속하세요.

✔ 결과를 바탕으로 빠르게 행동하세요

AB 테스트 강점은 빠른 피드백 루프에 있습니다. 결과를 분석한 뒤 지체 없이 다음 단계로 나아가세요. 경쟁 환경에서 빠른 실행력은 큰 차이를 만듭니다.

✔ 적절한 도구를 활용하세요

Optimizely, VWO 등 전문 도구를 활용하면 AB 테스트의 효율성과 정확성을 높일 수 있습니다. 무작위 그룹 설정, 데이터 수집, 분석까지 자동화하여 실험에 집중하세요.

✅ 변화의 영향을 통합적으로 고려하세요

AB 테스트로 특정 변화의 긍정적인 결과를 얻었다 하더라도, 다른 영역에 부정적인 영향을 미칠 수 있습니다. 카니발리제이션 같은 부작용을 항상 염두에 두고 데이터를 분석하세요.

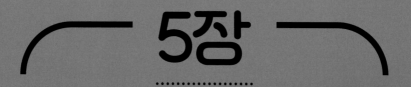

5장

로드맵 설정과
우선순위 결정

PRODUCT MANAGER

비전과 로드맵 관리

프로덕트 비전과 로드맵 관리는 PM이 하는 가장 중요한 일 중 하나입니다. PM은 담당 프로덕트가 고객에게 줄 수 있는 가치와 비전을 팀이 정의하여 모든 팀원이 공유하도록 해야 합니다. 이 비전은 팀원들의 공감을 이끌어 내야만 하기 때문에 PM 단독으로 설정하기보다는 팀원들과 함께 의견을 모아 정립하는 것이 바람직합니다. 그리고 프로덕트의 타깃 고객이 누구인지, 프로덕트의 역할, 단기 및 장기 목표가 무엇인지 정리하여 로드맵을 수립해야 합니다. 이커머스 검색 필터 프로덕트 비전과 로드맵을 세운다고 가정하고 하나씩 작성해 보겠습니다.

▲ 그림 5-1 검색 필터 예

검색 필터 프로덕트 로드맵

타깃 고객

우선 타깃 고객을 명확히 정의하는 것이 중요합니다. 검색 필터를 주로 사용하는 고객은 검색 의도가 구체적인 고객입니다. 예를 들어 그냥 'TV를 사야겠다'가 아니라, '70인치 벽걸이형 TV를 사야겠다'는 선호가 확실히 있는 상태죠. 이들은 자신이 원하는 제품을 빠르게 찾고자 하는 사용자들로, 제품 검색 과정에서 필터를 활용하여 정확한 결과를 얻고자 합니다.

필터 역할

필터가 할 역할을 명확하게 정의해 놓으면 앞으로 개발 방향성을 일관성 있게 수립할 수 있습니다. 먼저 필터는 제품 종류와 선택 기준을 한눈에 보기 쉽게 만듭니다. 예를 들어 TV를 검색할 때 필터를 사용하면 크기(**예** 80인치), 형태(**예** 스탠드형, 벽걸이형), 해상도(**예** 8K, 4K) 등 옵션을 확인할 수 있습니다. 이렇게 필터를 사용함으로써 사용자는 제품을 선택할 때 중요한 기준들을 자연스럽게 고려하게 됩니다.

▲ 그림 5-2 검색 필터에서 '스탠드형' 필터를 누르면 '스탠드형' TV 제품만 검색 가능

또 특정 필터 값을 선택하면 해당 조건에 맞는 제품만 걸러서 볼 수 있습니다. 예를 들어 '스탠드형' TV를 찾고자 하는 고객은 '스탠드형'이라는 필터 값을 선택해서 원하는 제품을 쉽게 찾을 수 있습니다. 이 방식은 검색 과정을 단순화하고 사용자가 불필요한 검색 결과를 보지 않도록 도와줍니다.

필터는 또한 고객이 원하는 제품의 아이디어를 얻고 이를 쉽고 빠르게 찾을 수 있도록 설계되었습니다. 최적의 필터 옵션은 지속적으로 업데이트되며 가능한 많은 데이터를 바탕으로 자동화되어 관리됩니다. 이 과정에서 직관적이고 사용성이 높은 UI를 적용해서 누구나 쉽게 필터를 사용할 수 있도록 최적화됩니다. 사용자가 필터를 적용할 때 높은 품질의 검색 결과가 제공되며, 인기 있는 제품을 상위에 노출시켜 고객이 더 쉽게 선택할 수 있도록 합니다.

또 필터는 고객 요구를 다양하게 반영할 수 있도록 개인화된 옵션을 제공할 수 있습니다. 이것으로 각 사용자의 구매 패턴이나 선호도에 맞는 제품을 더 정확하게 추천할 수 있습니다.

로드맵

타깃 고객과 필터 역할을 설정했다면 다음으로는 장기적인 개발 로드맵을 설정할 수 있습니다. 여기에는 시스템을 구축하고 최적화하는 과정이 포함됩니다. 첫 단계는 기본 구조 구축 및 MVP 배포입니다. MVP 단계이므로 빠른 개발과 테스트를 위해 많은 영역을 수기로 처리했습니다. 필터가 적용될 대상 검색어를 설정하고 검색어별 필터 항목을 정리합니다. TV 검색어에는 화면 크기, 형태, 해상도 필터들이 나오고 우유 검색어에는 용량, 맛, 멸균 여부 필터가 나오게 설정합니다. 그리고 필터 적용을 위한 UI를 만들어 제품을 노출하는 로직을 설계합니다.

이후에는 자동화 단계로 넘어갑니다. 더 많은 검색어에 양질의 필터를 노출시키는 데 수기 작업은 한계가 있어 자동화를 결정했습니다. 필터가 적용될 검색어의 인기도와 필요도를 계산하여 대상을 자동으로 설정하고, 필터 항목도 인기도와 필요도에 맞게 자동으로 구성합니다. UI

최적화 단계에서는 사용자 경험을 고려한 UI를 테스트하고, 필터 옵션이 최적의 방식으로 노출될 수 있도록 개선 작업을 진행합니다.

사람마다 선호하는 것이 다르기 때문에 모두에게 똑같은 필터를 보여주기보다는 개인화된 옵션을 보여 주는 것이 좋겠죠. 필터 로드맵의 마지막 단계로 개인화 로직을 구현하여 각 사용자에 맞춘 필터 옵션을 제공하도록 설정할 수 있습니다. 이것으로 고객들은 자신에게 가장 적합한 제품을 빠르고 쉽게 찾을 수 있을 것입니다.

백로그 관리

▲ 표 5-1 필터 백로그 예시로, 누적된 태스크/외부 요청들을 리스트업하여 관리하는 것이 필요

No.	분류	내용	우선순위	근거	요청자 (있는 경우)
1	쇼트컷 필터	'럭셔리' 필터 추가, 제품 구분 타입에 '럭셔리' 값이 들어 있는 제품들을 필터링	P0	지난 분기 패션 비즈니스 팀에서 '럭셔리' 셀렉션을 신규 론칭. 이번 분기에 확장 예정	패션 비즈니스 팀 Ellie
2	기본 필터	한 필터 그룹 내에 있는 필터 여러 개를 동시에 선택했을 때 제품 필터링 값이 업데이트되지 않는 버그	P0	전체 필터 클릭의 N%에서 발생하는 버그	
3	기본 필터	일부 디바이스에서 기본 필터 텍스트 값이 흐리게 보이는 이슈	P1	해당 디바이스 점유율 N%	

백로그는 완료해야 할 모든 작업, 기능, 버그 수정과 개선 사항들을 포함하는 목록입니다. 프로젝트를 원활하게 관리하려면 누적된 태스크와 요청들을 리스트업해야 합니다. 예를 들어 로드맵에 지정된 대로 프로덕트 개발의 큰 줄기가 진행되고 있다고 가정하겠습니다. 그 업무들은 백로그 최우선순위로 개발되어야 합니다. 그 외에 회사 내·외부 환경 변화에 따른 연관 업무와 버그 수정도 계속해서 발생할 것입니다.

예를 들어 지난 분기에 패션 비즈니스 팀에서는 '럭셔리' 카테고리를 신규 론칭했는데, 이번 분기에 대대적으로 확장할 예정이라고 가정해 보겠습니다. 그래서 패션 팀에서는 '럭셔리' 필터를 추가해 달라고 요청할 수 있습니다. 이때 PM은 요청 사항을 백로그에 넣어 두고 업무의 비즈니스적 중요도를 파악하여 진행 여부와 시기를 결정해야 합니다. 또는 버그 수정이 있을 수 있습니다. 가령 한 필터 그룹 내에 있는 필터를 여러 개 동시 선택했을 때 제품 필터링 값이 업데이트되지 않는 버그가 있다고 합시다. PM은 이 버그를 최우선순위로 바로 수정해야 하는지, 아니면 시간을 두고 해결해도 되는지 판단해야 합니다. 이때는 버그가 재현되는 빈도가 어느 정도인지와 고객 경험에는 어느 정도 영향을 미치는지 판단하여 의사 결정을 내릴 수 있습니다.

백로그 업무의 중요도를 평가할 때는 간단하게 약어를 사용합니다. P0(Priority 0)는 시급하게 진행해야 할 최우선 프로젝트입니다. 반드시 이번 스프린트 또는 OKR 달성 주기(주로 이번 분기) 안에 진행이 필수적입니다. P1도 높은 우선순위입니다. P0보다는 순위가 낮지만 분기 내에 시급하게 진행해야 할 프로젝트입니다. P2는 상대적으로 낮은 우선순위를 가리킵니다. 리소스 운영 계획에 따라 진행되지 않을 수도 있습니다.

우선순위 설정의 중요성

리소스가 한정되어 있고 모든 목표를 동시에 달성시키기 어려운 현실적인 상황에서 각 업무 간 우선순위를 정하는 것은 매우 중요합니다. 우선순위를 명확하게 설정함으로써 팀은 가장 중요한 작업에 자원과 노력을 집중할 수 있습니다. 시간과 자원을 낭비하지 않고 가장 영향력 있는 결과를 달성하도록 도와주죠. 또 팀원들이 어떤 작업이 중요한지 이해할 수 있으므로 팀 내 커뮤니케이션과 의사 결정도 더 쉬워집니다.

아이패드의 계산기 앱 사례는 우선순위 설정의 중요성을 보여 주는 전설적인 사례 중 하나입니다. 2024년 애플은 아이패드 OS 18에 계산기 앱을 출시했습니다. 달리 말하면 아이패드가 출시된 이후 14년 동안 아이패드에는 계산기 기본 앱이 없었다는 의미입니다. 원하는 사람들은 서드파티 앱을 앱 스토어에서 내려받아야 했습니다. 다수의 아이폰 기본 앱이 아이패드에도 탑재되는 것이 기본인데, 도대체 왜 계산기 기본 앱은 긴 시간 동안 지원하지 않았을까요? 그것은 사용자 환경에 최적화된 경험을 만들려는 애플의 고집과 철저하게 우선순위에 맞추어서 순차적으로 작업을 진행한다는 원칙이 결합되었기 때문입니다.

아이패드 첫 출시 당시, 아이폰의 계산기 앱을 그대로 아이패드에도 사용할 수 있었지만 스티브 잡스는 이것이 아이패드의 큰 화면에는 어울리지 않는다고 판단했습니다. 그는 아이패드용으로 새롭고 혁신적인 디자인을 원했으나, 출시 일정과 더 중요한 우선순위 사항들로 적절한 계산기 앱을 개발할 시간이 부족했습니다. 결국 잡스는 아이패드 사용자 경험을 해치지 않도록 계산기 앱을 초기 아이패드에는 포함시키지 않기로 결정했습니다. 이후 최적화한 디자인이 나오면 그때 포함시키기로 했습니다.

하지만 14년 동안 계산기 앱은 아이패드 OS에 포함되지 않았습니다. 애플이 더 중요한 작업에 집중했기 때문이죠. 과연 계산기 앱이 없다는 이유로 아이패드를 구입하지 않은 사람이 있었을까요? 다수 사용자가 스마트폰을 이미 소지한 상황에서 유튜브 재생, 애플 펜슬을 이용하여 작업하고 공부하기 위해 구입한다고 생각했을 때 계산기 앱이 아이패드 구입에 걸림돌이 된 사람은 거의 없었을 것입니다.

애플은 프로덕트의 PMF(Product Market Fit: 제품 시장 적합성)가 무엇인지, 사용자는 이 프로덕트로 무엇을 하고 싶어 하는지 철저하게 판단한 것입니다. 말 그대로 '기본 앱'이라고 하더라도 중요도가 떨어진다고 판단했기에 우선순위에서 밀렸습니다. 결국 계산기 앱은 2024년 하반기가 되어서야 OS에 포함될 수 있었습니다. 아이패드의 널찍한 디스플레이를 활용하여 기록, 단위 변환 같은 도구도 포함한 채로 말이죠.

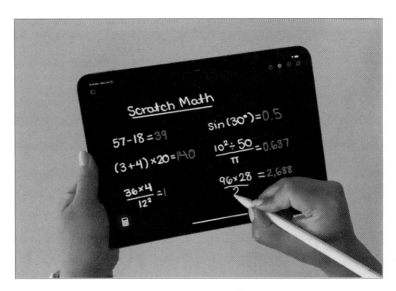

▲ 그림 5-3 아이패드용 계산기 앱(출처: 애플)

아이패드 계산기 앱은 우선순위뿐만 아니라 PMF와 UX 중요성에 대한 통찰도 제공합니다. 14년 만에 추가된 이 앱은 아이패드 사용 환경에서 '쉽고 빠르게 계산하는 것'에 대한 사용자 니즈를 가장 잘 구현한 사례입니다. 숫자 키패드를 눌러 계산하는 기본 기능은 물론, 메모장에 애플 펜슬로 계산식을 쓰면 계산기가 즉시 답을 구해서 표시합니다. 아이패드에 최적화된 사용자 경험을 제공하면서 AI 자동 계산 기능으로 편의성을 극대화한 것입니다.

우선순위 결정 방법론: MoSCoW

그렇다면 수많은 업무 사이의 우선순위는 어떻게 판단해야 할까요? MoSCoW는 프로젝트 관리와 소프트웨어 개발에서 가장 많이 사용하는 방법론입니다. 'Must have', 'Should have', 'Could have', 'Won't have'라는 네 가지 우선순위 카테고리의 첫 글자를 딴 것입니다. 각 카테고리는 프로젝트를 성공시키는 데 필요한 요구 사항의 긴급성과 중요성을 다음과 같이 정의합니다.

Must have: 반드시 필요함

이 요구 사항은 프로젝트 성공에 절대적으로 필요합니다. 이 카테고리에 속하는 요구 사항이 충족되지 않으면 프로젝트는 실패로 간주됩니다.

예시 온라인 쇼핑 사이트에서 결제 시스템은 'Must have'에 해당됩니다. 결제 시스템 없이는 웹 사이트 운영이 불가능합니다.

Should have: 가급적 필요함

이 요구 사항은 매우 중요하지만, 'Must have'만큼은 아닙니다. 이들은 일반적으로 프로젝트 완성도를 높이는 데 기여합니다.

예시 사용자 리뷰 기능은 온라인 쇼핑 사이트에서 'Should have' 요소일 수 있습니다. 이 기능이 없어도 웹 사이트는 운영할 수 있지만, 있으면 구매 결정에 도움을 주고 고객 만족을 높일 수 있습니다.

Could have: 있으면 좋음

이 요구 사항은 프로젝트에 추가 가치를 제공하지만, 그 중요도는 상대적으로 낮습니다. 시간과 자원이 허락하는 한 포함시킬 수 있습니다.

예시 온라인 쇼핑 사이트에서 선물 포장 옵션은 'Could have'입니다. 고객 경험을 향상시키지만 기본적인 웹 사이트 운영에는 필수적이지 않습니다.

Won't have: 이번 프로젝트에서는 고려하지 않음

이 요구 사항은 현재 프로젝트 범위에서 고려되지 않습니다. 이는 자원의 제한, 시간, 프로젝트 목표와 부합도를 고려한 결정일 수 있습니다.

예시 온라인 쇼핑 사이트가 현재는 국내만 서비스한다면 다국어 지원은 'Won't have'에 해당합니다.

MoSCoW 방법론은 각 요구 사항의 중요도와 긴급성을 명확하게 구분하게 합니다. 이것으로 팀원이 프로젝트의 목표와 기대를 명확하게 이해하고, 리소스를 효율적으로 배분할 수 있게 도와줍니다. 이는 또한 이해관계자와 의사소통을 간소화하고 프로젝트 범위를 명확히 설정하는 데도 도움을 줍니다.

이 방법론을 이용하여 모바일 뱅킹 앱을 구축한다고 가정해 봅시다.

프로젝트: 모바일 뱅킹 앱 개발

Must have: 반드시 필요함

- **계좌 조회**: 사용자가 언제 어디서나 자신의 계좌 잔액과 거래 내역을 확인할 수 있는 기능
- **송금 기능**: 사용자가 모바일 앱을 사용하여 다른 계좌로 돈을 송금할 수 있는 기능
- **보안 로그인**: 지문 인식, 얼굴 인식, PIN을 이용한 보안 로그인 기능

Should have: 가급적 필요함

- **자동 결제 설정**: 사용자가 정기적으로 지불하고자 자동 결제를 설정할 수 있는 기능
- **푸시 알림**: 계좌에서 중요한 활동이 발생했을 때 사용자에게 알림을 보내는 기능

Could have: 있으면 좋음

- **개인화된 금융 조언**: 사용자 지출 패턴을 분석하여 개인화된 저축 조언을 제공하는 기능
- **로열티 프로그램 통합**: 사용자가 다양한 로열티 프로그램과 연동하여 포인트를 관리하고 사용할 수 있는 기능

Won't have: 이번 프로젝트에서는 고려하지 않음

- **다국어 지원**: 한국인이 주 사용자라면 초기 구축 프로젝트에서는 한국어만 지원하고, 추가 언어 지원은 향후 고려

- **가상 현실 지점 투어**: 사용자가 VR 기기를 사용하여 가상 은행 지점을 탐험하는 기능은 고객에게 미치는 영향이 낮고 현재의 기술 및 예산 범위를 벗어나므로 고려하지 않음

MoSCoW 방법론은 큰 프로젝트 단위가 아닌 하나의 기능 구축 레벨 에서도 사용할 수 있습니다. 예를 들어 '계좌 조회' 기능의 상세 요구 사항을 MoSCoW 방법론으로 지정해 보겠습니다.

기능 구축: 계좌 조회

Must have: 반드시 필요함

- **기본 계좌 정보 표시**: 사용자의 모든 계좌(**예** 체크 계좌, 저축 계좌, 신용 계좌)의 현재 잔액과 계좌 번호를 보여 주는 기능
- **최근 거래 내역 조회**: 최근 입출금 거래 내역을 확인할 수 있는 기능
- **실시간 잔액 업데이트**: 계좌의 잔액이 변경될 때마다 실시간으로 업데이트되는 기능

Should have: 가급적 필요함

- **필터 및 검색**: 거래 유형(**예** 입금, 출금, 전송), 날짜, 금액에 따라 거래 내역을 필터링하고 검색할 수 있는 기능
- **다중 계좌 요약**: 여러 계좌의 잔액을 한 화면에서 요약하여 보여 주는 기능

Could have: 있으면 좋음

- **알림 설정**: 특정 거래가 발생했을 때 사용자에게 알림을 보내는 기능 (**예** 특정 금액 이상의 입금 또는 출금을 할 때)
- **인터랙티브 차트 및 그래프**: 거래 내역과 잔액 변동을 시각적으로 보여 주는 인터랙티브 차트 및 그래프
- **통화 변환 기능**: 다른 국가의 통화로 잔액을 변환하여 표시하는 기능

Won't have: 이번 프로젝트에서는 고려하지 않음

- **소셜 미디어 공유**: 계좌 정보나 거래 내역을 소셜 미디어에 공유하는 기능
- **음성 명령을 이용한 조회**: 음성 인식으로 계좌 정보를 조회하는 기능

우선순위 결정 방법론: RICE

RICE는 Reach, Impact, Confidence, Effort의 약어로, 각 요소를 고려하여 프로젝트나 기능의 우선순위를 결정합니다. 이 방법은 특히 리소스가 제한된 환경에서 최대 효과를 낼 수 있는 프로젝트를 선택하는 데 유용합니다.

Reach(도달 범위)

- 특정 시간 동안 프로젝트나 기능이 영향을 미칠 사용자 수를 나타냅니다.

- 예를 들어 한 달 동안 사용자 몇 명이 이 기능을 사용할 것인지 추정합니다.

Impact(영향력)

- 프로젝트나 기능이 각 사용자에게 미칠 영향의 정도를 평가합니다.
- 일반적으로 '매우 큼', '높음', '중간', '낮음' 등 척도로 평가합니다.

Confidence(신뢰도)

- 추정치의 정확성이나 프로젝트의 예상 성과에 대한 확신 정도를 나타냅니다.
- 보통 백분율로 표현하며, 이는 데이터의 확실성 또는 가정의 강도를 반영합니다.

Effort(노력)

- 프로젝트나 기능을 완료하는 데 필요한 작업 시간을 인간-월(Man Month, MM) 단위로 추정합니다.
- 예를 들어 개발자 2명이 한 달 동안 전일 기준으로 작업하는 것은 2MM 노력이 필요하다고 할 수 있습니다.

이런 각 요소 값을 사용하여 RICE 점수를 계산합니다. 계산 방식은 다음과 같습니다.

$$\text{RICE 점수} = \frac{(\text{도달 범위} \times \text{영향력} \times \text{신뢰도})}{\text{노력}}$$

이렇게 계산한 RICE 점수를 사용하여 다양한 프로젝트 아이디어나 기능의 우선순위를 비교하고 결정할 수 있습니다. RICE 점수가 높은 프로젝트는 더 큰 영향을 미치며 자원을 효율적으로 사용하여 빠르게 성과를 낼 가능성이 높다고 할 수 있습니다.

RICE 방법론은 복잡한 결정을 내려야 할 때 구조적이고 데이터 기반의 접근을 가능하게 하여 프로젝트 우선순위를 명확하게 설정하는 데 큰 도움을 줍니다.

한 이커머스의 새로운 기능에 대해 RICE 방법론을 사용하여 우선순위를 결정하는 예시를 살펴보겠습니다. '일대일 챗봇 지원 서비스'와 '패션 잡화 가상 착용'이라는 두 가지 새로운 기능이 후보에 있다고 가정하고 우선순위를 지정해 봅시다.

기능 1: 일대일 챗봇 지원 서비스

- **도달 범위**: 고객 지원이 필요한 사용자 중 40%가 이 기능을 이용할 것으로 예상됩니다. 월간 고객 서비스 사용자가 10만 명이라고 가정하면 도달 범위는 4만 명입니다. 도달 범위 = 40,000
- **영향력**: 한정된 CS 인력과 연결에 어려움을 겪는 고객들에게 CS 지원의 효율성과 만족도를 상당히 높여 줄 것이므로 '높음'으로 평가할 수 있습니다. 영향력 = 8
- **신뢰도**: 고객 피드백과 예상 반응을 바탕으로 이 기능의 예상 효과에 대한 확신은 80%입니다. 신뢰도 = 80%
- **노력**: 첨단 AI 기술과 통합이 필요하여 개발 및 구현을 위해 한 달간 6명을 투입해야 합니다. 노력 = 6MM(Man Month)

$$\text{RICE 점수}= \frac{40000 \times 8 \times 0.8}{6} = 42667$$

기능 2: 패션 잡화 가상 착용

- **도달 범위**: 의류와 액세서리를 구매하는 사용자 중 25%가 이 기능을 사용할 것으로 추정됩니다. 이 카테고리의 월간 사용자가 5만 명이라고 가정하면 도달 범위는 사용자 1만 2,500명입니다. 도달 범위 = 12,500
- **영향력**: 사용자가 프로덕트를 구매하기 전에 가상으로 착용해 볼 수 있어 구매 결정에 크게 기여하므로 '중간'으로 평가할 수 있습니다. 영향력 = 6
- **신뢰도**: 가상 착용 기술의 효과에 대한 데이터가 충분치 않아 신뢰도가 다소 낮으며, 이 기능의 예상 효과에 대한 확신은 50%입니다. 신뢰도 = 50%
- **노력**: AR 기술의 구현과 테스트로 상당한 노력이 필요하여 한 달간 8명을 투입해야 합니다. 노력 = 8MM

$$\text{RICE 점수}= \frac{12500 \times 6 \times 0.5}{8} = 4688$$

결론

계산 결과 '일대일 챗봇 지원 서비스'의 RICE 점수가 '패션 잡화 가상 착용'의 RICE 점수보다 훨씬 높습니다. 따라서 이 이커머스는 사용자 만족도와 고객 지원 효율성을 크게 향상시킬 수 있는 챗봇 서비스 개발을 우선적으로 고려할 것입니다. 이 기능은 투입되는 노력 대비 영향력과 도달 범위가 더 크기 때문에 우선순위가 높습니다.

주의할 점은 예시에서 알 수 있듯이 도달 범위, 영향력, 신뢰도, 노력의 각 요소를 평가할 때는 여전히 어느 정도 주관이 개입될 수밖에 없다는 것입니다. RICE 방법론은 상대적으로 객관적인 데이터를 기반으로 의사 결정을 돕는 도구이지만, 영향력이나 프로젝트 성공에 대한 신뢰도는 완벽하게 객관적인 기준을 적용하기가 어렵습니다. RICE는 의사 결정의 큰 틀을 제공하지만, 결국에 최종적인 결정은 PM의 경험과 통찰력에 달려 있습니다. PM은 데이터를 활용하되 사용자 경험과 시장 요구를 균형 있게 고려하여 우선순위를 결정해야 하며, 이것으로 프로덕트의 PMF와 사용자에게 최적화된 결과를 도출할 수 있습니다.

마치며

✓ 비전을 명확히 하고 팀과 공유하세요

프로덕트 비전은 팀원들이 나아갈 방향을 설정하는 나침반입니다. 비전은 단순히 PM의 머릿속에 있는 그림이 아니라, 팀 전체가 공감하고 동의해야 하는 목표입니다. 팀과 협업을 이루어 비전을 구체화하고 지속적으로 공유하여 팀원들이 각자가 하는 작업이 프로덕트의 큰 그림에 어떻게 기여하는지 이해할 수 있도록 하세요.

✓ 고객 관점에서 로드맵을 설계하세요

로드맵 핵심은 고객이 요구하는 기능과 가치를 제공하는 것입니다. 필터 프로덕트 예시처럼 고객 니즈를 분석하고 사용자 여정을 단순화할 수 있는 기능을 우선적으로 설계하세요. 모든 기능은 '고객이 이 기능으로 어떤 가치를 얻을 수 있는가?'라는 질문에 답할 수 있어야 합니다.

✓ 백로그는 단순히 할 일 목록이 아닙니다

백로그는 단순히 해야 할 일을 나열한 목록이 아닙니다. 백로그로 업무 중요도, 비즈니스적 임팩트, 시급성을 명확히 구분하세요. 이 것으로 팀은 가장 중요한 작업에 자원을 집중할 수 있습니다. P0, P1 등 우선순위 태그를 사용하여 작업 긴급성을 분명히 하세요.

✔ 우선순위는 고객 가치와 비즈니스 중요도를 고려하여 설정하세요

모든 업무는 제한된 리소스 안에서 진행해야 합니다. 아이패드 계산기 앱 사례처럼 고객에게 가장 큰 가치를 제공하는 기능을 먼저 개발하는 것이 핵심입니다. 'Must have', 'Should have', 'Could have', 'Won't have'로 나뉘는 MoSCoW 방법론을 활용하여 팀이 중요한 작업에 집중하도록 방향을 잡아 주세요.

✔ 데이터를 활용하여 결정에 확신을 더하세요

RICE 점수 계산처럼 우선순위를 설정할 때는 데이터를 기반으로 객관성을 더할 수 있습니다. 도달 범위, 영향력, 신뢰도, 노력이라는 요소를 평가하고 이를 비교하여 어떤 프로젝트가 더 큰 임팩트를 낼 수 있는지 파악하세요. 데이터를 활용하면 이해관계자와 더 원활하게 협업할 수 있습니다.

✔ 반복적인 피드백 루프로 개선하세요

로드맵과 우선순위는 고정된 것이 아닙니다. 시장 변화와 사용자 피드백에 따라 끊임없이 업데이트하고 개선하세요. 이터레이션으로 로드맵을 지속적으로 다듬고, 사용자 니즈에 더 정확히 부합하는 방향으로 나아가세요.

6장

디자인 원칙

PRODUCT MANAGER

(사용자를) 생각하게 하지마

'사용성'이란 프로덕트가 사용자 목적에 부합하여 효율적으로 쉽게 사용될 수 있는 정도를 의미합니다. 더 많은 사용과 구매를 이끌어 내어 지속적으로 사랑받으려면 사용성이 좋은 프로덕트를 만들어야 합니다. 이것이 바로 PM이 사용성 개념을 이해하고 적용해야 하는 이유입니다. 쿠팡 프로덕트 조직에 PM으로 입사하면 《(사용자를) 생각하게 하지 마!(Don't Make Me Think)》(인사이트, 2014)라는 책을 선물받습니다. 스티브 크룩이 2000년에 집필한 이 책은 서비스 사용성 디자인 분야에서 바이블처럼 여기는데, 쿠팡 UX 디자인의 뼈대가 되는 책입니다. 출간된 지 20년이 넘었지만, 책이 이야기하는 내용은 현 시점에도 유효합니다. 사용자가 직관적으로 이해하고 이용할 수 있도록 서비스를 디자인해야 한다는 것입니다. 즉, 프로덕트는 사용자가 너무 많이 생각하지 않고도 원하는 정보를 쉽게 찾을 수 있도록 설계해야 합니다.

스티브 크룩의 디자인 원칙

- **직관성**: 프로덕트는 사용자가 보는 순간 바로 이해할 수 있도록 명확하고 직관적이어야 합니다.
- **탐색 용이성**: 사용자가 원하는 정보를 찾으려면 프로덕트를 어떻게 이동해야 하는지 명확하게 안내해야 합니다. 메뉴, 링크, 버튼은 명확하고 이해하기 쉬워야 합니다.
- **콘텐츠 가독성**: 텍스트는 읽기 쉬워야 하며, 정보는 눈에 띄게 표시해야 합니다.

- **사용성 테스트**: 정기적인 사용성 테스트로 사용자 반응을 관찰하고 그에 따라 프로덕트를 개선해야 합니다.
- **간결성**: 불필요한 요소는 사용자 주의를 분산시킬 수 있으므로 제거하는 것이 좋습니다.

온라인 쇼핑을 하다 보면 이 디자인 원칙에 맞지 않는 사례들을 종종 발견합니다. 예를 들어 어떤 커머스들은 가격 경쟁력을 확보하고자 제품 자체의 가격을 즉시 할인하기보다 고객이 이것저것 쿠폰을 내려받아 적용하도록 설계되어 있습니다. 쿠폰 발급 페이지도 여러 이벤트 페이지에 흩어져 있습니다.

이런 설계가 나오는 것에는 보통 나름의 합리적인 이유가 있습니다. 낮은 가격을 제시함으로써 더 많은 고객이 구매하게 만들고 싶지만, 할인해 주지 않아도 어차피 프로덕트를 살 예정인 고객까지 할인을 제공함으로써 총 이익을 줄이고 싶지는 않은 것이죠. 매출을 '판매 가격×판매 개수'라고 한다면 매출을 극대화할 수 있는 최적의 지점을 찾기 위해 적극적으로 쿠폰을 찾아다니는 고객에게는 할인해 주되 그냥 [구매] 버튼을 누르는 고객은 그대로 두는 것입니다. 또는 비용을 통제하고 싶기 때문일 수도 있습니다. 기존 판매가와 이윤이 정해져 있는 상태에서 마케팅 비용을 들여 할인을 하므로 전체 고객에게 오픈하기보다는 일부 수량에만 적용하려는 것입니다.

그러나 이런 설계는 사용성에 큰 영향을 미치며 장기적으로는 프로덕트 경쟁력을 떨어트릴 수 있습니다. 고객은 바보가 아니기 때문입니다. 이런 패턴이 반복되면 고객은 제품을 바로 구매하지 못하고 혹시나 내가 놓친 혜택이 있을까 웹 사이트를 헤매게 됩니다. 결국에는 내가 지불해야 하는 돈이 얼마인지 정확히 예상하지 못하고, 덤으로 그것이 최적 가격인지도 의심하게 됩니다. 고객은 제품 상세 페이지와 이벤트 페이지를 헤매다 [구매] 버튼을 눌러 장바구니에 들어간 뒤 이런저런 쿠폰을 적용하여 결제 가격을 확인하는 것을 반복할 수도 있습니다. 또는 앱에서 바로 구매하는 것이 나은지, 네이버로 들어오는 것이 나은지 체크할 수도 있습니다. 이런 과정은 불필요한 스트레스를 유발할 뿐만 아니라, 고민하는 과정에서 고객이 결국 어떤 것도 구매하지 않고 이탈할 확률을 높입니다.

사용자를 생각하게 만들지 말라는 원칙은 배송비 정책에도 적용됩니다. 제품 배송에는 돈이 듭니다. 제품 가격이나 개수에 정비례하여 돈이 드는 것은 아니고, 주문 건마다 돈이 듭니다. 그래서 보통 커머스는 제품 판매 가격과 별도로 주문 건당 배송비를 따로 책정할 때가 많습니다. 그런데 고객이 상대적으로 한 번에 큰 금액을 구매하면 배송비를 면제해 주더라도 얻는 이익이 클 수 있습니다. 그래서 보통 커머스는 더 많은 구매를 촉진하고자 얼마 이상 구매하면 무료로 배송하는 기준을 설정하고는 합니다. 흔히 사용되는 주문 건당 금액 올리기 전략입니다.

▲ 그림 6-1 패션 커머스 무신사의 예로, 할인을 적용하려면 각 쿠폰을 내려받아야 함

▲ 그림 6-2 구매할 때 각 제품에서 [쿠폰사용 > 적용하기]까지 눌러야 할인 적용

모두 비즈니스적으로는 합리적인 이야기입니다. 여기에서 문제가 하나 있다면 고객은 배송비를 싫어한다는 것이죠. 특히 무료 배송 조건이 눈에 보이는 상황에서 배송비를 내는 것은 돈을 낭비하는 짓이라고 여기고 웬만하면 무료 배송을 받고 싶어 합니다. 그런데 그 기준이 고객 기대보다 높거나 조건을 채우기 위해 고민이 필요하다면 고객은 스트레스를 받아 이탈하기 시작합니다.

예를 들어 무료 배송 기준이 4만 원인 커머스가 있다고 합시다. 이 커머스가 단가가 높은 가전제품을 주로 판매하거나 식품을 판매하더라도 주 타깃이 3~4인 가족 단위라면 이런 배송 기준은 큰 문제가 되지 않을 것입니다. 하지만 식품을 주로 판매하는 커머스고 핵심 고객으로

1인 가구까지 염두하고 있다면 어떨까요? 신선식품의 특성상 한 번에 많은 제품을 사서 쟁일 수가 없기 때문에 먹을 만큼만 자주 구매해야 합니다. 특히나 밥을 간단하게 차려 먹는 1인 가구라면 한번 장을 볼 때 4만 원을 쓰는 것이 쉽지 않습니다. 어쨌든 이들도 배송비를 내고 싶지는 않기 때문에 몇 번은 제품을 추가해 가며 무료 배송 기준을 채우려고 노력할 것입니다.

이런 사례 때문에 높은 배송 기준은 단기적으로는 긍정적인 비즈니스 효과를 가져온다고 분석할지도 모릅니다. 하지만 고객 입장에서는 쉽게 소비하기 힘든 수량과 꼭 필요하지 않은 제품들을 배송비 때문에 억지로 구매하려고 한참을 고민하면서 제품을 추가하게 될 것입니다. 장기적으로는 구매 빈도의 감소로 매출 역시 감소하고 더 편리한 쇼핑몰을 찾아 고객이 이탈할 수도 있습니다.

더 이상 그런 고민을 할 필요가 없도록 만든 것이 '쿠팡와우' 회원 제도입니다. 쿠폰이 여기저기에 흩어져 있는 것이 아니라 제품 상세에서 한 번에 내려받기 가능하거나 아예 자동으로 쿠폰이 적용됩니다. 와우 회원이라면 로켓 제품은 언제나 무료 배송이기 때문에 무료 배송 조건을 맞추려고 장바구니에 어떤 제품을 추가해야 할까 고민하는 일도 사라집니다. 아예 장바구니로 들어갈 필요조차 없이 제품 상세

▲그림 6-3 쿠팡의 [밀어서 결제하기] 버튼 화면으로 장바구니에 들어갈 필요 없이 제품 상세에서 바로 결제 가능

에서 바로 [밀어서 결제하기] 버튼을 누르면 끝입니다. 대체로 최저가를 맞추어 주므로 고객은 가격을 크게 고민하지 않아도 됩니다. [밀어서 결제하기] 버튼을 누르면 미리 연결되어 있는 결제 수단으로 결제되고, 제품이 언제 오나 고민하는 일 없이 다음 날이면 배송이 완료됩니다.

저는 이제 아주 고가의 제품이 아니라면 별 고민 없이 쿠팡에서 [밀어서 결제하기] 버튼을 누르고는 합니다. 심지어는 가격 비교도 하지 않고 말이죠. 고객은 본인 인생에서 중요한 일을 하기에도 바쁘며, 제품 구매 외에도 신경 쓸 곳이 많습니다. 쇼핑몰에서 닭가슴살을 사는 일에 많은 고민을 하게 만들어서는 안 된다는 말이죠.

프로덕트는 직관적이어야 한다

프로덕트는 설명 없이도 일반적인 고객이 사용 방법을 이해할 수 있도록 개발해야 합니다. 일반적인 교육 수준인 사용자는 물론 기술 사용 능력이 다소 떨어지는 노인이나 어린아이도 쉽게 사용 방법을 이해할 수 있다면 그 프로덕트를 직관적이라고 말할 수 있습니다. 직관적 디자인을 여러 프로덕트와 서비스에 반영하고 있는 좋은 사례는 애플에서 찾을 수 있습니다.

애플의 직관적인 디자인

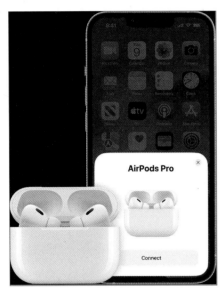

▲ 그림 6-4 에어팟은 케이스에서 꺼내면 즉시 아이폰과 연동
(출처: 애플 공식 사이트, https://support.apple.com/en-hk/104989)

에어팟은 케이스에서 꺼내는 즉시 아이폰에 자동으로 연결됩니다. 에어팟과 아이폰이 연동되어 있는 상태라면 어떤 설정 및 절차 없이도 바로 사용할 수 있습니다. 연동이 안 되어 있더라도 최초로 연결하는 방법도 매우 직관적입니다. 새로 구입한 에어팟을 처음으로 케이스에서 꺼내면 가장 가까이에 있는 아이폰에 해당 에어팟을 연동할 것인지 묻는 화면이 자동으로 떠오릅니다. 연동을 누르면 그것으로 연결은 끝나죠. 생체 인증은 또 얼마나 편리한가요? 사용자의 얼굴이나 지문을 인식함으로써 장치를 빠르고 안전하게 잠금 해제할 수 있게 만들어 줍니다. 비밀번호를 귀찮게 입력할 필요가 없고 자꾸 잊어버리는 문제도 방지하면서 보안까지 강화하죠.

애플은 하드웨어노 식관석으로 만듭니다. 가령 맥북의 마그네틱 충전 포트인 맥세이프(MagSafe)는 자석을 사용해서 충전기가 자동으로 올바른 위치에 붙게 합니다. 충전기가 제대로 끼워지지 않아 충전이 안 될 일이 없죠. 트랙패드는 멀티터치 제스처를 지원하여 사용자가 다양한 명령을 간편하게 수행하게 하고요. 제스처는 이해가 쉽고 감도가 높아서 많은 맥북 사용자가 따로 마우스가 필요하지 않다고 말합니다.

마이크로소프트가 윈도우 8에서 한 실수

▲ 그림 6-5 직관적이지 않다는 평가를 받았던 윈도우 8 시작 화면
(출처: ITWorld, https://www.itworld.co.kr/news/78267)

유명한 테크 기업들도 실수를 합니다. 편리한 데스크톱 인터페이스로 전 세계 PC 시장을 석권했던 마이크로소프트 윈도우가 그렇습니다. 2012년 출시되었던 윈도우 8은 전통적인 데스크톱 사용자들에게 큰 논란을 일으켰고 직관적이지 않다는 평가를 받았습니다. 당시 모바일 기기 보급 확장 트렌드에 영향을 받은 탓인지 윈도우 8은 전통적인 [시작] 메뉴를 제거하고 타일 기반의 시작 화면을 채택했습니다. 하지

만 이 변화는 키보드와 마우스를 주로 사용하는 데스크톱 사용자에게 큰 혼란을 주었습니다. 많은 사용자가 윈도우 8로 업데이트를 거부했고 부정적인 피드백을 남겼습니다.

마이크로소프트는 이런 피드백을 받아들여 윈도우 8.1 업데이트를 발표했습니다. [시작] 메뉴를 부활시키고 타일 기반 시작 화면뿐만 아니라 부팅할 때 데스크톱 환경으로 진입할 수 있는 옵션을 부여했습니다. 그리고 이어진 윈도우 10 발표에서는 더욱 전통적인 화면으로 되돌아갔습니다.

이 예시는 사용자가 느끼는 '직관적인 디자인'이 디바이스 환경에 따라 다르다는 것을 보여 줍니다. 모바일에 적합해 보이는 디자인이 PC에서는 오히려 복잡하고 불편할 수 있죠. 기존에 사용자가 많은 서비스라면 갑자기 생기는 큰 변화 자체가 거부 반응을 불러일으킬 수도 있습니다. 방향성이나 목적성은 좋지만 사용자 거부가 예상된다면 한 번에 큰 변화를 만들기보다는 점진적으로 디자인을 바꾸어 나가는 것도 좋은 방법입니다. 이유가 무엇이든 사용자가 싫어하고 불편해 한다면 문제가 있는 것이므로 피드백을 받아들여 빠르게 개선하도록 합시다.

직관성을 올리는 팁

직관성을 올리는 좋은 팁이 하나 있습니다. 특별한 이유나 개선 포인트가 없는 상황이라면 널리 사용되는 디자인 표준이나 업계에서 흔히 지키는 원칙을 따르는 것이죠. 예를 들어 사용자는 홈 버튼을 누르면 홈 화면으로 이동하는 것에 익숙합니다. 지금 어느 화면을 헤매고 있든지 말입니다. 그런데 우리 프로덕트에서는 홈 버튼을 눌러도 아무 반응이 없다면 어떨까요? 고객은 분명히 당황할 것입니다. 특별한 이유가 없다면 고객이 일반적으로 기대하는 표준 디자인들은 지키는 것이 바람

직합니다. 애플에서 발표하는 HIG(Human Interface Guidelines)나 구글의 머티리얼 디자인(material design)을 참고하길 권장하며, 다음 예시를 고려해 보는 것도 도움이 될 수 있습니다.

- **일관된 내비게이션**: 메뉴 항목의 위치와 스타일이 웹 사이트 전체에서 일관되게 유지되면 사용자는 새 웹 페이지로 이동할 때마다 메뉴를 새로 학습할 필요가 없습니다.
- **표준 아이콘 사용**: 쇼핑 카트 아이콘을 사용하여 장바구니 페이지를 나타내거나 돋보기 아이콘을 사용하여 검색 기능을 표시하는 것처럼 널리 인식되는 아이콘을 사용해야 합니다.
- **툴 팁과 마우스 오버 효과**: 사용자가 아이콘 위로 마우스를 가져갔을 때 툴 팁이나 간단한 설명이 나타나면 사용자가 해당 아이콘이나 버튼의 기능을 쉽게 이해할 수 있도록 도울 수 있습니다.
- **자동완성 기능**: 사용자가 검색창에 텍스트를 입력하기 시작하면 자주 검색되거나 관련 있는 단어들이 자동으로 제안되어 빠르게 원하는 정보를 찾을 수 있게 합니다.
- **명확한 CTA**: 사용자가 다음에 어떤 행동을 해야 하는 경우에는 '구매하기', '더 알아보기'처럼 명확하고 구체적인 동작을 유도하는 버튼을 제공해야 합니다.
- **시각적 계층 구조**: 중요한 정보나 버튼은 크기, 색상, 위치를 달리하여 다른 요소보다 눈에 띄게 함으로써 사용자 주의를 끌고, 웹 사이트를 효과적으로 탐색할 수 있도록 도와야 합니다.
- **반응형 디자인**: 사용자가 다양한 장치(데스크톱, 태블릿, 스마트폰 등)에서 웹 사이트를 방문할 때 웹 사이트의 레이아웃을 자동으로 최적화하여 사용자 경험을 일관되게 유지해야 합니다.

사용 과정은 간단히

길고 복잡한 과정을 좋아할 고객은 아무도 없습니다. 동일한 결과 값을 최소한의 클릭으로 얻을 수 있어야만 사용자가 사용 과정을 편하게 느낄 것입니다.

카카오 택시를 잡을 때를 생각해 봅시다. 앱을 열어 목적지를 입력하면 입력이 끝나기 전에 자동완성이 나타납니다. 귀찮게 전부 입력할 필요 없이 자동완성을 선택하면 됩니다. 목적지만 입력하면 출발지는 입력하지 않아도 자동으로 선택됩니다. GPS 기반으로 현재 위치를 자동으로 나타내기 때문이죠. 수정하고 싶다면 직접 검색하거나 지도에서 위치를 옮길 수 있습니다. 현 위치를 설명할 이름을 정확히 모르더라도 지도를 보며 대략적으로 선택할 수 있죠.

이렇게 사용 과정을 간단하게 만드는 UX 혁신이 업계 판도까지 바꾸는 경우가 있습니다. 과거 은행 인터넷 뱅킹으로 송금을 할 때는 공인인증서가 필요했습니다. 인증서가 하드 디스크나 이동식 저장 장치에 저장되어 있어야 했고 그 인증서를 사용하려면 비밀번호를 입력해야 했습니다. 발급받은 인증서가 없거나 기간이 만료되거나 비밀번호를 잊어버렸다면 송금할 수 없었고 이를 해결하는 절차도 매우 복잡했습니다.

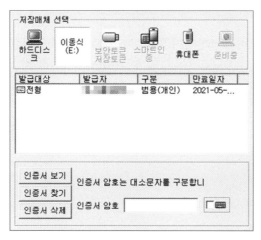

▲ 그림 6-6 공인인증서 화면 예로 과거에는 한 번의 송금에도 공인인증서가 필요

이런 문제를 혁신하면서 나타난 기업이 바로 '토스'입니다. 복잡한 공인인증서 없이 간단한 '숫자+영어 한 자리' 조합의 비밀번호만으로도 송금을 가능하게 했죠. 심지어 지금은 비밀번호를 입력할 필요도 없이 [이체] 버튼을 누르면 페이스 아이디가 실행되면서 송금이 가능하게 되었습니다. 매끄럽고 간단한 절차를 도입한 토스는 사용자들의 불편한 지점을 긁어 주는 송금 서비스로 폭발적인 호응을 얻었고, 발전을 거듭해서 지금은 은행, 증권, 페이먼츠까지 포괄하는 종합 금융 기업으로 성장했습니다.

송금하는 상황에는 더치페이를 하는 때도 있습니다. 일행 여러 명이 모였을 때 일단 한 명이 전체 금액을 결제한 뒤 일행들에게 송금을 요청하는 경우처럼 말이죠. 이를 위해 모임의 총무 역할을 한 사람은 전체 사용 금액을 계산하고, 이를 또 사람 수대로 나눈 뒤 송금해 달라고 요청해야 했습니다.

'카카오페이'는 이런 사용 패턴에 주목하여 귀찮은 절차를 한 단계 줄여 주었습니다. 카카오페이의 정산하기 기능을 사용하면 전체 금액을 인원수대로 자동으로 나누어 주고 친구에게 송금 요청 메시지를 보내 줍니다.

▲ 그림 6-7 카카오페이 정산하기 기능 예

또 다른 예시를 생각해 봅시다. 다양한 이유로 여러 은행 계좌를 사용할 때가 있습니다. 토스뱅크 앱을 실행하고 있는 상태에서 내 명의의 다른 은행 계좌에서 토스뱅크 계좌로 돈을 옮기는 상황을 가정해 봅시다. 과거의 은행 앱 구조였다면 돈을 옮겨 올 은행 앱을 실행하고 토스뱅크 계좌번호를 입력해서 돈을 옮겨야 했을 것입니다. 하지만 토스뱅크에서는 [채우기] 버튼을 누르기만 하면 다른 은행 앱에서 돈을 송금할 수 있습니다. 과정이 훨씬 간단해졌죠.

▲ 그림 6-8 토스뱅크 채우기 예로 [채우기] 버튼을 누르면 연결된 다른 계좌에서 토스뱅크로 돈을 가져올 수 있음

어쩌면 이런 개선들이 사소해 보일지도 모르겠습니다. 사용자의 클릭 한 번을 줄여 주는 것이 정말 그렇게나 중요할까요? 네, 언제나 대답은 그렇습니다. 프로덕트 데이터를 분석해 보면 알 수 있는데요. 고객이 퍼널(funnel)* 한 개를 통과할 때마다 전환율은 뚝뚝 떨어집니다. 절차 가 길어질수록 고객이 액션을 완수할 확률이 줄어드는 것입니다. 꼭 필 요한 것만 남기고 절차를 줄일 수 있다면 가급적 간단하게 줄이는 편 이 좋습니다.

정보 구조는 명확해야 한다

고객이 프로덕트를 사용할 때 목표를 신속하고 효율적으로 달성할 수 있게 돕기 위해서는 정보의 위계 관계가 잘 드러나도록 디자인해야 합

---

* 구매나 가입 같은 목표 행동을 완료하기까지 거치는 단계를 의미합니다.

니다. 중요한 정보는 강조해야 하고 덜 중요한 정보는 덜 눈에 띄어야 하죠.

우리가 흔히 보는 커머스 역시 수많은 제품 사이에서 원하는 제품을 찾도록 정보의 위계 관계를 활용하고 있습니다. 아마존이 좋은 예시가 될 수 있겠네요. 아마존의 모든 제품은 카테고리로 분류되어 있습니다. 식품, 의류, 가전 등 대분류에서 시작하여 여성 의류, 스커트, 롱스커트까지 세분화되는 카테고리는 사용자가 제품의 바다에서 원하는 것을 찾도록 돕습니다. 이를 넘어 검색 기능은 더욱 세부적인 니즈까지 확인하여 사용자가 즉시 원하는 것을 찾을 수 있게 합니다. 필터와 정렬 옵션을 사용하면 더 세부적인 결과를 알 수 있습니다.

더 적극적인 방법도 있습니다. 추천 시스템은 사용자가 원하는 것을 직접 찾지 않더라도 좋아할 만한 것을 골라서 보여 줍니다. 사용자의 이전 구매 및 검색 기록으로 재구매할 제품 또는 좋아할 만한 제품을 추천합니다. 때로는 사용자와 나이, 성별, 취향이 같은 다른 사용자가 좋아하는 제품을 제안하기도 합니다. 고객이 구매를 고민하는 상황에서는 평점과 리뷰를 보여 주고 추가적으로 제품 정보도 제공합니다. 의사결정에 유용한 정보를 제공하여 만족스러운 구매를 할 수 있도록 돕죠.

슬랙 역시 정보의 위계 관계를 잘 구현한 좋은 사례입니다. 슬랙은 팀 커뮤니케이션과 협업을 위한 서비스입니다. 여러 사용자가 대량의 메시지와 파일을 효율적으로 소통하고 관리할 수 있도록 설계되었죠. 슬랙의 디자인은 사용자가 필요한 정보를 쉽게 찾고 업무에 집중할 수 있도록 정보의 표시와 구성에 주의를 기울이고 있습니다.

- **채널과 메시지의 구분**: 슬랙은 채널, 개인 메시지, 그룹 메시지 등을 명확히 구분하여 사용자가 대화의 맥락을 쉽게 파악할 수 있도록 합니다. 사용자 인터페이스의 사이드바에는 채널과 다이렉트 메시지가 별도로 구분되어 있으며, 사용자는 필요에 따라 각 세션을 확장하거나 축소할 수 있습니다.

- **중요한 알림 강조**: 슬랙은 사용자에게 중요한 알림(例 언급 @), 직접 온 메시지를 시각적으로 강조하여 표시해 줍니다. 새 메시지나 언급이 있는 채널은 볼드체로 표시되며, 사용자가 특별히 주시하고 싶은 채널을 선택하여 관리할 수 있습니다. 모든 알림을 푸시 알림으로 받을지, 설정한 알림만 받을지도 설정할 수 있습니다. 사용자는 이런 시각적 신호를 이용하여 중요한 커뮤니케이션을 놓치지 않도록 도움을 받을 수 있습니다.

- **검색 최적화**: 슬랙은 검색 기능을 제공하여 사용자가 대화, 파일, 멘션 등을 빠르게 찾을 수 있도록 돕습니다. 검색 결과는 관련성에 따라 정렬되며, 사용자는 필터를 사용하여 검색 범위를 좁힐 수 있습니다.

적절한 CTA 버튼을 활용하면 중요한 정보를 강조하면서 원하는 행동을 하도록 유도할 수 있습니다. 예를 들어 [구매] 버튼이나 [가입] 버튼 CTA를 강조하여 전환율을 높일 수 있습니다. 넷플릭스의 CTA 변경은 유명한 사례입니다. 넷플릭스는 어떤 문구가 구독 촉진에 가장 효율적인지를 두고 AB 테스트를 여러 번 진행했는데, 실제로 문구를 변경하는 것이 구독률에 유의미한 영향을 준다는 것을 확인했고 테스트를 거쳐 최적의 문구를 세팅했습니다.

▲그림 6-9 정보의 위계 관계를 잘 구현한 슬랙 화면 예(출처: 슬랙 코리아, https://slack.com/intl/ko-kr/blog/collaboration/slack-is-now-available-in-korean)

모두를 위한 디자인

우리 고객은 우리 팀보다 다양하다

조직에서 활발하게 일하고 있는 실무자 중에는 20~30대 비율이 높을 것입니다. 특히 프로덕트 조직에 있다면 기술을 잘 다루고 트렌드에 밝을 확률이 높을 것입니다. 주변 사람들도 마찬가지고요. 그래서 실제 고객층은 더 다양함에도 나와 비슷한 사람들의 기준에서만 설계를 하는 함정에 빠지기 쉽습니다. 쉬운 예를 하나 들어 봅시다. IT 대기업의 프로덕트 팀 다수가 아이폰과 맥북을 씁니다.

QA를 할 때도 한국인 중 절반 정도의 사용자가 안드로이드를 사용함에도 프로덕트 팀은 안드로이드 환경에 상대적으로 적게 노출되기 쉽습니다. 평상시에는 안드로이드를 전혀 사용하지 않다가 테스트할 때나 의식적으로 보는 것이죠.

연령대에서 오는 차이도 놓치기 쉽습니다. 저는 예전에 자동완성에 추가적인 키워드를 넣는 실험을 한 적이 있었습니다. 일반 자동완성 옆에 버튼을 추가하여 연관 키워드도 한꺼번에 보이게 했습니다. 다시 말해 고객이 '우'까지만 검색한 상황에서 '우유'가 자동완성으로 나올 때 '200ml', '서울우유' 같은 연관 키워드가 우유 옆에 함께 뜨게 했습니다. 공간 제약 때문에 한 화면 안에 보여 줄 수 있는 자동완성 키워드 숫자가 정해져 있어 좀 더 많은 키워드를 추천할 수 있게 제한된 화면을 효율적으로 쓰려는 시도였습니다.

그러나 AB 테스트를 진행한 후 성과는 미지근했습니다. 무엇이 문제인지 몰라 모두가 고민에 빠졌죠. 나중에 다른 건으로 사용성 테스트를 하다 우연히 문제 원인 하나를 발견했습니다. 고객이 보고 있는 화면이 우리가 예상한 디자인 화면과 매우 달랐던 것이죠. 쿠팡은 다양한 연령층이 사용하는 앱이며 50대 이상 고객도 많습니다. 50대 이상 고객들은 화면을 큰 글씨로 보려고 핸드폰 디바이스 글자 크기를 기본 세팅보다 크게 키워서 많이들 사용합니다. 그들 화면에서는 키워드 버튼이 잘려서 제대로 보이지 않았던 것입니다.

명백한 실수였습니다. 글자 크기를 기본 세팅보다 훨씬 키워 놓은 안드로이드 사용자가 분명히 존재하는데, 이들 케이스를 완전히 놓쳤으니까요. 세팅을 이렇게 바꾸어 놓은 사용자가 전체 몇 퍼센트를 차지하는지 알기 어려웠습니다. 하지만 쿠팡 구매 고객 중 50대 이상의 안드로

이드 사용자가 차지하는 비중이 상당하기 때문에 무시할 비중은 아니라고 추정할 수 있었습니다.

그러면 이제 실험을 어떻게 수정할지 고민해야 할 타이밍이 되었습니다. 현재 아이디어를 고수하겠다고 다짐한다면 자동완성과 연관 검색어 버튼에서는 디바이스 글자 크기 설정이 적용되지 않고 고정된 크기로만 노출하도록 바꿀 수도 있었습니다. 그러나 종합적으로 생각했을 때, 글자 크기를 키워서 보고 싶어 하는 고객이 상당한 상황에서 굳이 크기를 고정해서 키워드를 더하는 것이 최적의 UX는 아니라는 결론을 내렸습니다. 다른 방향성으로 좀 더 노력해 보기로 하고 해당 실험은 그대로 종료시켰습니다.

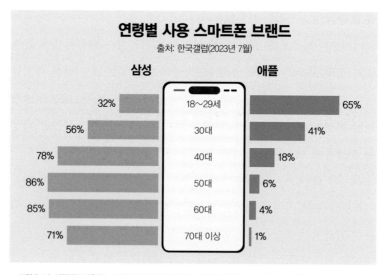

▲ 그림 6-10 연령별로 사용하는 스마트폰 브랜드를 조사한 그래프로 연령별로 많은 차이를 보임(수치 출처: 한국갤럽)

연령층, 성별, 배경이 다양한 고객들이 사용하는 프로덕트는 글자 크기뿐만 아니라 읽고 이해하기 쉬운 콘텐츠를 만드는 것도 중요합니다. 그래서 위젯 메인 타이틀이나 시브 타이틀에 가급적 영어나 어려운 단어를 사용하지 않습니다. 또 모두 이해할 수 있도록 최대한 명료한 표현을 사용하고, 단어 형태로 타이틀이 끝나도록 작성합니다. 색감도 눈에 띄기 쉬운 또렷한 색상을 사용합니다. 이와 반대로 젊은 고객층에게 트렌디하게 보이는 것이 중요한 프로덕트에서는 영어를 많이 사용합니다. 보편적으로 이해하기 어려운 유행어나 밈(meme)도 원하는 이미지 획득에 도움이 된다면 활용합니다. 이처럼 프로덕트 방향성은 목표로 하는 고객층이나 콘셉트에 따라 달라질 수 있습니다.

접근성

이 예시가 비즈니스를 위해 타깃 고객에게 더 편리한 경험을 제공하고자 하는 노력이라면, 인권 차원에서 지향해야 할 목표로는 좀 더 광범위한 '접근성(accessibility)' 개념이 있습니다. 접근성이란 모든 사람, 특히 장애가 있는 사람들이 정보, 기술, 환경, 서비스 등을 사용할 수 있도록 보장하는 개념입니다. 앱 서비스, 물리적 환경 등 여러 분야에 걸쳐 적용되며, 모든 사용자가 프로덕트나 서비스를 효과적으로 사용할 수 있도록 만드는 것이 목표입니다.

접근성의 핵심 요소는 다음과 같습니다.

- **포괄성**: 모든 사용자, 특히 장애가 있는 사용자가 서비스나 프로덕트를 이용할 때 불편함이 없도록 설계해야 합니다. 이는 물리적, 지적, 감각적 장애를 지닌 사용자를 모두 포함합니다. 가령 색약이 있는 사용자도 쉽게 읽을 수 있도록 글자 색상은 기준치 이상의 명료한 색상을 사용해야 합니다.

- **사용성**: 접근성은 단순히 사용할 수 있게 만드는 것을 넘어 사용자가 프로덕트나 서비스를 쉽고 효과적으로 사용할 수 있도록 보장해야 합니다.
- **평등성**: 모든 사용자가 동등한 수준의 정보와 기능에 접근할 수 있도록 해야 합니다. 이는 정보나 기능을 제한하지 않고, 필요한 모든 사용자가 이를 이용할 수 있도록 하는 것입니다.

따라서 웹 사이트와 온라인 플랫폼은 시각적, 청각적, 운동적 장애가 있는 사용자들도 이용할 수 있도록 설계해야 합니다. 예를 들어 스크린 리더를 사용하는 시각 장애인이 웹 사이트를 탐색할 수 있도록 대체 텍스트, 적절한 마크업 구조, 키보드 탐색 지원 등이 필요합니다. 애플리케이션은 다양한 입력 방식을 지원해야 하고, 사용자 인터페이스는 간단하며 이해하기 쉬워야 합니다. 또 사용자가 설정을 조정하여 필요에 맞게 인터페이스를 변경할 수 있어야 합니다. 디바이스 글자 크기를 키우고 싶은 경우 키울 수 있도록 이런 기능을 지원해야 합니다.

적정 정도의 접근성을 보장하는 것은 법적 요구 사항입니다. 이것은 사회적 책임을 다하고 더 많은 사용자에게 서비스를 제공하려는 조직의 윤리적 노력이라고 볼 수도 있겠습니다. 조직이 접근성을 증진하면 사용자 기반을 확대하고, 모든 사람이 프로덕트나 서비스를 공평하게 이용할 수 있는 기회를 제공하는 동시에 긍정적인 사용자 경험도 촉진할 수 있을 것입니다.

사용성 테스트 필요성

지금까지 우리는 디자인 단계에서 염두해야 하는 원칙을 이야기했습니다. 그런데 이런 원칙을 염두에 두고 만든 우리 프로덕트가 정말로 직관적이고 간단 명료하며 다양한 사람에게 잘 작동한다는 것을 어떻게 확신할 수 있을까요? 하나의 방법은 사용성 테스트(Usability Test, UT)를 진행해서 직접 고객에게 보여 주고 잘 활용할 수 있는지 관찰하는 것입니다. 이 개념은 132쪽 '고객 조사의 필요성과 설문 조사 설계'에서 더 자세히 다루겠습니다.

마치며

✅ 작은 고민도 크게 줄이세요

사용자는 쇼핑이나 서비스 이용에서 불필요한 고민을 원하지 않습니다. 결제나 쿠폰 적용, 배송비 계산처럼 사소해 보이는 과정도 스트레스를 유발할 수 있습니다. 이런 작은 고민을 줄이려고 결제 과정을 단순화하거나 쿠폰 자동 적용 같은 UX 개선을 고민해 보세요. 고객 고민을 줄이는 것이 신뢰를 얻는 첫걸음입니다.

✅ 직관적인 흐름을 설계하세요

디자인은 직관적이어야 합니다. 사용자가 설명 없이도 자연스럽게 다음 행동을 이해할 수 있도록 설계하세요. 화면의 시각적 계층 구조와 버튼의 명확한 문구는 사용자를 올바른 흐름으로 안내합니다. 애플의 에어팟처럼 불필요한 설정 없이 자연스럽게 연결되는 경험을 참고해 보세요.

✅ 피드백을 빠르게 수용하세요

사용자가 혼란을 느끼는 지점이 있다면 빠르게 피드백을 받아 개선하세요. 큰 변화를 한 번에 적용하기보다는 점진적으로 변화시켜 사용자가 자연스럽게 적응할 수 있는 환경을 제공하세요. 마이크로소프트가 윈도우 8에서 [시작] 메뉴를 제거한 뒤 사용자 피드백을 받아 다시 복원했던 사례를 떠올려 보세요.

✅ 다양한 고객층을 이해하세요

프로덕트를 사용하는 고객은 연령대와 배경이 다양합니다. 특정 디바이스나 환경만 고려하지 말고 글자 크기 조정, 색상 대비 등 다양한 고객 상황을 반영한 접근성 높은 디자인을 설계하세요. 특히 글자를 확대해서 사용하는 고객층이 많은 상황에서 화면 요소가 잘리지 않도록 주의하세요.

✅ 사용성을 테스트하세요

직관적이고 간결한 디자인이라고 생각하더라도 실제 고객이 그렇게 느낀다는 보장은 없습니다. 사용성 테스트를 하여 고객이 프로덕트를 실제로 어떻게 사용하는지 관찰하고 개선점을 찾아내세요. 데이터와 실제 사용자 행동을 기반으로 프로덕트를 발전시키는 것이 중요합니다.

7장

고객 조사

PRODUCT MANAGER

고객 조사의 필요성과 설문 조사 설계

프로덕트 개발 단계에서 우리 고객이 어떤 사람인지 이해하고 인사이트를 얻는 일은 좋은 프로덕트를 만드는 방향성에 매우 중요한 역할을 합니다.

프로덕트 개발 단계에서 주로 사용하는 고객 조사에는 설문 조사, 사용자 인터뷰, 사용성 테스트가 있습니다. 설문 조사는 대략적인 추세, 비율을 보고 싶거나 정량적인 데이터가 필요할 때 주로 사용합니다. 인터뷰는 보다 깊은 이야기가 듣고 싶을 때 사용하는 방법론으로, 일대일이나 소규모 그룹과 자세하게 대화하여 정보를 수집합니다.

사용성 테스트를 사용자(user) 테스트라고도 합니다. 프로덕트 또는 프로토타입이나 목업(mock-up)을 보여 주고 사용자가 프로덕트를 이해했는지, 사용할 수 있는지, 프로덕트를 보고 무엇을 하길 기대하는지 물어서 인사이트를 얻습니다.

설문 조사는 양적인 데이터나 추세를 확인하고 싶을 때 주로 사용됩니다. 설문 조사를 잘 설계하는 것은 설문 조사로 얻어 내는 데이터 질에 엄청난 영향을 미치므로 설계 과정에 충분한 시간과 노력을 투자하는 것이 중요합니다. 다음은 설문 조사를 설계할 때 알아야 할 내용입니다.

목표 정의

무엇을 발견하거나 확인하고자 하는지, 어떤 의사 결정을 위한 데이터가 필요한지 명확하게 정의해야 합니다.

대상자 정의

- 조사 대상자를 명확히 정의하고 해당 대상자가 설문에 응답할 수 있는 방법을 고려합니다. 데이터 분석으로 특정 조건의 대상자를 추려낼 수도 있습니다.
- 대상자 특성에 맞는 질문을 설계하고 언어와 문화를 고려하여 질문을 구성해야 합니다.

질문 구조화

설문은 닫힌 질문과 열린 질문을 적절히 혼합해서 구성합니다. 닫힌 질문은 데이터 분석을 용이하게 하며, 열린 질문은 보다 깊은 인사이트를 제공할 수 있습니다.

질문 서술

- 질문 서술은 모든 응답자가 동일한 의미로 받아들일 수 있도록 간결하고 명확하게 작성합니다. 복잡하거나 여러 개념이 혼합된 질문은 응답자를 혼란스럽게 할 수 있습니다. 여러 개념을 묻고 싶다면 질문을 분리해서 여러 개로 하는 것이 더 좋습니다.
- 추상적이거나 모호한 표현은 피하고 구체적인 사례나 예시를 들어 질문의 명확성을 높입니다.
- 유도적이거나 부적절한 표현은 사용하지 않습니다.
- 질문 내용은 사용자 경험과 관련 있는 내용으로 묻길 추천합니다. 간접 정보, 가설, 인과적인 내용을 묻는 질문은 응답자 답변을 왜곡할 수 있습니다.

질문 순서

- 간단하고 개인적이지 않은 질문으로 시작하여 점차 개인적이거나 민감한 질문으로 옮겨 가면 좋습니다.
- 관련된 질문끼리 그룹화하여 응답자가 질문 맥락을 쉽게 이해할 수 있게 합니다.

응답률 증진

- 응답자의 동기를 부여하는 인센티브 제공을 고려합니다. 인센티브는 금전적 보상일 수도 있고, 결과 공유 등 다른 형태일 수도 있습니다.
- 설문의 중요성과 목적을 명확히 소개하여 응답자가 설문에 참여하고자 하는 동기를 부여합니다.

설문 조사에 주로 사용되는 도구는 구글폼, 오픈 서베이 등 여러 가지가 있습니다. 있으면 좋은 기능은 다음과 같습니다. 이 기능의 도입 여부는 회사 상황에 따라 다를 수 있습니다.

- **질문 순차적 공개 기능**: 이후의 질문이 편견을 만들지 않도록 선행 질문이 완료된 뒤 후행 질문을 볼 수 있는 기능입니다.
- **단일 응답/복수 응답/척도 응답 기능**
- **응답자 선정 및 인사이트 제공**: 서베이에 가장 적합한 응답자를 고르고, 그중 어떤 특성을 가진 응답자들이 어떤 응답을 하는 경향이 있는지 확인하는 기능입니다. GA 등 분석 도구와 연동된 서비스가 있을 수 있으나, 대체로 도구 기능에 한계가 있어 기업에서 자체적으로 분석해야 할 때가 있습니다. 예를 들어 최근 한 달간 우리 서비스에 접속은 했지만 제품 구매가 없는 고객을 분석하는 경우입니다. 이를 위

해서는 기업에서 자체적으로 분석을 진행하여 응답 후보자를 선정하고, 응답 후보자들이 우리 서비스에 접속했을 때 어떤 제품들을 조회만 하고 구매하지 않고 나갔는지 분석할 수 있습니다.

- **응답 요약**
- **개별 응답 보기**

설문 조사 예시

토스 사용 여부를 알아보는 설문 조사를 예로 들어 설명하겠습니다. 설문 조사를 설계할 때 중요한 요소는 다음과 같습니다.

- 응답자가 토스를 사용한다면 사용자가 토스를 사용하게 이끈 핵심 기능은 무엇인지, 지금은 주로 어떤 상황에서 사용하는지, 앞으로 어떤 기능이 추가되면 토스를 더 사용하는지 판별하려는 것입니다. 사용하지 않는다면 어떤 이유 때문에 사용하지 않는지 확인합니다.
- 설문지는 먼저 토스 사용 여부부터 질문하여 사용 여부에 따라 맞는 질문이 노출되도록 합니다.
- 가벼운 질문으로 시작하여(토스를 처음 어떻게 알게 되었는지) 쓰게 된 이유, 사용 상황, 앞으로 생겼으면 하는 기능 순서로 점차적으로 더 깊은 내용을 질문합니다.
- 선택지가 여러 개 있는 상황에서는 복수 응답을 적극적으로 활용하고, 어떤 기능이 필요하다고 생각하는지 이유를 물을 때는 주관식 응답을 허용하여 깊은 이유를 묻습니다.

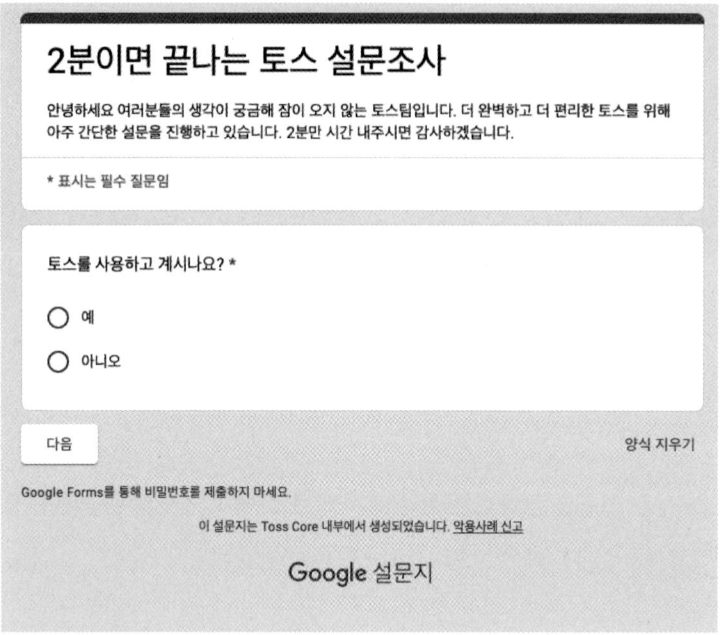
2분이면 끝나는 토스 설문조사

안녕하세요 여러분들의 생각이 궁금해 잠이 오지 않는 토스팀입니다. 더 완벽하고 더 편리한 토스를 위해 아주 간단한 설문을 진행하고 있습니다. 2분만 시간 내주시면 감사하겠습니다.

* 표시는 필수 질문임

토스를 사용하고 계시나요? *

- 예
- 아니오

다음

양식 지우기

Google Forms를 통해 비밀번호를 제출하지 마세요.

이 설문지는 Toss Core 내부에서 생성되었습니다. 악용사례 신고

Google 설문지

▲그림 7-1 토스 고객 조사 예로, 토스 사용 여부를 먼저 물어 고객 분류

토스를 이미 사용하고 있다고 선택한 경우 후속 질문은 다음과 같습니다.

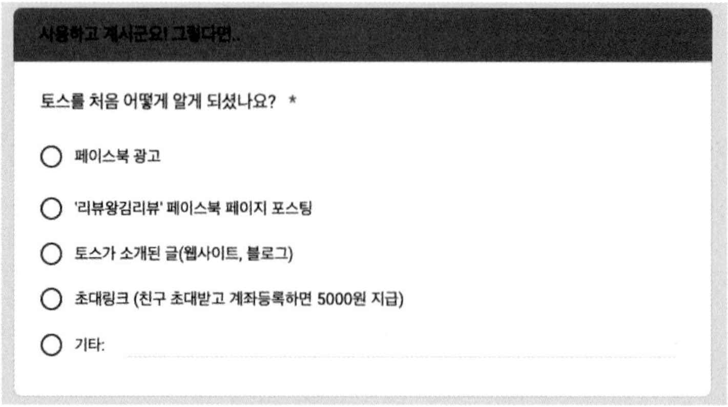
사용하고 계시군요! 그렇다면..

토스를 처음 어떻게 알게 되셨나요? *

- 페이스북 광고
- '리뷰왕김리뷰' 페이스북 페이지 포스팅
- 토스가 소개된 글(웹사이트, 블로그)
- 초대링크 (친구 초대받고 계좌등록하면 5000원 지급)
- 기타:

계속

다음 기능들 중, 하루 빨리 토스에 추가됐으면 하는 기능은 무엇인가요? *

○ 여러 개 은행계좌 동시에 등록

○ 1일 송금 한도 30만원 이상 증액

○ 계좌송금 시, 사기 계좌 판별 기능

○ 외환 송금

○ 법인 명의 핸드폰으로도 가입

○ 기타:

선택한 기능이 왜 필요하다고 느끼셨나요?
해당 기능이 필요했던 상황도 함께 말씀주시면 큰 도움이 될 것 같습니다 :)

내 답변

▲ 그림 7-2 토스 유입 경로와 주로 사용하는 기능, 사용하지 않는 이유에 대한 고객 조사 예

토스를 아직 사용하지 않는다고 선택한 경우 후속 질문은 다음과 같습니다.

ㅠ─ㅠ 사용하지 않으시군요. 그렇다면...

1. 토스를 사용하지 않는 이유는 무엇인가요? (2개까지 선택 가능) *

☐ a. 토스에 대한 정보가 부족해서

☐ b. 토스의 보안에 신뢰가 가지 않아서

☐ c. 가입/계좌등록 절차가 복잡해서

☐ d. 내가 쓰는 주거래 은행을 토스에서 지원하지 않아서

☐ e. 온라인으로 금융 거래를 하지 않아서

☐ f. 지금 쓰고 있는 은행 뱅킹 앱이 충분히 편해서

☐ g. 돈을 보낼 일 자체가 거의 없어서

☐ h. 일일 이체 한도가 적어서

☐ 기타:

◐ 계속

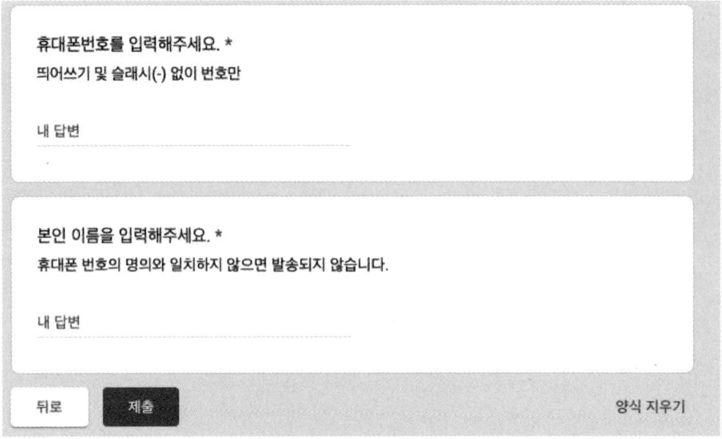

▲ 그림 7-3 토스를 사용하지 않는 이유에 대한 고객 조사 예

고객 인터뷰 설계

고객 인터뷰는 고객의 인식, 태도, 경험, 라이프스타일 등 고객에게서 좀 더 깊은 인사이트를 얻고 싶을 때 진행합니다. 예를 들어 이커머스 프로덕트 팀의 이번 분기 OKR이 '가전 신제품 GMV(거래액) 5% 상승'이라고 가정해 보겠습니다. PM은 가전 신제품 거래액을 증가시키려고 어떤 일을 해야 하는지 고민하다 아이디어를 얻고자 고객 인터뷰를 진행하기로 결정합니다.

인터뷰 목적은 고객이 가전을 구매할 때 어떤 생각을 하고 어떤 어려움에 봉착하는지, 거기에서 얻을 수 있는 기회는 무엇인지 탐구하는 것입니다.

인터뷰로 파악할 수 있는 내용은 다음과 같습니다.

- 고객은 언제 가전제품을 구매하나요?
- 고객이 가전제품/가전 신제품에 어떤 인식과 태도를 보이나요?
- 고객이 가전제품을 구매하는 동기는 무엇인가요?
- 고객이 가전제품을 사용하면서 얻은 가치와 페인 포인트는 무엇인가요?

또 인터뷰로 고객 행동뿐만 아니라 행동이 일어난 심층적 이유까지 자세하게 알아낼 수 있습니다.

인터뷰를 진행할 때는 질문 방법에 주의해야 합니다.

- **좋은 질문**: 고객이 쉽게 답변할 수 있는 질문으로 상황, 행동, 의도를 파악할 수 있는 질문
  - **예** ▪ 마지막으로 가전제품을 구매했을 때 어떤 상황이었고 어디에서 구매하셨나요?
    ▪ 그때 어디를 가장 먼저 떠올리셨나요?
    ▪ 어떤 것을 보시면서 제품을 고르셨나요?
    ▪ 왜 그 제품이 가장 마음에 든다고 생각하셨나요?
    ▪ 출시된 지 어느 정도가 지난 가전제품을 신제품이라고 생각하시나요?
- **나쁜 질문**: 고객이 분석해서 답해야 하는 질문, 경험하지 않은 것을 예측해서 답해야 하는 질문

가상의 인터뷰 상황으로 더 자세히 살펴보겠습니다. 처음에는 고객이 가전제품을 구매했을 때의 전반적인 상황과 이유를 묻습니다.

(PM) 안녕하세요, 김길벗 님. 저는 쿠팡의 곽나래입니다.

(고객) 안녕하세요.

(PM) 시간 내 주셔서 감사합니다. 오늘은 고객님의 가전제품 이용 경험 질문을 드리겠습니다. 마지막으로 가전제품을 구매하셨을 때가 언제였나요?

(고객) 음, 얼마 전에 본가 TV가 고장이 나서 사 드렸어요.

(PM) 당시 바로 떠올리신 구매처가 있나요?

(고객) 인터넷으로 사야겠다는 생각이 들자마자 네이버에서 먼저 검색했어요.

(PM) 어떤 검색어로 검색하셨나요?

(고객) TV라고 검색했어요. 뭘 사야 될지 몰라서요.

(PM) 그러면 어떤 기준으로 제품을 고르셨나요?

(고객) 일단 엄마가 70인치 정도 되는 TV를 사 달라고 했던 게 생각나서 그 정도 사이즈를 봤고요. 둘러보니까 가격은 중소기업 제품이 싸기는 했는데, 오래 쓸 거니까 삼성이나 LG를 사야겠다고 생각했어요.

(PM) 최종적으로 어떤 제품을 고르셨나요?

(고객) LG의 70인치 스마트TV를 샀어요. 모델은 정확히 기억이 안 나네요.

(PM) 그 제품을 고르신 이유가 뭘까요?

(고객) 사이즈가 생각한 것과 맞았고. TV는 LG가 좋은 것 같기도 했고. 비슷한 사이즈인 삼성 제품과 비교해 봤을 때 가격이 더 저렴하길래 그걸로 샀어요. 꼭 스마트TV를 사야겠다고 생각했었고요. 유튜브랑 넷플릭스를 봐야 하니까요.

(PM) LG 70인치 스마트TV도 종류가 여러 개 있는 것 같은데 그중에서 그 제품을 고르신 이유가 있을까요?

고객 | 여러 개가 모두 비슷해 보여서 서로 뭐가 다른지 모르겠더라고요. 가격이 제일 저렴한 걸로 골랐어요.

PM | 네, 그렇군요. 제품은 처음 검색하신 네이버에서 구매하셨을까요?

고객 | 아, 네이버도 보고 쿠팡도 봤어요. 가격은 비슷했는데 제가 원래 와우 회원이어서요. 쿠팡은 배송일 지정이 가능하길래 그냥 쿠팡에서 샀어요. 혹시 환불하게 되더라도 쿠팡이 편하잖아요.

다음으로는 조사 목적이 신제품 GMV를 상승시킬 수 있는 아이디어를 얻는 것이기 때문에 신제품 관련 질문을 이어서 진행합니다.

PM | TV를 구매할 때 혹시 신제품 여부를 확인하셨나요?

고객 | 아, 네. 혼수 살 때는 신제품으로 골랐어요.

PM | 최근에 구매한 본가 TV는 신제품이 아니었고 혼수로 구매한 TV는 신제품이었을까요?

고객 | 네, 왜냐면 아무래도 혼수는 오래 쓸 것이기도 하고, 저희 첫 가구이기도 하고. 신혼집에 입주하니까 좀 신제품으로 하고 싶었기도 하고요. 그리고 한 번에 가전제품을 많이 사는데 묶어서 구매하면 할인이 많이 되거든요. 그래서 기왕 하는 김에 신제품으로 골랐어요. 본가 TV는 예전에 쓰던 걸 교체하는 거라서 신제품까지는 필요 없지 않나 싶었어요. 큰방에 TV가 하나 더 있거든요.

PM | 그렇군요. 그러면 혼수를 사실 때, 여러 가지 TV 모델이 있었는데 그중에서 신제품을 고르셨을까요?

고객 | 네. 모델이 여러 개 있었는데, 이게 기술이 계속 발전하니까요. 아무래도 소비자 입장에서는 최근에 출시된 제품이 제일 좋아 보이잖아요.

PM | 신제품이라고 생각하신 이유나 기준이 따로 있을까요?

고객) 제가 2023년 11월에 결혼을 했거든요. 2023년에 나온 제품이면 신제품이라고 생각했어요.

PM) 그럼 2025년 초에 구입하셨다면 어떤 제품이 신제품이라고 생각하셨을까요?

고객) 2025년 2월에 샀다 이러면 2024년 제품까지는 신제품일 것 같네요. 여하튼 1년 정도 안에 출시된 제품이 신제품 아닐까요? 2023년 제품은 신제품이라고 생각 안 할 거 같아요.

PM) 그렇군요. 그러면 그 연도는 어떻게 확인하셨을까요?

고객) 혼수는 묶어서 사야 싸기 때문에 백화점에서 한 번에 샀어요. LG로. 살 때 그 직원분이 올해 나온 신제품이라고 하셔서 추천을 받아 샀어요.

PM) 자세히 답변해 주셔서 감사합니다. 혹시 TV 외에 가전제품을 구매할 때 신제품 여부를 확인한 적이 있으실까요?

고객) 노트북이요. 워낙 빨리 좋아지니까, 기능 차이가 많이 나서 기왕이면 최근에 나온 걸로 사요.

PM) 그때는 어디에서 구매하셨을까요?

고객) 네이버랑 쿠팡을 봤고, 네이버에서 본 삼성 공식 사이트에서 샀어요.

PM) 네이버랑 쿠팡에서 똑같은 제품을 비교하고 삼성 공식 사이트에서 구매하셨을까요?

고객) 아니요. 쿠팡은 삼성 노트북 로켓 배송이 없더라고요. 로켓 배송이 아니라면 굳이 쿠팡에서 사야 하나 싶었고요. 아무래도 좀 비싼 제품을 사려다 보니까 공식 사이트에서 사게 됐어요. AS도 믿을 만할 것 같고 대충 사고 싶은 모델이 있었어요. 영상 편집 프로그램 돌리려고 산 거라서요.

PM) 그렇군요. 제품의 신제품 여부는 어떻게 확인하셨나요?

고객) 출시 연월 정보가 나와 있어서, 그거 봤어요.

고객 한 명과 인터뷰를 진행했다고 해서 모든 고객이 이 고객과 생각과 행동이 비슷할 것이라고 확신할 수는 없습니다. 하지만 인터뷰를 여러 번 진행하여 유사한 패턴을 발견했다면 상당수 고객이 비슷하게 생각한다고 추측할 수 있겠죠. 따라서 인터뷰를 하고 나면 인터뷰 대상자들의 말에서 보이는 공통점과 차이점을 참고하여 어떤 인사이트를 얻었는지 정리하는 결과 분석이 필요합니다. 이 인터뷰에서 고객의 가전제품 구매 행동과 신제품 인식에서 배울 수 있는 점은 다음과 같습니다.

- **구매 검색어**: 'TV' 등 일반적인 검색어로 시작
- **고객 여정**: 대략 원하는 스펙이 있으며 검색 결과를 조회하면서 조건에 맞는 제품을 좁혀 나감
- **구매 채널**: 다양함, 정보를 얻는 과정에서 네이버와 쿠팡을 오가면서 검색, 오프라인에서 묶어서 구매하거나 공식 사이트에서 구매하기도 함
- **구매 중요 정보**: 스크린 사이즈, 브랜드, 신제품 여부, AS, 특정 프로그램 구동 조건 등 제품 스펙
- **배송**: 로켓와우 선호, 이유는 배송일 지정과 환불 편리
- **신제품에 대한 인식**: 좋은 스펙의 일종으로 선호하며, 최근 1년 내 출시 제품으로 인식

이를 기반으로 고객 구매 여정을 돕는 여러 아이디어를 도출할 수 있습니다. 대략적으로 원하는 스펙이 있는 고객이 찾아나갈 수 있도록 검색 페이지에서 스펙 노출이나 필터를 강화할 수 있습니다. 브랜드 AS 지원이 가능한 공식 제품이라면 마케팅을 할 때 강조하는 것도 좋은

생각이겠죠. 로켓와우의 배송일 지정 가능과 환불 편리함이 더 잘 보이도록 할 수도 있습니다.

특히 중요한 점은 목표인 가전 신제품 GMV 상승 아이디어를 얻는 것입니다. 우리는 인터뷰로 고객이 검색 결과를 살펴보면서 조건에 맞는 제품을 좁혀 나간다는 것을 알았습니다. 따라서 검색 결과에서 어떤 제품이 신제품인지 쉽게 알 수 있도록 배지나 위젯을 사용해서 신제품 여부를 표기해야겠다는 아이디어를 도출하는 것이 가능합니다. 이때 신제품 기준은 인터뷰 내용대로 대략 '최근 1년 내 출시 제품'이라고 정의할 수 있겠죠. 아니면 제품 이름에 출시 연월일을 직접 표기해서 고객이 판단하게 할 수도 있습니다.

▲ 그림 7-4 쿠팡 TV 검색 화면 예로, 인터뷰 결과를 바탕으로 1년 내 출시 제품에 '신규출시' 배지를 추가했고 TV를 고를 때 중요한 스펙들을 제품 이름으로 꺼내 바로 알 수 있게 함

이처럼 고객 인터뷰를 하면 구매 행동과 그 행동을 한 심층적 이유를 파악하여 깊이 있는 주제 탐구를 할 수 있습니다. 그리고 이를 정리하는 과정에서 개선을 위한 아이디어도 얻을 수 있습니다.

사용성 테스트(UT) 설계

사용성 테스트는 고객이 디자인을 이해하고 제대로 사용할 수 있는지 확인하는 절차입니다. 사용성 테스트에 앞서 달성하고자 하는 목적을 확실하게 이해할 필요가 있습니다. 앞 장에 이어 '가전 신제품 GMV 상승'을 목표로 하는 이커머스 프로덕트 팀의 목표를 계속 예시로 들어 보겠습니다. 인터뷰와 아이디어 도출을 거쳐 '신제품'에 대한 고객 인지를 강화하는 배지를 생성, 노출하기로 했습니다. 디자인 작업 후 사용성 테스트로 사용자가 이 배지를 이해할 수 있고, 배지가 구매 결정에 영향을 미치는지 확인하려고 합니다.

먼저 사용성 테스트로 달성하고자 하는 목적을 명확히 설정해야 합니다.

- 고객이 검색 결과에서 '신제품' 배지를 발견할 수 있는지 확인합니다.
- 고객이 '신제품'이라는 표현을 이해할 수 있는지 확인합니다.
- 고객이 '신제품' 배지를 보고 나서 기대하는 것은 무엇인지 확인합니다.

진행 방식은 시나리오 기반이며 유도 질문은 하지 않습니다.

- "OOO 님께서 TV를 구매하려는 상황이라고 가정해 볼게요. 검색창에 TV를 검색해 보시겠어요? 화면에 무엇이 보이시나요?"
- "화면에 보이는 것들을 설명해 주실 수 있을까요?"

- "(신제품 배지를 언급했다면) 문구가 어떻게 느껴지시나요? 그 배지를 가지고 있는 제품이 어떤 제품일 것이라고 기대하시나요?"
- "(신제품 배지를 언급하지 않았다면) 신제품이라고 써진 배지를 발견하셨을까요?", "(발견했다고 한다면) 문구가 어떻게 느껴지시나요?"

질문을 함으로써 다음 인사이트를 얻을 수 있습니다.

- 발견하지 못했거나 발견은 했는데 중요하게 생각하지 않았다면 원인을 파악합니다. 디자인이나 문구가 눈에 띄지 않는 것이 원인일 수 있으므로 디자인이나 문구 변경을 고려합니다.
- 발견했는데 최근 한 달 내 출시 제품인 줄 알았다고 이야기한다면 신제품 배지를 붙이는 기간이 적절한지 재검토합니다.

그렇다면 사용성 테스트는 프로덕트 개발의 어느 단계에서 진행하면 좋을까요? 가능한 한 빠르면 좋습니다. 최소한의 디자인이 나온 시점에서 바로 테스트를 진행한 뒤 여기에서 얻은 인사이트를 프로덕트 개발에 반영할 수 있기 때문입니다.

마치며

✅ 고객을 이해하고 설계에 반영하세요

고객 니즈와 페인 포인트를 이해하고 어떤 정보와 경험이 필요한
지 파악하세요. 이를 바탕으로 프로덕트나 서비스의 인터페이스를
최적화하고, 고객 불편을 줄일 수 있는 UX를 설계하세요. 예를 들
어 주요 구매 요소인 '배송 편의성'을 강조하거나 검색 결과에 핵
심 정보를 직관적으로 노출하세요.

✅ 질문은 명확하게, 유도적인 표현은 피하세요

설문 조사 설계의 핵심은 고객 관점에서 이해하기 쉽고 명확한 질
문을 만드는 것입니다. 간결하고 구체적인 질문으로 고객 생각을
온전히 담아 낼 수 있어야 합니다. 질문을 설계할 때 불필요한 복
잡성을 배제하고 유도적인 표현도 피하세요. 고객이 스스로 경험
을 명확히 떠올릴 수 있도록 돕는 질문 구조를 만들어야 합니다.

✅ 고객 조사로 얻고자 하는 목적과 데이터를 명확히 정의하세요

설문 조사 또는 인터뷰를 시작하기 전 조사로 얻고자 하는 목적과
핵심 데이터를 명확히 정의하세요. 목표를 분명히 함으로써 불필
요한 질문을 줄이고, 설문 집중도를 높일 수 있습니다. 예를 들어
고객 사용 패턴을 이해하려는 목적이라면 주요 기능 사용 여부를
묻고, 깊이 있는 이유를 탐구하는 질문을 구성하세요.

✅ 사용성 테스트로 실질적 피드백을 얻으세요

프로덕트가 고객 기대에 부합하는지 확인하려면 디자인 단계부터 사용성 테스트(UT)를 도입하세요. 간단한 목업이나 초기 프로토타입으로도 테스트를 진행하여 고객의 행동과 반응을 관찰하고, 이를 기반으로 개선점을 도출하세요. 빠른 피드백으로 디자인 완성도를 높이고 고객 경험을 강화할 수 있습니다.

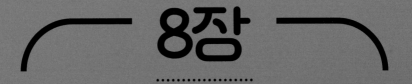

8장

....

아이디어 도출

PRODUCT MANAGER

비즈니스 모델 캔버스

고객 조사로 고객 문제에 대해 감을 잡았다고요? 잘했습니다! 이제 문제를 해결하려면 어떤 해결책을 적용할 수 있을지 아이디어를 도출해 봅시다. 이 장에서는 아이디어 단계에서 사용할 수 있는 프레임워크를 소개하고 아이디어 제안까지 진행해 보겠습니다.

비즈니스 캔버스는 사업 모델을 시각적으로 표현하고 분석하여 새로운 사업 아이디어를 얻는 과정입니다. 이 캔버스는 사업의 주요 요소들을 한 페이지에 요약하여 쉽게 이해하고 전달할 수 있도록 합니다. 비즈니스 모델 캔버스는 다음 아홉 가지 구성 요소로 되어 있습니다.

▲ 그림 8-1 비즈니스 모델 캔버스 아홉 가지 블록

1. **고객 세그먼트(customer segments)**

   우리가 만들고자 하는 프로덕트나 서비스를 구매하거나 사용할 고객입니다. 어떤 고객에게 가치를 제공할지 정의합니다.

2. **가치 제안(value propositions)**

   고객이 프로덕트나 서비스로 얻는 고유한 가치입니다. 어떤 문제를 해결하거나 어떤 필요를 충족시킬지 설명합니다.

3. **채널(channels)**

   고객에게 가치를 전달하는 방법입니다. 고객이 프로덕트 서비스를 알게 되고 구매하며, 사후 지원을 받는 경로를 정의합니다.

4. **고객 관계(customer relationships)**

   각 고객 세그먼트와 관계를 구축하고 유지하는 전략입니다. 예를 들어 개인화 서비스, 커뮤니티 등을 포함할 수 있습니다.

5. **수익 흐름(revenue streams)**

   수익을 창출하는 방법입니다. 프로덕트 판매, 서비스 구독, 라이선스, 광고 수익 등 다양한 수익 모델을 포함할 수 있습니다.

6. **핵심 자원(key resources)**

   사업 모델이 작동하는 데 필요한 주요 자산입니다. 물리적, 지적, 인적, 금융적 자원을 포함할 수 있습니다.

7. **핵심 활동(key activities)**

   사업 모델이 성공적으로 작동하는 데 필요한 주요 활동입니다. 프로덕트 개발, 마케팅, 유통, 고객 서비스 등이 포함됩니다.

8. **핵심 파트너십(key partnerships)**

   사업 운영을 위해 협력하는 외부 조직이나 개인입니다. 공급자, 제휴사, 전략적 파트너 등을 포함합니다.

9. 비용 구조(cost structure)

사업 운영에 필요한 주요 비용입니다. 고정비, 변동비, 경제적 규모 등을 포함합니다.

이전 장에서 다루었던 예시와 마찬가지로 스스로를 쿠팡의 검색 PM이라고 가정해 보겠습니다. 이번 분기 OKR은 '가전 신제품 GMV 상승시키기'입니다. 비즈니스 모델 캔버스를 사용해서 어떤 기회가 있는지 분석해 보겠습니다.

1. 고객 세그먼트

- 최신 기술을 선호하는 얼리 어답터(early adopter)
- 기존 가전제품을 업그레이드하려는 고객
- 신제품 출시 정보를 찾는 고객
- 가전제품에 큰 지식은 없지만 좋은 품질의 프로덕트를 찾고 싶은 고객
- 할인 및 프로모션에 민감한 고객

2. 가치 제안

- 최신 가전 신제품의 신속한 검색 및 추천
- 신제품에 대한 상세한 정보 및 리뷰 제공
- 실시간 프로모션 및 할인 정보 제공
- 비교 기능을 이용한 프로덕트 간 차이점 명확화
- 신제품 알림 서비스(푸시 알림, 이메일)

3. 채널

- 쿠팡 웹/앱
- 푸시 알림
- 광고

4. 고객 관계

- 개인화 추천 및 검색 결과
- 신제품 출시 알림 서비스
- 고객 리뷰 및 평점 시스템

5. 수익 흐름

- 가전 신제품 판매 수익
- 프리미엄 서비스 가입 유도(쿠팡와우 멤버십)
- 제휴사 및 광고 수익

6. 핵심 자원

- 데이터 분석 및 인공 지능 알고리즘
- 강력한 검색 엔진 및 추천 시스템 인프라
- 사용자 인터페이스 및 UX 디자인 팀
- 마케팅 및 프로모션 팀

7. 핵심 활동

- 고객 데이터 분석 및 세그먼테이션
- 검색 알고리즘 및 추천 시스템 개발 및 개선

- 신제품 정보 업데이트 및 관리
- 프로모션 및 마케팅 캠페인 기획 및 실행

8. 핵심 파트너십

- 주요 가전제품 제조사 및 공급 업체
- 데이터 분석 및 인공 지능 기술 제공 업체
- 마케팅 및 광고 제휴사

9. 비용 구조

- 검색 알고리즘 및 추천 시스템 개발 비용
- 데이터 분석 및 인공 지능 운영 비용
- 마케팅 및 프로모션 캠페인 비용
- 신제품 정보 업데이트 및 관리 비용
- 고객 서비스 및 지원 비용

비즈니스 모델 캔버스를 고민하는 과정에서 미처 생각하지 못했던 아이디어를 얻을 수도 있습니다. 이전까지는 최신 제품을 선호하는 고객이나 제품을 교체하면서 업그레이드하고 싶은 고객층만 막연하게 떠올렸다면 세그먼트를 분석하는 과정에서는 '신제품 출시 정보를 찾는 고객'을 떠올릴 수도 있습니다. 아니면 가전 신제품 중 특히 수요가 많은 아이폰 출시 안내를 강화해 보자는 아이디어가 나올 수도 있습니다. 예를 들어 아이폰은 모델별로 다양한 색상과 화면 크기, 성능에 차이가 있죠. 검색할 때 제품만 나열하는 것이 아니라 전체 제품을 큰 틀에서 훑어 보고 옵션을 쉽게 비교 선택할 수 있는 전용 마케팅 페이지로 랜딩시킬 수 있습니다. 또는 가치 제안 측면에서 실시간 할인 정보를 제공해야겠다는 아이디어를 생각할 수도 있습니다. 아이폰은 신제품 사전 예약을 하면 할인이 붙고는 하는데, 이 정보를 고객에게 잘 전달해서 구매 GMV를 끌어올리는 방향으로 발전시킬 수도 있습니다.

해결해야 할 문제(JTBD) 탐색

고객이 스타벅스에 가는 이유는 무엇일까요? 일차적으로는 커피를 마시기 위해서입니다. 하지만 고객이 스타벅스를 소비하는 이유를 단순히 커피라는 '프로덕트' 자체로만 본다면 중요한 셀링 포인트를 놓칠 수 있습니다. 많은 고객이 업무를 하거나, 친구와 만남을 가지거나, 편안한 환경에서 시간을 보내고 싶어 스타벅스를 선택합니다. 고객이 프로덕트나 서비스를 구매하는 이유를 프로덕트 자체로 한정하는 것이 아니라 '해결해야 할 문제'로 보면 더 넓은 시야로 더 많은 비즈니스 기회를 포착할 수 있습니다.

JTBD(Jobs To Be Done)는 고객이 특정 상황에서 원하는 결과를 얻기 위해 수행하는 작업(job)을 이해하는 접근 방식입니다. 이 방법론은 프로덕트 개발과 마케팅 전략을 수립하는 데 유용하며, 고객의 필요와 동기를 더 깊이 이해하도록 도와줍니다. 이 방법론에 따르면 고객은 프로덕트를 구매하는 것이 아니라 특정 작업을 완료하는 데 프로덕트를 '고용'하고 있습니다.

▲ 그림 8-2 스타벅스 전경(출처: 스타벅스 코리아, https://www.starbucks.co.kr/index.do)

JTBD 주요 개념

- **작업(job)**: 고객이 특정 상황에서 해결하려고 하는 문제나 달성하고자 하는 목표를 의미합니다. 이는 기능적인 요구뿐만 아니라 감정적, 사회적 요구도 포함할 수 있습니다.
- **상황(situation)**: 고객이 작업을 수행하는 특정 맥락이나 환경을 의미합니다. 상황은 작업의 성격과 필요를 정의하는 데 중요한 역할을 합니다.
- **결과(outcome)**: 고객이 작업을 완료했을 때 기대하는 성과나 결과입니다. 이는 작업의 성공 여부를 평가하는 기준이 됩니다.

고객이 해결하고자 하는 문제에는 기능적 요구뿐만 아니라 감정적, 사회적 요구도 포함됩니다. 명품 가방을 예로 들어 봅시다. 샤넬 같은 고가 브랜드의 특정 모델은 1,000만 원이 넘습니다. 1,000만 원은 웬만한 경차도 살 수 있는 돈이죠. 소지품을 넣고 다니는 '가방'으로서의 기능적 요구만 생각하면 이해하기 쉽지 않은 가격입니다. 20만 원짜리 유명하지 않은 브랜드 가방과 비교했을 때 1,000만 원짜리 샤넬 가방이 소지품을 넣는 기능에서 50배 더 뛰어난가요? 그렇지 않습니다.

샤넬 가방을 구매하는 일부 고객이 해결하고자 하는 문제는 기능보다는 사회적인 요구에 가깝습니다. 이 정도 가격의 가방을 무리 없이 구매할 수 있는 재력을 보여 주고 싶을 수도 있고, 브랜드가 주는 이미지를 자신에게 투영하고 싶을 수도 있죠. 이런 고객들에게 프로덕트를 판매하려면 가방으로서의 기능적 요구를 강조하기보다 샤넬의 고급스러운 이미지와 오랜 역사가 주는 헤리티지(heritage), 아무나 구입할 수 없는 희소성을 강조하는 편이 더 유리할 것입니다.

JTBD를 깊게 이해하기 위해 던질 수 있는 질문은 다음과 같습니다.

1. 고객이 수행하려는 작업은 무엇인가?
2. 고객이 이 작업을 수행할 때 직면하는 주요 문제나 장애물은 무엇인가?
3. 고객이 작업을 완료했을 때 기대하는 결과는 무엇인가?
4. 현재 고객이 작업을 완료하는 방법은 무엇인가?(경쟁 프로덕트 분석)
5. 자사의 프로덕트가 고객 작업을 더 잘 완료하도록 도울 수 있는 방법은 무엇인가?

이번에는 JTBD 프레임워크를 가전 신제품 구매 케이스에 적용해 보겠습니다. 미리 진행된 인터뷰를 통해 쿠팡에서 TV를 검색하는 고객 중에 기존 TV를 교체하려는 고객 수요가 있다는 것을 알고 있는 상황입니다. 이들이 TV를 구매하여 완수하고자 하는 작업이 무엇인지 JTBD 프레임워크로 정리해 보겠습니다.

쿠팡 TV 구매: 기존 TV 교체 고객 JTBD 탐색

1. 고객이 수행하려는 작업은 무엇인가?

기존 거실 TV를 업그레이드하거나 교체하여 더 나은 시청 경험을 제공하고자 합니다. 이들은 최신 기술과 기능을 갖춘 TV로 교체해서 가족과 함께 더 나은 엔터테인먼트 경험을 하길 원합니다.

2. 고객이 이 작업을 수행할 때 직면하는 주요 문제나 장애물은 무엇인가?

- **정보 과부하**: 시장에 너무 많은 브랜드와 모델이 있어 선택하기 어렵습니다.
- **가격 비교 어려움**: 여러 쇼핑몰을 돌아다니며 최적의 가격을 찾는 데 많은 시간이 소요됩니다.
- **기술적 사양의 이해 부족**: 해상도, HDR, 스마트 기능 등 기술적인 용어와 사양을 이해하기 어려울 수 있습니다.
- **물리적 설치 문제**: 새로운 TV를 설치하고 기존 TV를 제거하는 과정이 복잡할 수 있습니다.
- **신뢰성 부족**: 온라인 리뷰와 프로덕트 정보를 항상 신뢰할 수 있는 것은 아닙니다.

3. 고객이 작업을 완료했을 때 기대하는 결과는 무엇인가?

- **최상의 시청 경험**: 최신 기술과 고해상도 영상을 제공하는 TV로 시청 경험을 향상시키길 원합니다.
- **가치 있는 구매**: 합리적인 가격에 품질이 우수한 프로덕트를 구매하고 싶어 합니다.

- **쉬운 설치 및 설정**: TV를 쉽게 설치하고 설정할 수 있길 기대합니다.
- **신뢰성**: 구매한 프로덕트가 오랫동안 안정적으로 작동하길 원합니다.
- **편리한 쇼핑 경험**: 구매 과정이 간편하고 스트레스 없이 이루어지길 기대합니다.

4. 현재 고객이 작업을 완료하는 방법은 무엇인가?(경쟁 프로덕트 분석)

- **전자제품 전문점 방문**: 고객은 하이마트, 백화점 가전 매장 등 오프라인 제품 매장을 방문하여 제품을 직접 보고 구매합니다.
- **다양한 온라인 쇼핑몰 검색**: '네이버 쇼핑, G마켓, 오늘의집' 등 여러 온라인 쇼핑몰에서 TV 모델을 비교하고 리뷰를 확인합니다.
- **가격 비교 사이트 사용**: '다나와' 같은 가격 비교 사이트에서 최저가를 찾습니다.
- **전문 리뷰 사이트 및 유튜브**: 유튜브 리뷰 채널이나 가전 커뮤니티에서 제품 리뷰를 확인합니다.
- **친구나 가족 추천**: 신뢰할 만한 지인들의 추천을 받습니다.

5. 자사의 프로덕트가 고객 작업을 더 잘 완료하도록 도울 수 있는 방법은 무엇인가?

- **개인화된 추천 시스템**: 고객의 과거 구매 이력과 검색 패턴을 바탕으로 최적의 TV 모델을 추천합니다.
- **비교 도구 제공**: 주요 사양과 기능을 쉽게 비교할 수 있는 도구를 제공하여 고객이 정보를 한눈에 볼 수 있게 합니다.

- **가격 알림 기능**: 고객이 관심 있는 프로덕트 가격 변동을 실시간으로 알려 주는 알림 서비스를 제공합니다.
- **신뢰할 수 있는 리뷰 및 평점 시스템**: 실제 구매자의 리뷰와 평점을 강화하고 검증된 사용자만 리뷰를 남길 수 있도록 합니다.
- **전문가 상담 서비스**: TV 선택과 설치 과정에서 기술적인 조언과 지원을 제공하는 전문 상담 서비스를 제공합니다.
- **손쉬운 설치 지원**: TV를 구매할 때 설치 서비스를 함께 제공하여 고객이 쉽게 설치할 수 있도록 돕습니다.
- **구매 가이드 제공**: 해상도, HDR, 스마트 기능 등 주요 기술 사양에 대한 이해를 돕는 구매 가이드를 제공합니다.
- **AR/VR 시뮬레이션**: AR/VR 기술을 활용하여 고객이 자신의 거실에 TV를 배치해 보는 가상 체험을 할 수 있게 합니다.

JTBD 프레임워크를 사용하여 고민하는 과정에서 고객이 완수하고자 하는 작업을 깊게 이해하고, 얻은 아이디어를 발전시킬 수 있습니다. 이렇듯 JTBD 접근 방식은 고객의 실제 필요를 중심으로 프로덕트 개발과 마케팅 전략을 수립하는 데 강력한 도구가 됩니다. 이것으로 프로덕트 성공 가능성을 높이고 고객에게 더 큰 가치를 제공할 수 있습니다.

고객 페르소나 설계

고객 페르소나(customer persona)는 특정 프로덕트나 서비스의 타 깃 고객을 대표하는 가상의 인물입니다. 타깃 고객의 행동, 목표, 동기 등을 구체적으로 이해하는 데 사용되며 마케팅 전략을 수립하고 프로 덕트 개발 방향을 결정하는 중요한 도구로 사용할 수 있습니다. 다음은 고객 페르소나 설계를 설명하는 단계별 가이드입니다.

1단계. 목표 설정하기

고객 페르소나를 설계하는 첫 번째 단계는 목표를 설정하는 것입니다. 이렇게 함으로써 페르소나를 만드는 목적과 이를 활용하여 얻고자 하 는 결과를 명확히 할 수 있습니다.

- 어떤 프로덕트나 서비스에 대한 페르소나를 만들 것인가?
- 페르소나로 어떤 인사이트를 얻고자 하는가?

2단계. 데이터 수집하기

고객 페르소나를 설계하려면 실제 데이터를 기반으로 해야 합니다. 이 를 위해 다양한 소스에서 데이터를 수집합니다.

- **고객 인터뷰**: 실제 고객과 인터뷰를 진행하여 그들의 니즈, 목표, 도 전 과제 등을 이해합니다.
- **설문 조사**: 광범위한 고객 데이터를 수집하기 위해 설문 조사를 실시 합니다.

- **분석 도구**: 웹 사이트 분석, 소셜 미디어 분석, CRM(Customer Relationship Management) 데이터를 활용하여 고객의 행동 패턴을 분석합니다.
- **피드백**: 고객 서비스 팀, 판매 팀 등 내부 피드백을 수집합니다.

3단계. 인구 통계학적 정보 작성하기

수집한 데이터를 바탕으로 페르소나의 인구 통계학적 정보를 작성합니다.

- **이름**: 페르소나에 실제 이름을 부여하여 더 현실감 있게 만듭니다.
- **나이**: 페르소나의 연령대를 설정합니다.
- **성별**: 페르소나의 성별을 정의합니다.
- **직업**: 페르소나의 직업 및 직책을 명시합니다.
- **소득 수준**: 페르소나의 소득 수준을 파악합니다.
- **거주지**: 페르소나가 거주하는 지역을 설정합니다.

4단계. 심리적 특성 및 행동 패턴 작성하기

페르소나의 심리적 특성과 행동 패턴을 구체화합니다.

- **목표와 동기**: 페르소나가 이루고자 하는 목표와 이를 위해 어떤 동기 부여를 받는지 명시합니다.
- **도전 과제**: 페르소나가 직면하는 주요 문제와 이를 해결하는 데 겪는 어려움을 설명합니다.
- **구매 행동**: 페르소나가 프로덕트나 서비스를 구매하는 과정과 결정 요인을 분석합니다.

- **선호하는 정보 채널**: 페르소나가 정보를 얻는 데 주로 사용하는 채널 (**예** 소셜 미디어, 이메일, 웹 사이트 등)을 파악합니다.

5단계. 고객 페르소나 시나리오 작성하기

페르소나가 특정 상황에서 어떻게 행동할지 시나리오를 작성합니다. 이렇게 함으로써 페르소나 행동을 보다 구체적으로 이해할 수 있습니다.

- 특정 프로덕트를 구매할 때 어떤 과정을 거치는가?
- 문제를 해결하기 위해 어떤 단계를 밟는가?
- 프로덕트나 서비스 사용 후 어떤 피드백을 주는가?

6단계. 시각화 및 공유하기

작성한 고객 페르소나를 시각적으로 표현하여 팀 내에서 공유합니다. 이것으로 모든 팀원이 타깃 고객을 동일하게 이해할 수 있도록 합니다.

- 인포그래픽 형태로 페르소나를 디자인합니다.
- 페르소나의 주요 특성, 목표, 도전 과제 등을 강조합니다.
- 팀 내에서 페르소나를 소개하고, 이를 기반으로 하는 전략을 논의합니다.

이름: 이지은

나이: 45세

직업: 마케팅 매니저

거주지: 서울 송파구

그러면 이 프레임워크를 활용해서 쿠팡에서 TV 신제품을 구매하는 고객의 페르소나를 작성해 봅시다.

이름: 이지은

나이: 45세

직업: 마케팅 매니저

거주지: 서울 송파구

목표: 이지은은 가족과 함께 고해상도로 영화를 보고, 아이들에게 교육적인 콘텐츠를 더 좋은 해상도로 제공하고자 TV를 새로 구매하려고 합니다. 또 거실 인테리어를 새롭게 하고 최신 기술을 경험하고 싶어 합니다.

도전 과제: 이지은은 다양한 TV 모델과 브랜드 중에서 자신에게 가장 적합한 프로덕트를 선택하는 데 어려움을 겪고 있습니다. 기술 사양을 충분히 이해하지 못해 혼란스러우며, 예산 내에서 최고 성능을 제공하는 프로덕트를 찾고자 합니다. 또 새로운 TV를 설치하고 기존 TV를 처리하는 과정이 번거로울 수 있습니다.

행동 패턴: 이지은은 온라인 리뷰와 전문가 의견을 참고하고, 소셜 미디어와 리뷰 사이트에서 정보를 수집합니다. 가격 비교 사이트를 이용하여 최저가를 찾고, 주로 쿠팡에서 구매를 고려합니다. 가족과 지인의 추천도 중요하게 생각합니다.

정보 채널

- 유튜브: 전문가 리뷰와 언박싱 영상을 시청합니다.
- 맘카페, 네이버 블로그: 최신 TV 구입 트렌드와 다른 사용자의 경험을 확인합니다.
- 네이버 리뷰: 특정 모델 평가와 배송 후기를 확인합니다.
- 다나와: 다양한 프로덕트의 사양과 가격을 비교합니다.
- 쿠팡: 프로덕트를 검색하고 구매합니다.

페르소나 방법론을 이용하여 고객을 실존하는 것처럼 그려 내면 행동 패턴이 어떤지 알 수 있어 그들이 원하는 것도 생생하게 이해할 수 있습니다. 이를 바탕으로 고객의 구매 여정을 도우면서 OKR을 달성하기 위해 어떤 기능을 개발하면 좋을지 아이디어를 발전시켜 나갈 수 있습니다.

고객 여정 설계

고객 여정(customer journey)은 고객이 특정 프로덕트나 서비스를 알게 되고 구매한 뒤 사후 지원을 받는 등 모든 단계에서 겪는 경험과 상호 작용의 전체 과정을 의미합니다. 고객 여정을 이해함으로써 우리는 고객이 어떤 접점에서 프로덕트를 만나는지 알고, 고객 경험을 최적화하고 충성도를 높이고 비즈니스 성과를 향상시키는 프로덕트 전략을 개발할 수 있습니다.

고객 여정의 주요 단계

고객 여정의 주요 단계는 다음과 같습니다.

1. 인지(awareness)

- 고객이 프로덕트나 서비스를 처음 인지하는 단계입니다. 마케팅 캠페인, 소셜 미디어, 광고 등으로 고객은 브랜드를 알게 됩니다.
- **목표**: 고객 관심을 끌고 브랜드 인지도를 높입니다.

2. 관심(consideration)

- 고객이 프로덕트나 서비스를 고려하고 정보를 수집하는 단계입니다. 웹 사이트 탐색, 리뷰 읽기, 프로덕트 비교 등이 포함됩니다.
- **목표**: 프로덕트나 서비스의 가치를 명확히 전달하여 구매 의향을 높입니다.

166

3. 구매(purchase)

- 고객이 실제로 프로덕트나 서비스를 구매하는 단계입니다. 이 단계에서는 결제 과정, 배송 옵션, 쿠폰 사용 등이 포함됩니다.
- **목표**: 구매 과정을 원활하고 편리하게 만들어 고객이 구매를 완료하도록 유도합니다.

4. 사용(use)

- 고객이 프로덕트나 서비스를 사용하는 단계입니다. 이 단계에서는 사용 설명서, 프로덕트 설치, 초기 설정 등이 포함됩니다.
- **목표**: 고객이 프로덕트를 만족스럽게 사용할 수 있도록 지원하고 긍정적인 첫인상을 제공합니다.

5. 유지(retention)

- 고객이 프로덕트나 서비스를 계속해서 사용하는 단계입니다. 이 단계에서는 정기적인 업데이트, 추가 서비스, 고객 지원 등이 포함됩니다.
- **목표**: 고객 만족도를 유지하고 재구매 및 충성도를 높입니다.

6. 옹호(advocacy)

- 고객이 브랜드를 지지하고 다른 사람에게 추천하는 단계입니다. 이 단계에서는 리뷰 작성, 소셜 미디어 공유, 추천 프로그램 등이 포함됩니다.
- **목표**: 고객이 브랜드 홍보자가 되어 긍정적인 입소문을 퍼뜨리도록 유도합니다.

고객 여정 지도 설정

고객 여정 지도(customer journey map)는 고객 여정을 시각적으로 표현한 도구로, 각 단계에서 고객이 겪는 경험과 감정을 나타냅니다. 이것으로 기업은 고객 경험의 문제점을 파악하고 개선할 수 있습니다. 고객 여정 지도를 만드는 과정은 다음과 같습니다.

1. 페르소나 정의

앞 장에서 설명한 고객 페르소나 프레임워크를 사용하여 타깃 고객을 대표하는 페르소나를 정의합니다. 이렇게 함으로써 각 세그먼트의 특성과 요구를 반영한 고객 여정 지도를 작성할 수 있습니다.

2. 단계 식별

고객 여정을 주요 단계로 나눕니다. 일반적으로 인지, 관심, 구매, 사용, 유지, 옹호 단계로 나뉩니다.

3. 고객 활동 및 접점 식별

각 단계에서 고객이 수행하는 활동과 기업의 접점을 식별합니다. 예를 들어 웹 사이트 탐색, 고객 서비스 문의, 소셜 미디어 상호 작용 등이 있습니다.

4. 고객의 감정 및 기대 이해

각 접점에서 고객이 느끼는 감정과 기대를 파악합니다. 긍정적인 경험과 부정적인 경험을 모두 포함하여 분석합니다.

5. 문제점 및 개선 기회 식별

고객 여정에서 발생하는 문제점과 불만 사항을 파악하고, 이를 해결하는 개선 기회를 식별합니다.

6. 행동 계획 수립

식별된 문제점과 개선 기회를 바탕으로 구체적인 행동 계획을 수립합니다. 이것으로 고객 경험을 지속적으로 향상시킵니다.

이 프레임워크를 기반으로 쿠팡에서 신제품 TV를 구매하는 고객의 고객 여정을 설계해 보겠습니다. 고객 페르소나는 앞 장에서 정의한 '가족과 함께 사용하기 위해 기존 TV를 신제품 TV로 교체하려고 하는 45세 이지은'의 페르소나를 사용하겠습니다.

쿠팡에서 신제품 TV를 구매하는 고객의 고객 여정

1. 페르소나 정의

이름: 이지은

나이: 45세

직업: 마케팅 매니저

거주지: 서울 송파구

목표: 가족과 함께 고해상도로 영화를 보고, 아이들에게 교육적인 콘텐츠를 더 좋은 해상도로 제공하고자 기존 TV를 신제품 TV로 교체하려고 함. 또 거실 인테리어를 새롭게 하고 최신 기술을 경험하고 싶어 함

2. 고객 여정

[2-1] 인지

- 활동
  - 즐겨 보던 유튜버가 신제품 TV를 구매한 콘텐츠를 시청함(협찬)
  - 맘카페에서 신제품 TV 교체와 관련된 글을 읽음
  - 친구나 동료의 추천으로 신제품 TV 정보를 알게 됨

- 감정 및 기대
  - 새로운 TV의 고해상도와 최신 기능에 대한 기대감이 생김
  - 가족과 함께 더 나은 시청 경험을 하고 싶은 욕구가 생김

- 접점
  - 유튜브 등 소셜 미디어 광고
  - 커뮤니티 리뷰
  - 친구나 동료의 추천

[2-2] 관심

- 활동
  - 네이버와 쿠팡 앱을 방문하여 신제품 TV를 검색함
  - 다양한 브랜드와 모델의 리뷰를 읽고 비교함
  - 유튜브에서 프로덕트 언박싱 및 리뷰 영상을 시청함
  - 쿠팡에서 제공하는 프로모션 및 할인 정보를 탐색함

- 감정 및 기대
  - 다양한 선택지 중에서 자신에게 가장 적합한 TV를 찾고자 하는 기대감이 생김
  - 최저가로 최고 성능을 제공하는 프로덕트를 찾고 싶은 욕구가 생김

- 접점
  - 쿠팡 앱과 네이버 쇼핑
  - 유튜브

[2-3] 구매

- 활동
  - 최종적으로 쿠팡에서 원하는 TV 모델을 선택함
  - 결제 옵션과 배송 방법을 확인하고 쿠팡에서 결제를 진행함

- 감정 및 기대
  - 구매 과정이 원활하고 스트레스 없이 진행되길 기대함
  - 빠르고 안전한 배송을 기대함

- 접점
  쿠팡 결제 시스템

[2-4] 사용

- 활동
  - TV 배송을 받고 설치함
  - TV의 초기 설정을 완료하고 다양한 기능을 테스트함
  - 가족과 함께 TV를 사용하여 영화와 드라마를 시청함

- 감정 및 기대
  - 설치와 설정 과정이 간편하고 쉽게 진행되길 기대함
  - 프로덕트 사용 후 만족스러운 시청 경험을 기대함

- 접점
  - 배송 서비스
  - TV 설치 및 초기 설정

[2-5] 유지

- 활동
  - TV 사용 중 발생하는 문제를 해결하고자 고객 지원 센터에 문의함
  - 소프트웨어 업데이트 및 유지 보수를 수행함

- 감정 및 기대
  - 빠르고 효과적인 고객 지원을 기대함
  - 지속적인 프로덕트 유지 보수와 업데이트를 기대함

- 접점

  쿠팡 고객 지원 센터

[2-6] 옹호

- 활동
  - 사용한 TV에 대한 리뷰 작성 및 소셜 미디어에 공유함
  - 친구와 가족에게 쿠팡에서 TV 구매 경험을 추천함
  - 쿠팡의 추천 프로그램에 참여하여 추가 혜택을 받음

- 감정 및 기대
  - 프로덕트와 서비스에 대한 만족감을 표현하고 싶은 욕구가 생김
  - 주변 사람들에게 좋은 경험을 공유하고 싶은 욕구가 생김

- 접점
  - 리뷰 작성 페이지
  - 소셜 미디어
  - 추천 프로그램

고객 여정을 활용하여 가전제품 신제품 GMV를 상승시키려면 어떤 접점에서 어떤 고객 니즈를 충족시켜야 하는지 아이디어를 얻어 보겠습니다. 인지 단계에 집중한다면 어떨까요? 쿠팡 주 고객층에게 인기 있는 유튜버와 함께 TV를 쿠팡에서 구매하는 협찬 콘텐츠를 제작하여 인지를 강화할 수 있습니다. 마케팅 팀이 유튜버와 접촉하고 협찬 콘텐츠를 잘 만들 수 있도록 프로덕트 팀에서는 제휴 마케팅(affiliate marketing)*을 도와줄 수 있는 도구를 만들어 줄 수 있습니다.

---

* 어플리에이트 마케팅이라고도 하며, 개인이나 기업이 특정 프로덕트나 서비스를 홍보하여 판매나 고객 유입에 따라 커미션을 받는 성과 기반 마케팅 전략입니다.

관심 단계에 집중한다면 신제품 TV의 스펙을 고객이 잘 이해할 수 있도록 안내하고 프로모션 정보를 더 강력하게 전달할 수 있고요. TV 검색 결과에 제품별 할인율을 강조한 UI를 넣거나 할인 중인 제품 위젯을 만드는 것이 좋은 예입니다. 망설이고 있는 고객에게 깜짝 세일 프로모션을 제공하여 구매를 촉진할 수 있습니다.

구매 단계에서는 원활하게 구매할 수 있도록 도와야 합니다. 가전제품은 보통 고가이기에 할인이 중요한 경우가 많습니다. 청구 할인이 가능한 카드를 잘 연동한 뒤 할인가를 구매 페이지에 보여 줄 수도 있겠죠. 원활한 사용과 유지 경험을 하도록 돕는 것은 어떨까요? TV를 새것으로 교체한 뒤 기존 TV를 처리하는 데 어려움을 겪는 고객이 많다면, 신규 TV를 배송하면서 동시에 기존 TV를 수거하여 처리해 주는 서비스를 제안할 수도 있습니다. 쿠팡의 로켓설치 서비스는 이런 고객 니즈에 주목하여 현재 기존 가전을 처리하는 서비스를 제공하고 있습니다. AS에서는 AS가 상대적으로 원활하지 않은 중소기업이나 외국 브랜드라도 믿고 살 수 있도록 자체 AS 서비스를 보장할 수 있겠죠. 그다음에는 사용자가 긍정적인 경험을 자체적으로 퍼트릴 수 있도록 리뷰 페이지를 강화할 수도 있습니

▲ 그림 8-4 해외 브랜드 AS를 걱정하는 고객을 위해 쿠팡 자체 안심 케어 제공

다. 또는 링크를 공유하고 공유받은 사람이 구매했을 때 소정의 리워드를 얻는 기능을 개발할 수도 있고요.

이렇듯 고객이 우리 프로덕트를 경험하는 접점이 무엇이고 어떤 경험을 하는지 정확히 이해하면 고객 경험을 최적화할 수 있습니다. 우리가 주 고객으로 설정한 페르소나가 우리 프로덕트를 구매하게 만드는 것뿐만 아니라 재구매와 입소문까지 유도할 수 있습니다.

마치며

✔ 비즈니스 모델 캔버스를 활용하여 구조적으로 생각하세요

비즈니스 모델 캔버스를 활용하면 사업의 핵심 요소를 체계적으로 분석할 수 있습니다. 고객 세그먼트부터 수익 모델까지 모든 요소를 시각화하고 각 요소가 서로 어떻게 연관되는지 확인하세요. 이렇게 함으로써 문제를 더 깊이 이해하고 놓치기 쉬운 기회를 발견할 수 있습니다.

✅ JTBD로 고객의 핵심 문제를 탐구하세요

JTBD(Job To Be Done) 접근법을 활용하여 고객이 해결하려는 근본적인 문제를 파악하세요. 고객이 단순히 제품을 구매하는 것이 아니라, 특정 작업을 완료하기 위해 제품을 '고용'한다는 점에 집중하세요. 고객의 상황, 목표, 장애물을 분석하며 고객의 진짜 니즈를 발견할 수 있습니다.

✅ 고객 페르소나를 만들어 타깃을 구체화하세요

고객 페르소나는 구체적인 고객 모습을 상상하고 그들의 행동, 목표, 문제를 이해하는 도구입니다. 이름, 나이, 직업 등 인구 통계적 정보부터 심리적 특성과 행동 패턴까지 상세히 정의하세요. 이것으로 고객 입장에서 문제를 바라보고 고객에게 최적화된 해결책을 도출할 수 있습니다.

✅ 고객 여정을 설계하여 접점을 최적화하세요

고객이 제품을 알게 되는 순간부터 구매, 사용, 유지, 옹호까지 전체 여정을 설계하세요. 각 접점에서 고객이 겪는 경험과 감정을 이해하고, 이 과정에서 발생하는 문제를 개선하세요. 예를 들어 구매 단계에서 고객의 결제 과정을 간소화하거나 사용 단계에서 간편한 설치 지원을 제공할 수 있습니다.

✔ 작은 아이디어도 괜찮으니 구체적으로 만드세요

아이디어를 도출할 때는 지나치게 큰 목표를 세우기보다 작고 명확한 문제를 해결하는 데 집중하세요. 예를 들어 고객이 신제품 TV 정보를 쉽게 비교할 수 있도록 기능을 추가하거나 신제품 여부를 직관적으로 보여 주는 배지를 도입하는 식으로 작게 시작하세요.

✔ 협업으로 아이디어를 풍부하게 만드세요

비즈니스 모델 캔버스나 고객 여정 지도는 팀과 협업에 매우 유용한 도구입니다. 다양한 관점에서 아이디어를 논의하고, 팀의 피드백을 통해 아이디어를 더욱 구체화하고 개선하세요.

9장

기획안 작성

PRODUCT MANAGER

PRD(요구 사항 정의서)

지금까지 프로덕트 팀 구성과 OKR 설정, AB 테스트 방법론을 이해하고, 구체적인 문제 해결과 프로덕트 개발을 위해 고객 조사와 아이디어를 도출하는 방법까지 다루었습니다. 지금부터는 도출한 아이디어를 기획안으로 정리하는 방법을 알아봅시다.

프로덕트 요구 사항 정의서(Product Requirements Document, PRD)는 프로덕트 개발 프로세스에서 필수적인 문서로 프로덕트의 목표, 기능, 성능, 사용자 경험 등을 상세하게 기술합니다. PRD는 프로덕트 개발 팀과 이해관계자 간 명확한 커뮤니케이션을 보장하고, 프로젝트가 목표에 맞추어 일관되게 진행되도록 돕습니다. PRD는 다음 내용을 포괄할 수 있도록 작성되어야 합니다.

PRD의 주요 구성 요소

PRD의 주요 구성 요소는 다음 아홉 가지입니다.

1. 개요
   - **프로덕트 설명**: 프로덕트의 개요와 목표를 간략하게 설명합니다.
   - **비전 및 목표**: 프로덕트의 장기적인 비전과 구체적인 목표를 명시합니다.

2. 배경 및 목적

- **시장 분석**: 시장 상황, 경쟁 프로덕트, 시장 기회 등을 설명합니다.
- **비즈니스 사례**: 프로덕트가 해결하려는 문제와 제공할 가치를 정의합니다.

3. 요구 사항

- **기능 요구 사항**: 프로덕트가 수행해야 할 기능들을 상세히 기술합니다.
- **비기능 요구 사항**: 성능, 보안, 사용성, 확장성 등 기능 외적인 요구 사항을 설명합니다.
- **시스템 요구 사항**: 프로덕트가 동작할 환경과 필요한 하드웨어 및 소프트웨어 조건을 정의합니다.

4. 사용자 시나리오

- **페르소나**: 목표 사용자 그룹의 대표적인 페르소나를 설명합니다.
- **사용자 흐름**: 사용자가 프로덕트를 사용할 때 전체 흐름을 시나리오 형식으로 작성합니다.

5. 프로덕트 기능

- **핵심 기능**: 프로덕트의 주요 기능을 설명합니다.
- **추가 기능**: 부가적으로 제공할 수 있는 기능을 기술합니다.

6. 프로덕트 설계

- **UI/UX 설계**: 사용자 인터페이스와 경험을 설계한 내용을 포함합니다.
- **와이어프레임 및 모형**: 프로덕트의 시각적 설계를 보여 주는 와이어프레임과 모형을 포함합니다.

7. **기술적 요구 사항**

- **아키텍처 설계**: 시스템 아키텍처와 데이터 흐름을 설명합니다.
- **데이터 모델**: 데이터 구조와 데이터베이스 설계를 기술합니다.

8. **프로젝트 관리**

- **타임라인**: 프로젝트 개발의 주요 단계와 일정을 명시합니다.
- **마일스톤**: 중요한 마일스톤과 각 마일스톤의 목표를 정의합니다.
- **자원 할당**: 프로젝트에 필요한 인력, 예산, 기타 자원을 배정합니다.

9. **리스크 관리**

- **리스크 식별**: 예상되는 리스크를 식별하고 목록화합니다.
- **리스크 완화 전략**: 각 리스크에 대한 대응 방안을 제시합니다.

이 항목들은 PRD를 구성하는 주요 요소이지만, 항상 모든 요소가 PRD에 명시되어야 하는 것은 아닙니다. 예를 들어 쿠팡 앱 메인 화면에 신규 광고 배너 영역을 넣는 PRD를 작성 중이라고 생각해 봅시다. 시스템 요구 사항, 즉 프로덕트가 동작할 환경과 필요한 하드웨어 및 소프트웨어 조건이 기존 쿠팡 앱과 동일할 것입니다. 이 경우라면 굳이 시스템 요구 사항을 PRD에 작성할 필요는 없습니다.

PRD가 필요한 가장 큰 이유는 '우리가 어떤 프로덕트를 개발할 것인지' 프로덕트 개발 팀과 이해관계자들이 명확하게 이해할 수 있게 하기 위함입니다. 목적과 요구 사항을 명시한 문서를 이용해서 프로덕트 팀내 개발자, 디자이너, 데이터 분석가는 물론이고 외부의 마케터, 운영 담당자 등 모든 참여자가 동일한 방향을 보고 정확하게 의사소통하면서 나아갈 수 있습니다. 그리고 요구 사항과 비요구 사항을 명확히 정의하면 개발 팀 역시 효율적으로 작업할 수 있습니다.

따라서 PRD를 작성할 때는 요구 사항을 최대한 명확하고 구체적으로 작성해야 합니다. 애매모호한 표현은 혼동을 초래할 수 있기 때문에 지양합니다. 다양한 이해관계자 의견도 반영하여 최선의 결론을 명시합니다. 동일한 목적을 두고 디자이너와 운영 팀 의견이 다를 수 있는데, PM은 양측 의견을 종합한 뒤 고객 편의성과 회사 전체 이익을 고려하여 가장 합리적인 방안을 도출해야 합니다. 그리고 프로젝트 진행 중 요구 사항이 변경될 수 있으므로 PRD는 지속적으로 업데이트되어야 합니다.

프로젝트 제안 프레임워크(PTBMAF) 소개

PRD 전 단계에 해당하는 프로덕트 개요와 배경, 목적을 보다 명확하게 전달할 수 있는 프레임워크를 소개합니다. 이 프레임워크는 쿠팡에서 핵심 요구 사항을 한 장으로 요약하려고 개발된 템플릿입니다. 개발자, 디자이너, 데이터 분석가, 마케터, 카테고리 매니저 등 모든 회사 구성원이 프로젝트 목적을 쉽게 이해할 수 있도록 간결하게 작성되었습니다.

PTBMAF의 구성 요소

1. 문제 정의(Problem statement)

문제 정의란 해결하고자 하는 문제를 명확하게 정의하는 것입니다. 문제 정의는 프로덕트 개발 방향을 설정하고 팀이 같은 목표를 공유할 수 있도록 하며, 문제의 근본 원인을 파악하여 사용자에게 어떤 영향을 미치는지 설명합니다. 문제 정의를 명확히 하려면 목표 고객은 누구고 그 고객의 문제는 무엇이며 그 문제가 발생한 근본 원인은 무엇인지 명시해야 합니다.

예시

구체적인 예시로 이해해 봅시다. 우리가 건강 검진을 주요 사업으로 하는 의료재단 웹 사이트의 프로덕트 매니저라고 가정해 보겠습니다. 웹에서 로그인하는 사용자 중 90%가 자동 로그인 기능을 사용하지 않고 아이디와 비밀번호를 직접 입력하고 있습니다. 그러나 로그인 과정에서 이탈률이 30%로 높다는 문제 상황이 있습니다. 원인은 무엇일까요? 사용자 경험을 재검토하고 고객들을 대상으로 사용성 테스트를 진행한 결과, 문제는 로그인 버튼이 눈에 잘 띄지 않는다는 것이었습니다. 로그인 버튼이 눈에 잘 띄지 않는 근본적인 이유는 버튼 색상이 또렷하지 않기 때문입니다. 이처럼 문제의 근본 원인을 명확히 규명하는 과정을 문제 정의라고 합니다.

▲ 그림 9-1 네이버 웹 로그인 화면. 로그인 버튼은 네이버처럼 눈에 잘 띄어야 함

즉, 목표 고객과 문제 상황, 근본 원인을 다음과 같이 찾았습니다.

- **목표 고객**: 자동 로그인 상태가 아니면서 아이디와 비밀번호를 직접 입력해서 로그인하려는 사용자로 웹 로그인 고객의 90%에 해당
- **문제 상황**: 사용자들이 로그인 과정에서 많은 어려움을 겪고 있어 이탈률이 높아짐
- **근본 원인**: 로그인 버튼이 화면에서 눈에 잘 띄지 않는데, 그 이유는 버튼 색상이 또렷하지 않기 때문

2. 트레이드오프(Tradeoff)

프로덕트 개발 과정에서 발생할 수 있는 상충 관계를 이해하고, 이를 어떻게 관리할지 설명합니다. 시간, 예산, 인력 등 자원과 기능 사이의 우선순위를 설정하고 결정의 근거를 명확히 합니다.

예시

수동 로그인 버튼을 강조하면 자동 로그인 설정 버튼이 눈에 덜 띌 수 있습니다. 그러나 매번 ID와 비밀번호를 입력하기보다 자동 로그인 설정을 유도하는 것이 이탈 방지에 더 유리할 수 있기에 이 두 요소 간 상충 관계를 검토했습니다. 건강 검진은 일반적으로 1년에 한 번 정도 하는 서비스이므로 사용자가 자동 로그인 필요성을 느끼지 못할 때가 많습니다. 이런 이

▲ 그림 9-2 네이버 밴드 로그인 화면으로, 강조된 로그인 버튼이 여러 개 제시되면서 자동 로그인 기능은 눈에 잘 띄지 않음

유로 트레이드오프보다 버튼 UI를 강화하여 얻는 이익이 더 크다고 판단했습니다. 따라서 자동 로그인 버튼의 가시성이 일부 감소하더라도 로그인 버튼 색상을 강화하는 방향으로 개선하기로 결정했습니다.

3. 벤치마크(Benchmark)

벤치마크는 특정 목표를 달성하기 위해 유사한 프로덕트 중 최고 성과를 기준으로 삼아 비교하는 것입니다. 이를 통해 우리 프로덕트나 서비스가 경쟁사와 업계 표준과 비교해서 어느 정도 위치에 있는지 평가할 수 있습니다. 여기에서 중요한 점은 조사 목적을 잊지 않아야 한다는 것입니다. 타사의 일반적인 상황을 조사하는 것이 아니라, 로그인이 불편하여 이탈률이 높은 상황 등 우리가 해결하려는 문제를 타사가 어떻게 해결하고 있는지에 집중해서 조사해야 합니다.

벤치마크 조사 대상은 다음과 같습니다.

* 국내외 산업군의 핵심 플레이어. 예를 들어 커머스 도메인이라면 쿠팡, 네이버, 아마존이 여기에 해당합니다.
* 해결하고자 하는 것과 비슷한 서비스를 다루는 플레이어. 가전제품 카테고리 커머스의 문제를 해결하고자 하는 경우 국내 기업에서는 다나와, 글로벌 기업에서는 베스트 바이(Best Buy)가 여기에 해당합니다.
* 그 외 해결하고자 하는 문제에서 인사이트를 얻을 수 있는 플레이어. 예를 들어 커머스 도메인에서 개인화 알고리즘 관련 문제를 해결하고 싶을 때는 다른 커머스뿐만 아니라 유튜브나 인스타그램에서 인사이트를 얻을 수 있습니다.

벤치마킹을 할 만한 예시로 휴가를 떠날 때 종종 이용하는 숙박 예약 서비스인 부킹닷컴을 들어 보겠습니다. 이메일 입력을 통한 로그인 버튼을 강조하되, 간편 인증 버튼 UI를 다르게 하여 제공하는 것이 특징입니다. 이메일 로그인과 간편 인증의 UI가 확연히 다르니 둘 다 눈에 잘 띕니다.

▲ 그림 9-3 숙박 예약 서비스 부킹닷컴의 웹 로그인 화면으로 로그인 버튼이 눈에 잘 보임

건강 검진처럼 1년에 한 번 하는 연말정산 등 세금 신고를 할 때 이용하는 서비스인 국세청 홈택스도 주목할 만합니다. 아이디, 비밀번호 입력을 통한 로그인 버튼이 눈에 잘 띄게 강조되어 있습니다. 배울 만한 점이 하나 더 있네요. 1년에 한 번 정도 사용되므로 아이디와 비밀번호를 기억하지 못하는 고객이 많다고 판단한 것 같습니다. 이 문제를 해결할 수 있게 아이디/비밀번호 찾기 기능을 강조했으며, 아이디와 비밀번호 생성 규칙도 미리 설명해 주고 있습니다.

▲ 그림 9-4 국세청 홈택스 웹 로그인 화면으로 아이디와 비밀번호 생성 규칙을 미리 설명하는 것이 흥미로움

4. 가설(Hypothesis)

가설은 특정 문제나 현상에 대한 예상이나 추측을 검증하려고 세운 잠정적인 설명입니다. 이 가설은 테스트로 검증할 수 있어야 하며, 구체적이고 측정 가능한 결과를 포함해야 합니다. '우리가 만약 (문제를 어떤 방식으로 개선)한다면 고객은 (문제 개선의 결과로 얻는 고객 반응

을) 할 것이고, 그 결과 (목표 지표를 달성)할 것이다' 같은 형태를 추천합니다.

예를 들어 '로그인 버튼을 더 눈에 잘 띄는 색상으로 변경하면 사용자가 로그인 버튼을 쉽게 찾을 수 있어 로그인 과정에서 이탈률이 감소할 것이다' 정도로 가설을 세울 수 있겠습니다.

5. 지표(Metrics)

다음으로는 프로덕트 성공 여부를 측정하는 핵심 성과 지표(Key Performance Indicator, KPI)를 설정합니다. 지표는 성과나 현상을 수치로 나타낸 것입니다. 목표 달성 여부나 문제 해결 상태를 평가하고 추적하고, 정량적 데이터를 기반으로 한 의사 결정을 도와줍니다. 지표는 입력 지표(input metric)와 출력 지표(output metric)로 나누어서 평가합니다.

- **입력 지표**: 특정 목표를 달성하는 데 직접적으로 영향을 미치는 행동이나 변수를 측정하는 지표입니다. AB 테스트를 할 때 성과가 프로덕트 도입의 영향이라는 것을 입증할 수 있습니다.
- **출력 지표**: 최종적으로 비즈니스 목표와 직접 연결된 핵심 성과 지표(KPI)입니다. 프로덕트의 성과로 얻고자 하는 지표로, 입력 지표가 변하면 결과적으로 변화합니다.
- **가드레일 지표**: 프로덕트 도입으로 트레이드오프가 있는지 검증하는 지표로 프로덕트 성격에 따라 필요하지 않을 때도 있음

다음과 같이 지표를 설정할 수 있습니다.

- **입력 지표**: 로그인 버튼 클릭률
- **출력 지표**: 로그인 과정 내 사용자 이탈률 감소
- **가드레일 지표**: 생략

6. 안돈(Andon)

안돈은 프로덕트 개발 과정에서 문제가 발생했을 때 이를 즉시 알리고 해결할 수 있는 시스템입니다. 일반적으로 제조업에서 사용되는 용어로, 프로덕트 매니지먼트에서는 문제를 신속하게 식별하고 조치하는 시스템을 의미합니다.

예를 들어 로그인 버튼 색상을 변경한 뒤 이탈률이 일정 기준 이상으로 증가하거나 로그인 시도 후 실패율이 10% 이상 증가한 경우에는 경고 시스템을 실시간으로 보내 개발 팀과 PM에게 즉시 알려야 합니다. 경고를 받은 뒤에는 긴급 대응 회의를 소집하여 원인을 분석하고, 필요하다면 원래 상태로 롤백(rollback)하거나 UI 개선 작업을 다시 논의합니다.

7. 피드백 루프(Feedback loop)

피드백 루프란 프로덕트 출시 후 사용자에게서 피드백을 받아 지속적으로 프로덕트를 개선하는 과정을 의미합니다. 사용자 피드백을 주기적으로 수집하고, 이를 바탕으로 프로덕트를 업데이트하여 사용자 만족도를 높입니다.

예를 들어 로그인 버튼 색상 변경 후 사용자 행동 데이터를 주기적으로 분석하여 이탈률과 로그인 성공률 변화를 모니터링합니다. 일주일 단위로 데이터를 분석한 결과를 바탕으로 이탈률이 감소하지 않거나 별다른 변화가 없을 때는 다른 색상을 테스트하거나, 로그인 버튼 위치를 변경하는 등 추가적인 UI/UX 개선 방안을 고려합니다.

PRD: 가전 '신제품' 배지 기능

앞의 일곱 가지 항목을 모두 이해했다면 지금부터는 구체적인 OKR과 상황에 맞추어 PRD를 함께 작성해 보겠습니다. 8장에서는 OKR을 신제품 가전 GMV 상승으로 가정하고 신제품 가전을 구매하는 사람들이 어떤 사람인지와 어떤 욕구가 있는지 함께 탐구했습니다. 쿠팡 가전제품 카테고리 중에 최상위를 차지하고 있는 TV로 카테고리를 한정하여 인터뷰와 페르소나도 만들고 아이디어를 수집해 보면서 다양한 개선 사항을 찾았습니다.

이제 드디어 문제점을 하나씩 해결할 차례입니다. 가장 먼저 고객이 너무 많은 제품 때문에 신제품을 고르기 힘들다는 점에 집중해 보겠습니다.

(PM) 어떤 제품이 신제품인지 아닌지 명확하게 구분해 줄 필요가 있다는 생각이 드는데, 제품 상세에서 출시 연월을 명확하게 안내해 주는 것은 어떨까요?

(디자이너) 좋은 생각이네요. 하지만 제품 상세 안내로는 고객이 제품을 하나씩 클릭해서 살펴보아야만 정보를 정확하게 확인할 수 있다는 한계가 있을 거예요.

(PM) 그러면 신제품이라는 특정 기준에 맞는 제품은 아예 검색 결과에서 배지로 보여 주면 어떨까요?

'이거다!'는 생각이 들이 PRD를 작성하기로 했습니다. 특정 기준은 고객과 인터뷰에서 아이디어를 얻은 대로 출시 1년 내 제품으로 지정하겠습니다.

그러면 지금부터 PRD를 함께 작성해 봅시다.

1. 문제 정의

- **목표 고객**: 쿠팡에서 신제품 가전제품을 찾는 고객
- **문제 정의**: 검색 결과에서 어떤 제품이 신제품인지 구분하기 어렵습니다.
- **근본 이유(5 whys 방법론)**
  - 왜 고객들은 신제품을 찾기 어려워할까?
    검색 결과 제품을 살펴볼 때, 제품 각각의 출시일을 알기 어렵기 때문입니다.
  - 왜 각각의 출시일을 알기 어려울까?
    출시일 정보가 검색 결과에 노출되지 않기 때문입니다. 출시일을 알려면 제품 상세 페이지에 들어가서 날짜를 확인해야 합니다.
  - 왜 검색 결과에서 출시일 정보를 명확하게 표시하지 않을까?
    출시일 정보가 검색 결과 제품 UI의 주요 요소로 고려되지 않았기 때문입니다.
  - 왜 출시일 정보가 주요 요소로 고려되지 않을까?
    쿠팡은 가전제품뿐만 아니라 식품, 생활용품, 패션 등 여러 제품을 판매하는 쇼핑몰이기에 여러 카테고리에서 공통적인 요소만 살려서 제품 노출 UI를 정했기 때문입니다. 여러 카테고리에서 공통적으로 고객이 고려하는 요소를 결정할 때는 출시일 정보보다는 제품

이름, 가격, 로켓배송 여부 등 다른 요소에 더 집중할 것이라고 생각했습니다.

2. 트레이드오프

- 신제품 배지 기능을 구현하기 위해 가전제품에 출시일 정보가 정확하게 입력되어야 합니다. 현재 출시일이 누락된 가전제품 비율은 30%로, 이를 채우는 운영 인력 5명을 앞으로 한 달간 투입해야 합니다. 따라서 검색 태그 향상을 위한 운영 인력이 5명 줄어들 것입니다. 이는 검색 품질 향상으로 GMV를 상승시키겠다는 계획에 차질을 불러올 수 있습니다.
  - 검토 결과: 출시일 데이터를 추가로 입력하는 인력 투입은 일시적이나 정확한 출시일 정보를 제공하여 신제품 GMV와 검색 전환율은 장기적으로 상승할 수 있습니다. 앞으로는 가전제품을 신규로 등록할 때마다 출시 일정 입력을 '필수 항목'으로 지정할 것이므로 이번에만 일회성으로 투입하는 것이 가치가 있다고 판단하여 기능 개발을 진행하기로 했습니다.
- 신제품이 아닌 제품의 GMV가 감소할 수 있습니다. 신제품 배지를 달지 못한 제품을 비매력적으로 인식하는 고객이 증가하면서 감소하는 GMV가 신제품 GMV 상승보다 클 수 있습니다.
  - 검토 결과: 신제품이 아닌 제품의 매출 감소 가능성은 있지만, 구매 여정이 명확해지면서 고객이 더 만족스러운 선택을 하게 되어 전체적인 고객 리텐션 및 만족도는 더 높아질 것입니다. 또 신제품을 찾는 고객과 신제품이 아닌 다른 특성을 원하는 고객층이 다르므로, 신제품 배지로 기존 프로덕트 매출 감소 효과가 크게 발생하지 않을 수 있습니다.

- 한 화면에 너무 많은 신제품이 있을 때는 제품별 차별성은 없으면서 UX만 복잡하여 고객이 가격 등 다른 핵심적인 정보에 집중하지 못할 수 있습니다.
  - 검토 결과: 현재 주요 검색어의 상위 20개 이상 제품 중에서 신제품이 어느 정도 있는지 계산한 결과 2~3개 정도 있는 것으로 파악되었습니다. 차별성을 줄 수 있으면서 UX를 해치지 않는 수준입니다.
- 피처 도입 이후 고객이 신제품 여부를 보여 주는 것에 익숙해진 상황에서 한 화면에 보여 줄 신제품이 없을 때는 가전제품 전환율이 감소할 수 있습니다.
  - 검토 결과: 신제품이 없다면 '베스트셀러'나 '맞춤형 추천' 같은 위젯을 상위 노출하여 다른 요소를 강조할 수 있습니다.

3. 벤치마크

네이버 쇼핑: 출시 연도를 검색 화면에 표시합니다.

- **장점**: '신제품' 배지만 보여 주는 것보다 기준이 명확하고, 고객이 연도를 보며 판단할 수 있습니다.
- **단점**: 출시가 오래된 프로덕트는 출시 연월을 보여 주는 것이 전환율을 감소시킬 수 있고, 여러 스펙 중 하나로 표기되므로 눈에 잘 띄지 않을 수 있습니다.

▲ 그림 9-5 네이버 쇼핑 'tv' 검색 결과로 제품별 출시 연도가 검색 결과에 표시

4. 가설

가전제품에 '신제품' 배지를 부착하면 고객이 신제품을 더 쉽게 식별할 수 있어 신제품의 클릭률과 GMV가 증가할 것입니다.

5. 지표

- **입력 지표**: '신제품' 배지 부착 가전제품 클릭률 증가
- **성공 지표**: 가전제품 카테고리 신제품 GMV 증가
- **가드레일 지표**: 가전제품 카테고리 GMV 증가 또는 중립, 전체 카테고리 GMV 증가 또는 중립

6. 안돈

신제품 배지가 잘못된 제품에 노출되는 오류율이 5% 이상이라면 실시간으로 PM과 개발 팀에 경고합니다. 그리고 수정 작업을 거쳐 올바른 제품에만 신제품 배지가 표시되도록 조치합니다. 또 배지 부착 이후 부착 제품의 GMV가 유의미하게 감소할 때도 즉각적인 수정 또는 테스트 중단을 고려할 수 있습니다.

7. 피드백 루프

- 신제품 배지 노출 AB 테스트를 한 뒤 가전제품 카테고리의 신제품 GMV가 유의미하게 상승한다면 다른 카테고리로 적용 확장하는 것을 고려할 수 있습니다.
- 신제품 배치 노출 성과가 가전제품 세부 카테고리별로 상이하다면 다른 기준으로 배지를 노출하는 것을 검토할 수 있습니다. 예를 들어 신제품 배지 노출 성과가 TV 카테고리에서는 유의미하게 좋았

지만 핸드폰 카테고리에서는 그렇지 못했다면 핸드폰 카테고리의 신제품 기준을 다르게 설정해서 테스트할 수 있습니다.

유저 스토리 설계

유저 스토리는 사용자 관점에서 작성된 간단하고 명료한 설명입니다. 사용자가 무엇을 원하는지에 초점을 맞추고, 그것을 달성하려면 무엇을 해야 하는지 상술합니다.

유저 스토리의 이해

유저 스토리 형식은 일반적으로 다음과 같습니다.

"나는 ~한 사용자/고객으로서, ~를 원합니다/생각합니다."

앞서 다룬 신제품 배지 기능의 유저 스토리를 예로 들어서 이해해 봅시다. 다음과 같이 설명할 수 있습니다.

- 나는 가전 신제품 구매를 선호하는 고객으로서, 많은 제품 속에서 신제품을 빠르게 구분하고 구매 결정에 참고하길 원합니다.

- 나는 신기술에 관심이 많은 고객으로서, 출시 1년 미만 프로덕트를 신제품이라고 생각합니다.

유저 스토리를 작성했다면 그것을 만족시키는 데 필요한 기능을 PRD에 상세히 기술합니다. 고객이 많은 제품 속에서 신제품을 빠르게 구분하여 구매 결정에 참고하길 원한다는 유저 스토리가 있다면 그것을 만족시키는 해결책을 명시해야 하기 때문입니다.

- 고객이 신제품을 빠르게 구분할 수 있도록 검색 화면 제품 유닛에 신제품 배지를 부착합니다.
- 눈에 잘 띌 수 있도록 명확한 컬러를 사용합니다.
- 많은 제품 중에서 신제품만 쉽게 걸러 낼 수 있도록 '신제품' 필터를 생성합니다. 필터를 선택하면 '신제품' 배지가 부착된 제품들만 필터링됩니다.

여러 고객층이 있는 앱이나 기능일 때는 타깃팅하는 고객층 자체가 다양할 수도 있습니다. 아이폰 날씨 앱을 예로 들어 보겠습니다.

예시
- 나는 일반 사용자로서 현재 위치의 정확한 날씨 정보를 원합니다. 그에 맞추어 외출할 때 적절한 준비를 할 수 있습니다.
- 나는 출퇴근하는 직장인으로서 매일 아침과 저녁에 출퇴근 시간대의 날씨 예보를 원합니다. 그에 맞추어 옷을 입고 필요한 준비를 할 수 있습니다.

- 나는 여행객으로서 여행 목적지의 일주일간 날씨 예보를 원합니다. 그에 맞추어 여행 일정을 효율적으로 계획할 수 있습니다.
- 나는 달리기하는 사람으로서 오늘과 내일의 기온과 강수 확률을 원합니다. 그에 맞추어 운동 시간을 조정할 수 있습니다.
- 나는 보호자(부모)로서 자녀가 학교에 가는 시간대와 돌아오는 시간대의 날씨 정보를 원합니다. 그에 맞추어 자녀가 날씨에 맞게 준비할 수 있도록 도울 수 있습니다.
- 나는 농부로서 월간 강수량 예보와 기온 변화를 원합니다. 그에 맞추어 작물 관리와 수확 계획을 세울 수 있습니다.
- 나는 애완동물 주인으로서 산책 시간대의 날씨 정보를 원합니다. 그에 맞추어 반려동물과 안전하게 산책할 수 있습니다.
- 나는 알레르기 환자로서 현재와 예보된 대기질 및 꽃가루 수치를 원합니다. 그에 맞추어 알레르기 증상을 예방할 수 있습니다.
- 나는 레저 활동 애호가로서 주말의 날씨 예보와 일출 및 일몰 시간을 원합니다. 그에 맞추어 야외 활동 계획을 세울 수 있습니다.
- 나는 기상에 민감한 직업을 가진 사람으로서 실시간 기상 경고와 급변하는 날씨 알림을 원합니다. 그에 맞추어 업무에 필요한 준비를 할 수 있습니다.

유저 스토리 방법론의 장점

유저 스토리 방법론의 장점에는 다음 네 가지가 있습니다.

첫째, 사용자 중심의 개발이 가능해집니다. 요구 사항을 서술하는 방법에는 여러 가지가 있지만, 그중에서 유저 스토리는 사용자 중심 개발을 이끈다는 점에서 의미가 있습니다. 프로덕트가 실제 사용자에게 더 가치 있고 유용하며, 사용하기 쉽도록 생각의 방향성을 잡아 줍니다.

둘째, 명확한 요구 사항 정의가 가능해집니다. 또 개발 팀이 사용자 요구 사항을 명확하게 이해하는 것도 돕습니다. 유저 스토리는 구체적이고 명확하게 작성되어 있어 모호한 요구 사항을 피하고 명확한 목표를 설정할 수 있게 돕습니다.

셋째, 우선순위 설정에 도움을 줍니다. 각 유저 스토리별로 우선순위를 설정할 수 있습니다. 중요한 기능이나 개선 사항이 무엇인지 파악하고 이를 바탕으로 개발 순서를 정할 수 있습니다.

넷째, 작업의 분할 및 관리가 쉬워집니다. 자잘하게 쪼갠 유저 스토리는 큰 기능을 작은 작업 단위로 나누어 관리할 수 있도록 도와줍니다. 이는 스프린트 계획 및 애자일 개발 방법론에서 효과적인 작업 분할 및 관리를 가능하게 합니다.

개발 요구 사항

개발 요구 사항 설계는 프로덕트 요구 사항 문서(PRD)의 핵심 부분 중하나로, 프로덕트 또는 기능을 성공적으로 구현하는 데 필요한 구체적인 기술적 요구 사항을 정의하는 과정입니다. 이는 개발 팀이 무엇을 만들어야 하는지 명확히 이해하고, 프로덕트가 사용자와 비즈니스 요구를 충족하도록 보장하는 데 필수입니다. 개발 요구 사항 설계의 주요 요소는 다음과 같습니다.

개발 요구 사항 설계의 주요 요소

1. 기능 요구 사항

프로덕트가 수행해야 할 기능과 동작을 설명합니다.

예시 가전제품 검색 화면에서 출시 1년 내 신제품에는 '신제품' 배지가 표시되어야 합니다.

2. 비기능 요구 사항

시스템의 품질 속성, 성능, 보안, 확장성 등을 설명합니다.

예시 배지 표시 기능은 페이지 로드 시간에 영향을 미치지 않아야 하며 iOS, AOS 앱에서 동일하게 작동해야 합니다.

3. 제약 조건

시스템 개발에 영향을 미치는 외부 요소나 제한 사항을 명시합니다.

예시 배지는 프로덕트 데이터 중 '출시 연월' 항목을 사용하여 표기해야 합니다.

4. 사용자 경험

사용자와 시스템 간 상호 작용을 정의합니다.

예시 배지는 프로덕트 이름 상단에 표시되며 클릭 기능은 없습니다.

5. 데이터 요구 사항

시스템이 처리해야 하는 데이터의 형식, 저장, 전송 방법을 정의합니다.

예시 프로덕트 출시 날짜는 데이터베이스에 YYYY-MM-DD 형식으로 저장되어야 하며, 이를 기반으로 '신제품' 배지가 부착됩니다.

요구 사항 요소들을 이해했다면 다음으로는 구체적인 예시와 함께 직접 개발 요구 사항을 작성해 봅시다.

아이폰 날씨 앱의 개발 요구 사항 작성

지금부터 아이폰 날씨 앱의 개발 요구 사항을 작성해 봅시다. 직접 개발 요구 사항을 작성해 보면 앞서 배운 이론을 더 깊게 이해할 수 있습니다.

1. 기능 요구 사항

1-1. 현재 위치의 날씨 정보 제공

- 사용자는 앱을 열면 현재 위치의 실시간 날씨 정보를 확인할 수 있어야 합니다.
- 위치 정보는 GPS를 통해 자동으로 업데이트되어야 합니다.

1-2. 여러 도시의 날씨 정보 저장 및 조회

- 사용자는 여러 도시를 추가하여 해당 도시들의 날씨 정보를 조회할 수 있어야 합니다.

▲ 그림 9-6 아이폰 날씨 앱 UI

- 각 도시의 날씨 정보는 사용자가 선택한 순서대로 표시되어야 합니다.

1-3. 시간별 및 일별 날씨 예보 제공

- 사용자는 현재 날씨뿐만 아니라 시간별, 일별 날씨 예보를 확인할 수 있어야 합니다.
- 시간별 예보는 24시간, 일별 예보는 7일 동안 제공되어야 합니다.

1-4. 기상 경고 및 알림 기능

- 사용자는 기상 특보(**예** 폭우, 폭설, 강풍 등)에 대한 경고와 알림을 받을 수 있어야 합니다.
- 알림 설정은 사용자 설정에서 켜고 끌 수 있어야 합니다.

1-5. 대기질 정보 제공

- 사용자는 현재 위치 및 선택한 도시의 대기질 정보를 확인할 수 있어야 합니다.
- 대기질 지수는 PM2.5, PM10 등 정보가 포함되어야 합니다.

1-6. 날씨 위젯 제공

- 사용자는 아이폰 홈 화면에서 날씨 정보를 간략히 확인할 수 있는 위젯을 사용할 수 있어야 합니다.
- 위젯은 현재 위치와 사용자가 선택한 도시의 기본 날씨 정보를 표시해야 합니다.

2. 비기능 요구 사항

2-1. 성능

- 날씨 정보는 앱 실행 후 2초 이내에 로드되어야 합니다.
- 시간별 및 일별 예보 데이터는 5초 이내에 로드되어야 합니다.

2-2. 보안

- 사용자 위치 정보는 암호화되어 전송 및 저장되어야 합니다.
- 사용자 데이터는 GDPR 및 CCPA 같은 데이터 보호 규정을 준수해야 합니다.

2-3. 호환성

- 앱은 iOS 최신 버전 및 최소 그 이전 버전을 두 개 지원해야 합니다.
- 아이폰, 아이패드 및 아이폰 SE를 포함한 모든 기기에서 정상적으로 작동해야 합니다.

2-4. 유지 보수성

- 코드베이스는 모듈화되어 있어 향후 기능 추가 및 유지 보수가 용이해야 합니다.
- 주요 기능의 단위 테스트 커버리지는 80% 이상이어야 합니다.

2-5. UI 가이드라인

- UI는 애플의 휴먼 인터페이스 가이드라인(human interface guidelines)을 준수해야 합니다.
- UI 요소는 접근성을 고려하여 설계해야 하며 음성 안내 및 스크린 리더와 호환되어야 합니다.

3. 제약 조건

3-1. 데이터 소스

- 날씨 데이터는 신뢰할 수 있는 외부 API를 통해 제공되어야 합니다.
- 데이터 제공자의 API 호출 횟수 제한을 준수해야 합니다.

3-2. 위치 서비스

앱은 백그라운드에서도 위치 서비스를 사용할 수 있어야 하며 사용자 동의를 받아야 합니다.

4. 사용자 경험

4-1. 메인 화면

- 최상단 영역에는 현재 위치의 날씨 정보(온도, 기상 상태)가 표시됩니다. 클릭할 수 없습니다.
- 중간 영역에는 시간별 예보를 표시합니다. 클릭하면 시간대별 상세한 온도, 강수, 대기질 정보가 표시됩니다.
- 하단 영역에는 최근 10일간 일별 예보를 표시합니다. 클릭하면 일별 상세한 온도, 강수, 대기질 정보가 표시됩니다.

4-2. 도시 추가 및 관리

도시를 추가, 삭제 및 순서를 변경할 수 있는 기능을 제공해야 합니다.

4-3. 설정 화면

알림 설정, 단위 변경(섭씨/화씨), 대기질 정보 표시 등을 설정할 수 있어야 합니다.

5. 데이터 요구 사항

5-1. 날씨 데이터 형식

날씨 정보는 온도(℃), 습도(%), 풍속(m/s), 기압(hPa) 등 정수 혹은 소수점 둘째 자리까지 지원해야 합니다.

5-2. 데이터 소스 및 주기

기상청 API 등 신뢰할 수 있는 출처에서 데이터를 받아 와야 하며, 데이터는 최소 10분 간격으로 업데이트되어야 합니다.

5-3. 위치 데이터

사용자 위치는 GPS 좌표로 저장되며, 이를 기반으로 해당 지역의 날씨 데이터를 가져옵니다. GPS 정보는 소수점 여섯째 자리까지 지원합니다.

5-4. 데이터 저장

최근 24시간 날씨 데이터를 로컬 캐시에 저장하여 앱을 다시 열 때 빠르게 로드할 수 있도록 합니다.

이 모든 항목을 상세히 지정할 수 있을까 하고 걱정할 필요는 없습니다. 앞서 서술한 예시는 이해를 돕고자 상세히 작성한 것입니다. 모든 내용을 PRD에서 구체적으로 작성하지 않더라도 개발자와 대화를 하면서 필요한 내용을 함께 정할 수 있습니다.

로깅 요구 사항 설계

로깅 요구 사항 설계는 피처 배포 후 성과와 사용자 행동을 모니터링하고 분석하는 데 필요한 데이터를 체계적으로 정의하는 과정입니다. 고객에게 배포한 기능의 성과를 분석하려면 분석에 필요한 정보가 기능에 삽입되어 있어야 하는데, 신규 기능이라면 기존에는 없던 정보를 추가할 필요가 있겠죠.

일반적으로 로깅 설계는 데이터 분석가의 역할입니다. PRD에 측정하고자 하는 지표가 명확히 기술되어 있고 데이터 분석가가 있는 팀이라면 PM이 별도로 로깅을 정의할 필요는 없습니다. 데이터 분석가가 측정하고자 하는 성공 지표와 입력 지표를 보고 추가 로깅이 필요한 부분을 정의하기 때문입니다. 하지만 최종 분석으로 인사이트를 얻고 기능 성공 여부를 판단하는 것은 PM이기 때문에 원하는 대로 로깅이 들어간 것이 맞는지 확인할 필요는 있습니다.

신제품 배지의 로깅 요구 사항 점검

신제품 배지를 예로 들어 생각해 봅시다. PRD에서 측정하고자 하는 지표를 다음과 같이 정의했습니다.

- **입력 지표**: '신제품' 배지 부착 가전제품 클릭률 증가
- **성공 지표**: 가전제품 카테고리 신제품 GMV 증가

데이터 분석가는 이 같은 분석을 위해서는 어떤 제품에 '신제품' 배지가 있는지 확인해야 한다고 생각할 것입니다. 제품이 클릭이나 구매로 이어졌을 때 신제품 배지 유무를 확인하고, 신제품 배지가 있는 제품들의 GMV가 부착 전과 비교해서 얼마나 증가했는지, AB 테스트를 할 수 있는 환경이라면 배지를 노출하지 않은 컨트롤 그룹과 비교해서 증

가한 것이 맞는지 확인해야 하기 때문입니다. 따라서 제품 정보에 is_new_badge 항목을 참, 거짓으로 판단할 수 있도록 넣습니다.

제품에 정보를 넣어 놓았으니 구매나 노출 이벤트에도 자연스럽게 정보가 따라올 것입니다. 실제로 잘 따라오는지 로깅 QA 때 확인합니다. 어떤 제품이 어떻게 구매되었는지 정보를 조회했는데 다음 이미지처럼 우리가 정의한 is_new_badge 항목이 잘 보인다면 제대로 개발된 것이겠죠.

다음은 로깅 정보를 확인하는 코드 예시입니다.

```
{
  "event": "product_purchase",
  "user_id": "anon_12345",
  "session_id": "sess_67890",
  "search_query": "LG StandbyME FHD TV",
  "product_id": "LG123FHD",
  "product_name": "LG 스탠바이미 FHD TV",
  "is_new_badge": true,
  "purchase_time": "2023-06-23T14:45:00Z",
  "quantity": 1,
   "referrer_url": "https://www.coupang.com/search?q=LG+StandbyME+FHD+TV"
}
```

이렇게 PRD를 작성한 뒤 추가적인 분석 방향성이 생각났다면 그 방향성을 데이터 분석가에게 공유하면 됩니다. 추가 로깅 작업이 필요하면 로깅을 추가해서 작업할 것이고 필요 없다면 기존 로깅 내용으로 분석 가능하다고 응답을 줄 것입니다. 이 모든 것은 개발 과정에 심어져야 하는 분석 코드이기 때문에 개발 작업이 완료되기 전에 소통을 끝내야 합니다.

플로 차트 설계

플로 차트(flowchart)는 서비스를 구축할 때 필요한 화면과 정보의 구조도를 도식적으로 나타낸 다이어그램입니다. 플로 차트는 간단한 도형과 화살표를 사용해서 이해관계자가 프로세스의 단계와 그 단계 간흐름을 직관적으로 이해할 수 있게 도와줍니다. 주로 유저 플로 상술이필요한 큰 규모의 프로덕트를 개발할 때 작성합니다.

플로 차트의 주요 구성 요소는 다음과 같습니다.

- **시작/종료**: 프로세스의 시작과 끝을 나타내는 원 또는 타원
- **작업 단계**: 작업이나 작업 단계를 나타내는 사각형
- **결정**: 조건에 따라 분기하는 결정을 나타내는 다이아몬드
- **입력/출력**: 데이터 입력이나 출력 작업을 나타내는 평행 사변형
- **흐름선**: 각 단계 간 흐름을 나타내는 화살표

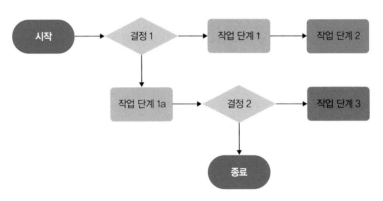

▲ 그림 9-7 플로 차트(출처: https://smartdraw.com)

플로 차트는 다음 단계를 밟아 설계합니다.

1. **목적 정의**: 플로 차트로 달성하고자 하는 목표를 명확히 합니다.
2. **작업 단계 식별**: 작업의 주요 단계와 흐름을 식별합니다.
3. **순서 결정**: 각 단계의 순서를 결정하고 흐름을 정의합니다.
4. **기호 선택**: 적절한 플로 차트 기호를 선택하여 각 단계를 도식화합니다.
5. **검토 및 수정**: 작성한 플로 차트를 검토하고 필요한 수정 작업을 수행합니다.

피그마(Figma) 같은 디자인 툴을 사용하거나 분량이 많고 복잡한 차트를 그릴 때는 Gliffy, Draw.io 같은 도구를 사용하여 작성합니다. 하지만 상대적으로 간단한 내용은 파워포인트를 사용해도 무방합니다.

구글 검색 프로세스 플로 차트

그러면 구글의 검색 프로세스를 간단한 플로 차트로 만들어 보겠습니다. 목표는 디자이너와 마케터에게 간단한 검색 데이터 흐름을 이해시키는 것이라고 가정하겠습니다. 이때는 다음 수준으로도 충분합니다.

1. **사용자 입력**: 사용자가 검색어를 입력합니다.
2. **검색 요청 전송**: 검색어를 구글 서버로 전송합니다.
3. **검색 엔진 실행**: 검색어 텍스트, 콘텐츠 인덱싱 데이터 등을 참고하여 재현할 콘텐츠를 선정합니다.

4. **순위 매기기**: 검색 결과를 검색어 관련성, 품질 기준, 개인화 데이터에 따라 순위를 매깁니다.

5. **결과 반환**: 최종 검색 결과를 사용자에게 반환합니다.

6. **결과 표시**: 사용자 인터페이스에 검색 결과를 표시합니다.

반면 개발자와 데이터 구조를 소통할 때는 더 복잡하고 자세한 수준으로 작성하게 될 것입니다. '검색 엔진 실행' 과정에서 호출하는 알고리즘 여러 개를 더 자세한 수준으로 다루고 '순위 매기기'에 각 항목의 가중치도 논의가 필요할지 모릅니다. 전달하려는 목적에 맞는 수준으로 작성하면 됩니다.

플로 차트가 필요하지 않다면 작성하지 않아도 됩니다. 통상적으로 작은 기능 단위 테스트를 할 때는 플로 차트까지 필요 없습니다. 큰 프로덕트 구축이 끝난 뒤 AB 테스트를 통해 점진적으로 개선시켜 나갈 때는 작은 규모로 자주 테스트하므로 플로 차트가 필요한 레벨의 테스트가 없는 경우가 많습니다. 앞서 예시로 들었던 신제품 배지 테스트도 구성원들을 이해시키는 것에 굳이 플로 차트가 필요하지 않습니다.

작업 분할 구조(WBS)

작업 분할 구조(Work Breakdown Structure, WBS)는 프로젝트의 전체 범위를 계층적으로 구조화하여 관리 가능한 작은 작업 단위로 나눈 것입니다. WBS는 프로젝트 목표를 달성하는 데 필요한 모든 작업을 체계적으로 정의하고 조직화하는 데 중요한 역할을 합니다. 주로 여러 이해관계자가 동시에 포함되는 큰 프로젝트를 진행할 때 사용합니다. WBS는 왜 필요할까요?

검색 기능 구축 프로젝트

ID	카테고리	작업	세부 작업	산출물	시작일	완료일	담당자
1.1		요구사항 설계	유저인터뷰	인터뷰 인사이트	2025-01-01	2025-01-02	윤현지
1.2			비즈니스 요구사항 분석	PRD 문서	2025-01-03	2025-01-05	윤현지
1.3			PRD 작성	PRD 문서	2025-01-06	2025-01-20	윤현지
2.1		아키텍처 설계	시스템 아키텍처 설계	아키텍처 다이어그램	2025-01-11	2025-01-15	이수정
2.2			데이터베이스 설계	DB 설계 문서	2025-01-16	2025-01-18	이수정
2.3			네트워크 설계	네트워크 다이어그램	2025-01-19	2025-01-20	이수정
3.1	자동완성	디자인	그래픽 디자인	UI 디자인 파일	2025-01-11	2025-01-15	곽종현
3.2			사용자 인터페이스 디자인	최종 UI 디자인	2025-01-16	2025-01-18	곽종현
3.3			사용성 테스트	사용성 테스트 인사이트	2025-01-19	2025-01-20	곽종현
4.1		개발	백엔드 개발	백엔드 코드베이스	2025-01-21	2025-02-07	홍준영
4.2			프론트엔드 개발	프론트엔드 코드베이스	2025-02-10	2025-02-28	홍준영
4.3			AOS 개발	AOS 코드베이스	2025-02-10	2025-02-28	홍준영
4.4			iOS 개발	iOS 코드베이스	2025-02-10	2025-02-28	홍준영
5.1		QA테스트	단위 테스트	단위 테스트 결과 보고서	2025-03-03	2025-03-07	최유리
6.1		요구사항 설계	유저인터뷰	인터뷰 인사이트	2025-01-01	2025-01-02	유해일
6.2			비즈니스 요구사항 분석	PRD 문서	2025-01-03	2025-01-05	유해일
6.3			PRD 작성	PRD 문서	2025-01-06	2025-01-20	유해일
7.1		아키텍처 설계	시스템 아키텍처 설계	아키텍처 다이어그램	2025-01-11	2025-01-15	위해은
7.2			데이터베이스 설계	DB 설계 문서	2025-01-16	2025-01-18	위해은
7.3			네트워크 설계	네트워크 다이어그램	2025-01-19	2025-01-20	위해은
8.1	검색 결과	디자인	그래픽 디자인	UI 디자인 파일	2025-01-11	2025-01-15	장원영
8.2			사용자 인터페이스 디자인	최종 UI 디자인	2025-01-16	2025-01-18	장원영
8.3			사용성 테스트	사용성 테스트 인사이트	2025-01-19	2025-01-20	장원영
9.1		개발	백엔드 개발	백엔드 코드베이스	2025-01-21	2025-02-07	차은우
9.2			프론트엔드 개발	프론트엔드 코드베이스	2025-02-10	2025-02-28	차은우
9.3			AOS 개발	AOS 코드베이스	2025-02-10	2025-02-28	차은우
9.4			iOS 개발	iOS 코드베이스	2025-03-10	2025-02-28	차은우
10.1		QA테스트	단위 테스트	단위 테스트 결과 보고서	2025-03-03	2025-03-07	김지원
..	..	..					
20.1	테스트배포	QA테스트	통합 테스트	통합 테스트 결과 보고서	2025-03-10	2025-03-21	김지원, 최유리, 김태형
20.2		배포		검색 기능 배포	2025-03-27	2025-03-27	김지원, 최유리, 김태형

▲ 그림 9-8 WBS 예

먼저 WBS는 프로젝트의 전체 범위를 명확히 정의하는 데 도움이 됩니다. 범위를 세부적으로 정의함으로써 프로젝트 팀은 각 작업의 구체적인 목표와 경계를 명확히 이해할 수 있는데, 이것은 프로젝트가 목표에 맞추어 진행되고 불필요한 작업이 포함되지 않도록 보장합니다. 또 큰 프로젝트를 작은 작업 단위로 나누어 쉽게 관리할 수 있게 합니다. 작업을 세분화하면 각 작업 단위 범위와 목표를 명확히 할 수 있어 프로젝트 관리 효율성을 높입니다. 세분화된 작업 단위는 관리와 추적이 용이해서 PM이 전체 프로젝트 진행 상황을 보다 쉽게 파악할 수 있습니다.

그리고 각 작업 단위에 책임을 할당하여 팀원들의 역할과 책임을 명확히 하는 데 유용합니다. 이것으로 팀원들은 자신이 맡은 업무에 집중하여 효율적으로 작업을 수행할 수 있습니다. WBS는 프로젝트 진행 상황을 추적, 관리하는 데도 큰 도움을 줍니다. 각 단계와 작업 단위를 명확히 정의하면 프로젝트가 계획된 일정과 목표에 맞추어 진행되고 있는지 확인할 수 있습니다. 이것으로 프로젝트가 시간 내, 예산 내 원하는 품질 수준으로 완료될 수 있도록 합니다.

좀 더 구체적으로 WBS 구성 요소를 알아봅시다.

- **프로젝트**: 최상위 수준에서 구현하려는 프로젝트입니다. 가령 네이버 지도 앱에 장소 검색 기능이 없었다고 가정해 봅시다. 신규 검색 기능을 구현할 목표를 세우고 WBS를 작성하기로 했습니다. 이때 프로젝트는 네이버 지도 '검색 기능 구축 프로젝트'입니다.
- **카테고리**: 프로젝트를 구성하는 주요 영역입니다. 검색 기능을 구축하려면 검색 결과는 물론 자동완성, 위젯, 광고 등 여러 영역의 개발이 필요할 것입니다.
- **작업**: 카테고리 내 주요 활동 또는 단계입니다. '요구 사항 설계' 같은 항목이 해당됩니다.
- **세부 작업**: 주요 작업을 세부적으로 나누어 구체화한 작은 단위의 활동입니다. '요구 사항 설계'를 실행하는 구체적인 활동인 '유저인터뷰', '비즈니스 요구 사항 분석', 'PRD 작성' 등이 해당합니다.
- **산출물**: 각 작업이나 세부 작업의 결과로 생성되는 문서, 코드, 디자인 등 구체적인 성과물입니다.
- **시작일**: 작업이 시작되는 날짜입니다.

- 완료일(Estimated Time of Arrival, ETA): 작업이 실제로 완료되었거나 완료될 것으로 예상하는 날짜입니다.
- 담당자(Point of Contact, PoC): 해당 작업이나 세부 작업을 책임지고 수행하는 사람입니다.

예시처럼 한 프로젝트 내에서 여러 카테고리를 개발할 때는 전체를 책임질 특정 PM을 세우게 됩니다. PM은 대략적인 작업을 분할한 뒤 각 담당자와 공유합니다. 각 담당자가 세부적인 항목을 채우고 실무에 맞게 WBS를 수정하면서 최종본을 완성해 나갑니다.

마치며

✔ PRD로 요구 사항을 체계적으로 정의하세요

PRD는 프로덕트 개발의 중심이 되는 문서로, 모든 이해관계자가 동일한 목표를 공유하고 일관된 방향으로 나아갈 수 있도록 돕습니다. 요구 사항을 체계적으로 정의하면 개발 팀, 디자이너, 데이터 분석가, 마케터 등 각자의 역할과 책임이 명확해지고 프로젝트 성공 가능성이 높아집니다. PRD를 작성할 때는 핵심 요구 사항과 비기능 요구 사항을 구분하여 상세히 기술하고, 이해관계자의 피드백을 반영하여 지속적으로 업데이트하세요.

✔ 문제 정의로 명확한 목표를 설정하세요

문제를 정의하는 과정은 프로젝트의 시작점이자 방향성을 설정하는 핵심 단계입니다. 문제를 명확히 정의하면 팀이 해결해야 할 과제와 근본 원인을 명확히 파악할 수 있습니다. 목표 고객, 문제 상황, 근본 원인을 논리적으로 분석하여 문제 본질을 이해하세요. 이것으로 해결책의 우선순위를 정하고 자원을 효과적으로 배분할 수 있습니다.

✔ 벤치마킹으로 인사이트를 얻으세요

벤치마킹은 경쟁사와 업계의 베스트 프랙티스를 분석하여 문제를 해결하거나 새로운 아이디어를 도출할 때 유용한 도구입니다. 유사한 문제를 해결한 사례를 조사하고, 이를 참고하여 우리 프로덕트에 적합한 방식으로 적용하세요. 벤치마킹 핵심은 단순히 경쟁사를 따라 하는 것이 아니라, 그들의 강점에서 영감을 얻어 차별화된 전략을 도출하는 것입니다.

✔ 유저 스토리를 통해 사용자 중심으로 사고하세요

유저 스토리는 사용자 관점에서 요구 사항을 정의하는 효과적인 방법입니다. 사용자 경험을 중심으로 생각하면 프로덕트가 실제 고객의 니즈를 충족하고, 더 나아가 만족도를 높이는 데 도움이 됩니다. 유저 스토리는 간결하면서도 명확하게 작성해야 하며, 각 스토리는 구체적인 목표를 담고 있어야 합니다. 예를 들어 "나는 신제품을 쉽게 찾고 구매 결정을 내리고 싶다." 형태로 작성하여 사용자 요구를 이해하세요.

✅ 출력 지표로 성공 여부를 측정하세요

지표는 프로젝트 성과를 수치로 평가하는 중요한 도구입니다. 성공 여부를 판단하려면 입력 지표와 출력 지표를 명확히 정의하고, 프로젝트 목적과 연계된 가드레일 지표를 설정하세요. 지표로 프로젝트 진행 상황을 지속적으로 모니터링하고 필요할 때는 방향을 조정할 수 있습니다.

✅ 피드백 루프를 활용하여 지속적으로 개선하세요

프로덕트 출시 후에는 사용자 피드백을 수집하고 이를 바탕으로 지속적으로 개선해야 합니다. 피드백 루프를 통해 사용자 경험 데이터를 분석하고, 이를 토대로 기능을 최적화하세요. 예를 들어 클릭률이나 전환율 데이터를 분석하여 사용자가 어떤 요소에서 만족하거나 어려움을 겪는지 파악하고 이를 개선 방안으로 반영하세요.

✅ 플로 차트와 WBS로 프로젝트를 체계적으로 관리하세요

플로 차트를 사용하여 프로젝트의 주요 단계를 시각화하면 이해관계자 간 의사소통을 원활히 할 수 있습니다. 작업 분할 구조(WBS)는 프로젝트를 작은 단위로 나누어 관리함으로써 작업 효율성을 높이는 데 도움을 줍니다. 각 작업 단계에서 명확한 목표와 책임자를 지정하고 진행 상황을 추적하여 프로젝트를 계획대로 추진하세요.

✅ 로깅 설계로 데이터를 기반으로 의사 결정하세요

로깅 설계는 프로젝트 성과를 분석하고 기능을 개선하는 데 필수적입니다. 로깅 데이터는 클릭률, 구매 전환율 등 사용자 행동을 측정할 수 있는 구체적인 데이터를 제공합니다. 데이터를 기반으로 실시간으로 상황을 파악하고 필요한 조치를 취하여 프로젝트 성공 가능성을 높이세요.

직접 해 보기 틱톡 첫 화면에서 사용자의 좋아요나 댓글, 북마크, 공유 같은 반응률을 올릴 수 있는 기능의 PRD를 작성해 보세요.

10장

화면 기획서

PRODUCT MANAGER

화면 기획이란 사용자가 애플리케이션이나 웹 사이트를 사용할 때 경험을 최적화하려고 인터페이스의 구조와 흐름을 설계하는 과정입니다. 이 과정은 사용자 요구 사항과 비즈니스 목표를 반영하며, 각 화면의 구성 요소와 이들 간 상호 작용을 구체적으로 정의합니다. 화면 기획은 와이어프레임, 목업, 프로토타입 등 형태로 시각화되며, 디자이너와 개발자가 명확한 지침에 따라 작업을 진행할 수 있도록 도와줍니다.

전통적인 한국 PM에게 화면 기획은 필수적인 업무였습니다. 직접 와이어프레임을 그리고 스토리보드를 짰죠. 그러나 실리콘 밸리에서 국제적으로 통용되는 업무 방법론에서는 조금 다릅니다. 이런 역할은 즉시 시안까지 만들 수 있는 디자이너에게 넘기고 PM은 목표와 우선순위 설정 같은 상위 수준 업무에 더 집중하는 추세입니다. 국제적인 추세를 받아들인 한국 기업 문화도 점차 이와 비슷하게 변모하고 있습니다. 그럼에도 여전히 PM이 화면 기획까지 진행할 때가 있습니다. 그렇다면 PM은 언제 화면 기획을 작업하는 것이 필요하고 필요하지 않을까요?

먼저 디자인과 개발 작업이 병렬적으로 진행되어야 하는 상황에서는 디자인 이전에 요구 사항을 개발자가 명확히 이해할 수 있도록 화면 기획이 필요할 수 있습니다. 스케줄이 긴박하게 돌아간다면 디자인이 완료될 때까지 개발을 기다리기보다는 디자인과 개발을 동시에 진행하기도 합니다. 이때는 디자인 파일이 없는 상황에서 어떤 부분을 개발해야 하는지 명확하게 의사소통을 하기 위해 간단한 와이어프레임이나 스토리보드를 활용하면 좋습니다.

또 프로젝트가 복잡한 기능을 포함하거나 여러 시스템을 통합하는 경우 PM은 화면 기획으로 각 기능의 세부 사항을 명확히 정의해야 하기도 합니다. 화면 기획과 함께 제공되는 정확한 명세서는 디자이너와 개발자가 동일한 이해를 바탕으로 작업할 수 있도록 돕고, 기능 간 상호 작용과 통합을 보다 효과적으로 관리할 수 있게 합니다.

마지막으로 작은 팀이나 스타트업 환경에서는 디자이너 리소스가 부족하여 PM이 화면 기획까지 담당하는 경우가 종종 있습니다. 이런 상황에서는 필요한 기능과 화면 구성의 전반적인 방향을 PM이 사전에 결정하면 디자이너 업무 부담을 줄이고 프로젝트를 더욱 효율적으로 진행할 수 있습니다. 화면 기획 진행 방식에는 와이어프레임, 목업, 프로토타입, 스토리보드가 있습니다. 지금부터 하나씩 자세히 알아봅시다.

와이어프레임

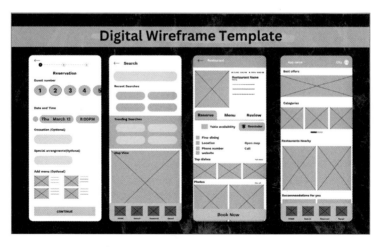

▲ 그림 10-1 와이어프레임 예(출처: https://www.figma.com/community/file/1236578140868018639 /wireframe-template)

와이어프레임(wireframe)은 웹 사이트나 애플리케이션의 페이지 레이아웃을 단순한 형태로 도식화한 것입니다. 이는 페이지의 구조와 기능을 시각적으로 표현하여 각 요소가 어디에 배치될지, 어떤 기능을 수행할지 명확하게 정의합니다.

인스타그램 와이어프레임 예시

와이어프레임에 주로 포함되는 요소를 인스타그램 와이어프레임 예시와 함께 이해해 봅시다.

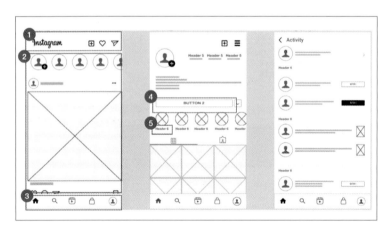

▲ 그림 10-2 인스타그램 와이어프레임 예시(출처: https://medium.com/@DiosaBaezR/ironhacks-challenge-2-wireframing-instagram-39f1dd898ba4)

❶ **헤더(header)**: 로고, 내비게이션 메뉴, 검색바 등이 포함되는 화면 상위 영역입니다.

❷ **콘텐츠 영역**: 화면 중간의 주된 콘텐츠가 배치되는 곳으로 텍스트, 이미지, 비디오 등 요소가 포함됩니다.

218

❸ **앱바(app bar)**: 애플리케이션에 고정된 툴바로, 앱 내에서 주요 내비게이션 및 기능으로 이동할 수 있게 도와줍니다.

❹ **버튼**: 사용자가 특정 작업을 수행할 수 있도록 하는 인터랙티브 요소입니다.

❺ **플레이스홀더(placeholder text)**: 실제 콘텐츠 대신 임시로 삽입된 텍스트나 이미지입니다. 구체적인 콘텐츠가 아직 마련되지 않았거나 실제 데이터로 바뀔 수 있는 상황에서 위치와 노출 형태를 보여주는 요소입니다.

이 예시에는 없지만 다음 요소도 추가로 포함될 수 있습니다.

- **사이드바(sidebar)**: 화면 좌우 측에 위치한 탭형 메뉴 또는 추가 정보 영역입니다. 사용자가 웹 페이지를 탐색할 때 주요 콘텐츠와는 별도로 추가 내비게이션 메뉴, 위아래로 빠르게 이동하기 등을 제공하는 역할을 합니다. 보통 상시 표시되며 웹 페이지 내에서 빠른 이동을 돕습니다.
- **푸터(footer)**: 웹 페이지 하단에 위치한 고정 영역으로 웹 사이트 정보, 연락처, 저작권, 이용 약관 같은 필수 정보를 제공하는 공간입니다. 소셜 미디어 링크나 추가 내비게이션 메뉴를 포함하기도 합니다.
- **입력 영역**: 사용자가 정보를 입력할 수 있는 텍스트 박스, 드롭다운 메뉴 등이 포함됩니다.
- **링크**: 다른 웹 페이지나 섹션으로 이동할 수 있는 하이퍼링크입니다.

와이어프레임은 다음 흐름을 따라 그립니다. 먼저 와이어프레임으로 달성하고자 하는 목표와 대상 사용자 그룹을 명확히 합니다. 예를 들어 주식 거래 앱에서 매도와 매수를 하는 것처럼 흐름이 복잡한 서비스를 설계한다고 가정해 봅시다. 그 흐름을 디자이너와 개발자에게 프로젝트 목표와 유저 스토리를 상세히 기술한 PRD만으로 전달하기는 어려울 것입니다. 이 경우 대략적인 흐름을 명확히 인지시키기 위해 와이어프레임을 잡는다는 목표를 세울 수 있습니다.

다음으로는 화면 레이아웃을 설정합니다. 페이지의 기본 구조를 설정하고 헤더, 콘텐츠 영역, 앱바 등 주요 영역을 배치합니다. 그리고 각 영역에 들어갈 콘텐츠와 기능을 구체적으로 배치합니다. 어떤 콘텐츠가 들어가야 할지 위치와 내용만 대략적으로 지정하는 것이므로 실제 텍스트나 이미지는 사용하지 않고 간단한 상자와 선, 텍스트 플레이스홀더만 사용합니다. 다음으로는 버튼, 링크, 폼 등 상호 작용 요소를 추가하여 페이지 흐름을 시각적으로 이해하기 쉽게 만듭니다.

목업

목업(mock-up)은 와이어프레임에 시각적 디자인 요소를 추가하여 실제 화면과 유사하게 만든 정적 모델입니다. 목업은 사용자 인터페이스의 레이아웃, 색상, 타이포그래피, 이미지, 버튼 등 디자인 요소를 시각적으로 표현하여 최종 프로덕트가 어떻게 보일지 구체적으로 보여줍니다. 목업은 최종 디자인과 매우 유사하게 구성되어 있어 이해관계자들이 프로덕트의 시각적 완성도를 확인하고 피드백을 제공하는 데 유용합니다.

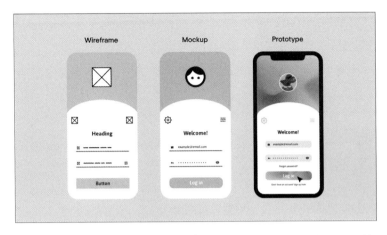

▲그림 10-3 와이어프레임, 목업, 프로토타입의 구분(출처: https://www.eleken.co/blog-posts/the-difference-between-wireframe-mockup-and-prototype-and-their-roles-in-the-design-process)

목업을 그리는 방법은 다음과 같습니다.

- **와이어프레임 준비**: 와이어프레임을 기반으로 목업을 시작합니다. 와이어프레임은 목업의 구조적 기초를 제공합니다.
- **디자인 시스템 선택**: 색상, 폰트, 아이콘 등 디자인 시스템을 정의합니다. 이는 브랜드 가이드라인이나 프로젝트 요구 사항에 따라 결정됩니다.
- **그래픽 요소 추가**: 로고, 배너, 이미지, 아이콘 등 그래픽 요소를 추가합니다. 이것으로 시각적으로 완성된 화면을 만듭니다.
- **텍스트 스타일링**: 타이포그래피를 적용하여 텍스트의 폰트, 크기, 색상, 줄 간격 등을 설정합니다.
- **UI 요소 디자인**: 버튼, 입력 필드, 드롭다운 메뉴 등 UI 요소를 디자인합니다. 각 요소가 사용자와 상호 작용하는 방식을 시각적으로 표현합니다.

- **레이아웃 조정**: 각 요소의 위치와 크기를 조정하여 전체 레이아웃이 일관되고 균형 잡히도록 합니다.
- **피드백 및 수정**: 팀원 및 이해관계자에게서 피드백을 받고 필요한 수정 사항을 반영하여 목업을 완성합니다.

목업에 포함되는 요소는 다음과 같습니다.

- **색상**: 브랜드 컬러 및 인터페이스 색상
- **폰트**: 텍스트 스타일, 폰트 종류, 크기, 색상
- **이미지**: 배너, 아이콘, 배경 이미지 등 시각적 요소
- **버튼**: 클릭 가능한 인터랙티브 요소
- **입력 영역**: 사용자 입력을 받는 텍스트 박스, 체크박스, 드롭다운 메뉴 등
- **아이콘**: 기능을 시각적으로 나타내는 그래픽 요소
- **레이아웃**: 각 요소의 배치와 정렬
- **간격**: 요소 간 간격과 여백
- **상태 표시**: 로딩, 활성화, 비활성화 등 상태를 나타내는 표시

▲ 그림 10-4 인스타그램 목업(출처: https://www.figma.com/community/file/1101166572270698867)

개인적인 경험을 토대로 보면, 목적 조직 방식으로 업무를 진행하는 회사에서는 PM이 목업을 만들 필요가 없었습니다. 세부 프로젝트에 대한 결정 권한이 PM에게 있어 디자이너와 목표가 일치하면 디자이너가 시안을 몇 가지 만들어 오고 업무가 마무리되었기 때문입니다. 그러나 기능 조직 방식으로 업무를 진행하는 다른 회사에서는 목업을 진행하는 경우가 있었습니다. 기능 개발 여부가 상위 매니저에게 하는 보고로 확정되므로 상사를 더 잘 설득하기 위해 목업으로 보다 생생한 화면을 준비했었습니다. 따라서 재직 중인 회사의 상황에 맞추어 업무를 진행하는 것이 중요합니다.

프로토타입

프로토타입(prototype)은 제품의 초기 버전을 표현하는 상호 작용 가능한 모형입니다. 실제 완성된 제품은 아니지만 사용자 경험과 기능을 테스트할 수 있는 수준으로 만듭니다. 프로토타입은 일반적으로 실제 앱이나 소프트웨어처럼 보이고 작동하지만 주요 기능만 구현되어 있고 데이터는 예시로 제공됩니다. 예를 들어 인스타그램에 아직 스토리 기능이 없던 시절을 가정해 봅시다. 디자이너가 스토리 기능을 도입하려고 프로토타입을 제작하는 경우 화면 상단에 예시로 몇몇 계정의 스토리를 배치할 것입니다. 이 프로토타입에서는 사용자가 특정 계정의 스토리를 클릭했을 때 스토리가 표시되는 시뮬레이션이 가능하지만, 실제 데이터를 기반으로 동작하거나 새로운 스토리를 추가하는 기능은 포함되지 않을 수 있습니다.

프로토타입은 개발 초기 단계에서 문제점을 발견하고 개선점을 찾는 데 큰 도움이 됩니다. 또 사용성 테스트에서도 유용하게 사용됩니다. 기능을 완벽하게 개발하기 전에 먼저 개발될 기능과 유사한 인터페이스 안에서 사용자가 상호 작용하면서 프로덕트 사용성을 평가하고 문제점을 발견하는 과정을 돕습니다.

프로토타입을 그리는 방법은 다음과 같습니다.

- **목표 설정**: 프로토타입의 목적과 범위를 명확히 정의합니다. 어떤 기능을 테스트하고 어떤 피드백을 얻고자 하는지 결정합니다.

- **도구 선택**: 프로토타입 제작 도구를 선택합니다. 대표적인 도구로는 피그마, 어도비 XD(Adobe XD), 스케치(Sketch), 인비전 (InVision) 등이 있습니다.
- **와이어프레임 및 목업 준비**: 기존 와이어프레임이나 목업을 바탕으로 프로토타입을 제작합니다. 이런 기초 작업은 프로토타입의 구조와 디자인을 정의하는 데 사용됩니다.
- **인터랙션 추가**: 화면 간 전환, 버튼 클릭, 폼 입력 등 사용자와 하는 상호 작용을 정의합니다. 이것으로 사용자가 실제로 프로덕트를 사용하는 것처럼 인터페이스와 상호 작용할 수 있습니다.
- **피드백 받기**: 팀원 및 이해관계자에게서 피드백을 수집하고, 필요하다면 프로토타입을 수정합니다. 이는 반복적으로 할 수 있습니다.
- **사용성 테스트**: 실제 사용자에게 프로토타입을 테스트합니다. 이것으로 사용자 경험과 인터페이스의 문제점을 파악합니다.

프로토타입에 포함되는 요소는 다음과 같습니다.

- **인터랙티브 요소**: 버튼, 링크, 입력 필드 등 사용자가 클릭하거나 입력할 수 있는 요소들
- **화면 전환**: 페이지 간 이동과 전환 애니메이션
- **동적 콘텐츠**: 사용자 입력에 따라 변화하는 콘텐츠와 피드백 메시지
- **내비게이션 구조**: 사용자가 각 화면을 탐색할 수 있는 내비게이션 메뉴와 경로
- **실제 데이터**: 실제 사용 데이터를 반영한 텍스트, 이미지, 아이콘 등
- **상태 변화**: 활성화와 비활성화 상태, 에러 메시지, 로딩 애니메이션 등

프로토타입과 목업은 제작한 내용이 실제 프로덕트와 유사하게 보인다는 점에서 비슷합니다. 하지만 다른 점도 있습니다. 목업은 정적인 이미지이므로 사용자가 상호 작용할 수는 없습니다. 주로 디자인 단계에서 최종 디자인을 검토하고 피드백을 받는 데 사용합니다. 반면 프로토타입은 동적인 콘텐츠입니다. 사용자가 버튼을 누르면 그에 따라 화면이 변하는 모습까지도 구현되어 있습니다. 사용자가 실제로 프로덕트를 사용하는 것과 유사한 상호 작용을 제공함으로써 기능적 흐름과 사용성을 평가할 수 있도록 하기 때문에 사용성 테스트에 주로 활용됩니다.

스토리보드

스토리보드(storyboard)는 사용자 경험과 인터페이스 디자인을 시각적으로 표현한 도구로, 프로덕트의 주요 화면과 그 화면 간 흐름을 나타내는 일련의 그림이나 이미지입니다. 이는 사용자 시나리오를 시각적으로 구체화하여 사용자가 프로덕트를 어떻게 사용할지 보여 줍니다. 스토리보드는 주로 애플리케이션이나 웹 사이트 개발 과정에서 사용자 경험을 설계하고 커뮤니케이션하는 데 사용됩니다.

스토리보드 제작 방법은 다음과 같습니다.

- **사용자 행동 시나리오 작성**: 사용자가 프로덕트를 사용하는 주요 시나리오를 작성합니다. 예를 들어 사용자가 프로덕트를 검색하고 구매하는 과정을 시나리오로 만듭니다.
- **화면 식별**: 각 시나리오에 필요한 주요 화면을 식별합니다. 로그인 화면, 홈 화면, 검색 결과 화면 등 주요 인터페이스를 정의합니다.
- **각 화면 스케치**: 식별한 각 화면을 간단한 스케치 또는 그림으로 그립니다. 이때 주로 와이어프레임이 같이 사용됩니다. 세부적인 디자인보다는 주요 구성 요소와 기능을 나타내는 데 집중합니다.
- **화면 간 전환 표시**: 각 화면 간 전환을 화살표나 선으로 연결하여 사용자가 어떤 경로로 이동하는지 시각적으로 표현합니다.
- **주요 요소**: 버튼, 입력 필드, 링크 등 주요 상호 작용 요소를 표시합니다.
- **상호 작용 요소 추가**: 버튼, 링크, 입력 필드 등 사용자가 상호 작용할 수 있는 요소를 추가하여 사용자 행동을 명확히 나타냅니다.

토스증권 앱의 스토리보드 만들기

예를 들어 토스증권을 구축하는 스토리보드를 만든다고 가정해 봅시다. 현재 토스증권 앱을 보고 이 화면을 만드는 스토리보드가 있었다면 어떤 모습이었을지 가늠해 봅시다.

토스증권 앱을 켜면 보이는 메인 화면입니다. 이 화면의 기획 의도는 무엇일까요? 아마도 사용자 경험을 최적화하고 중요한 금융 정보를 직관적으로 제공하는 데 중점을 두었을 것입니다. 사용자가 자신의 투자 상황을 빠르고 쉽게 확인할 수 있도록 주요 정보를 한눈에 보여 주면서 복잡하지 않도록 설계된 것이 특징입니다.

▲ 그림 10-5 토스증권 앱

기획 의도는 다음과 같이 정리할 수 있습니다.

- **사용자 중심의 직관적인 디자인**: 사용자가 필요한 정보에 빠르게 접근할 수 있도록 중요한 금융 데이터(예 계좌 잔액, 투자 현황)를 메인 화면에 배치했습니다.
- **투자 안전성 강조**: 상단에 공지 사항 배너를 배치하여 사용자들에게 중요한 공지나 주의 사항을 즉시 전달할 수 있도록 했습니다.
- **유연한 탐색 기능**: 다양한 투자 정보를 쉽게 탐색할 수 있도록 메뉴 탭을 도입하여 사용자가 필요에 따라 다른 정보를 확인할 수 있게 했습니다.

고민한 부분은 다음과 같습니다.

- **정보의 우선순위**: 사용자에게 가장 중요한 정보(**예** 계좌 잔액, 투자 수 익률 등)를 상단에 배치하고 너무 많은 정보를 한 화면에 넣지 않도 록 적절한 밸런스를 유지해야 합니다.
- **사용자 편의성**: 사용자가 최소한의 클릭으로 원하는 정보를 얻을 수 있도록 인터페이스를 간결하고 직관적으로 유지해야 합니다.
- **안전 및 신뢰성**: 금융 서비스의 특성상 사용자들이 실수 없이 정확한 정보에 쉽게 접근하고 그것을 이해할 수 있도록 하는 데 초점을 맞 추어야 합니다.

이 내용을 염두하고 스토리보드를 그려 봅시다. 여러 화면이 이어지지 만 첫 화면의 일부만 다루고 항목별 설명을 추가하겠습니다.

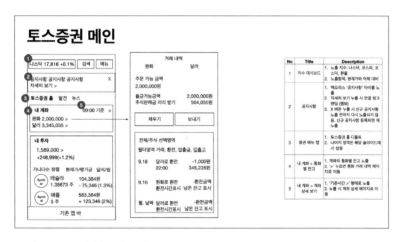

▲그림 10-6 토스증권 앱의 스토리보드 예

1. 사용자 행동

사용자가 각 화면에서 수행할 수 있는 주요 행동을 설명합니다.

- **지수 대시보드**: 사용자는 상단에 표시된 나스닥, 코스피 등 주요 지수를 클릭하여 해당 지수의 세부 정보나 차트를 확인할 수 있습니다.

- **공지 사항**: 사용자는 공지 사항을 클릭하여 세부 내용 페이지로 이동할 수 있으며, 오른쪽 상단의 X(닫기) 버튼을 눌러 공지를 닫을 수 있습니다.

- **증권 메뉴 탭**: 사용자는 '토스증권 홈', '발견', '뉴스' 등 탭을 클릭하여 화면을 전환하고 각 탭의 콘텐츠에 접근할 수 있습니다.

- **내 계좌**: 사용자는 원화 및 달러 계좌 잔액을 클릭하여 통화별 거래 내역을 확인할 수 있습니다.

- **내 계좌 상세 보기**: 사용자는 현재 시간 옆의 '기준 시간' 문구를 클릭하여 계좌의 상세 정보를 볼 수 있는 웹 페이지로 이동할 수 있습니다.

2. 화면 스케치

각 주요 화면을 간단한 그림으로 표현합니다.

- **화면 1: 메인 화면**

  지수 대시보드(상단), 공지 사항 배너, 증권 메뉴 탭, 내 계좌 잔액, 내 투자 내역 등 요소가 포함된 간단한 레이아웃을 그림으로 표현합니다.

- **화면 2: 공지 사항 세부 페이지**

  사용자가 공지 사항을 클릭했을 때 이동하는 화면으로, 공지 사항의 상세한 내용을 보여 주는 레이아웃을 스케치합니다.

- 화면 3: 통화별 거래 내역 페이지

  사용자가 '내 계좌' 잔액을 클릭했을 때 이동하는 페이지로, 통화별 거래 내역이 나열된 화면을 스케치합니다.

3. 화면 간 전환

화면 간 전환 경로를 화살표나 선으로 표시합니다.

- **메인 화면 -> 공지 사항 세부 페이지**: 공지 사항 배너에서 '자세히 보기'를 클릭하면 공지 사항 세부 페이지로 전환됩니다.
- **메인 화면 -> 통화별 거래 내역 페이지**: '내 계좌 잔액'을 클릭하면 통화별 거래 내역 페이지로 전환됩니다.
- **메인 화면 -> 증권 메뉴 탭 전환**: 증권 메뉴 탭에서 '발견'이나 '뉴스' 탭을 클릭하면 해당 페이지로 전환됩니다.

4. 주요 요소

버튼, 입력 필드, 링크 등 주요 상호 작용 요소를 포함합니다.

- **지수 대시보드**: 지수를 클릭할 수 있는 링크 또는 버튼
- **공지 사항 배너**: '자세히 보기' 링크, X(닫기) 버튼
- **증권 메뉴 탭**: '토스증권 홈', '발견', '뉴스' 등 탭 버튼
- **내 계좌**: 계좌 잔액 정보 클릭 가능한 링크
- **내 계좌 상세 보기**: 기준 시간 정보 클릭 가능한 링크

5. 설명 텍스트(annotation)

각 화면과 상호 작용 요소 설명을 추가합니다.

- **지수 대시보드**: "상단에 표시된 지수 정보를 클릭하면 해당 지수의 세부 정보 페이지로 이동합니다. 이 화면에서는 나스닥, 코스피 등 주요 지수와 그 변동률을 실시간으로 확인할 수 있습니다."
- **공지 사항 배너**: "공지 사항 배너를 통해 사용자는 최신 공지나 경고를 확인할 수 있습니다. '자세히 보기'를 클릭하면 공지의 세부 정보로 이동하며 X(닫기) 버튼을 클릭하면 공지가 닫히고 다시 표시되지 않습니다."
- **증권 메뉴 탭**: "메인 메뉴 탭에서 사용자는 각기 다른 섹션으로 이동할 수 있습니다. 기본적으로 '토스증권 홈' 탭이 활성화되어 있으며, 다른 탭을 클릭하면 해당 섹션으로 전환됩니다."
- **내 계좌**: "내 계좌 섹션에서는 사용자의 원화 및 달러 잔액이 표시됩니다. 잔액을 클릭하면 각 통화의 거래 내역을 확인할 수 있습니다."
- **내 계좌 상세 보기**: "현재 시간 정보 옆에 표시된 기준 시간을 클릭하면 계좌의 상세 내역 페이지로 이동하여 더 자세한 정보를 확인할 수 있습니다."

이 설명을 바탕으로 개발자와 디자이너가 사용자 경험을 설계하고 구현하는 데 필요한 정보를 명확히 전달할 수 있습니다. 다른 앱들을 보면서 기획 의도는 무엇인지, 스토리보드는 어떻게 그릴지 직접 연습해 보세요.

마치며

✓ 와이어프레임은 프로덕트 기본 구조를 확립할 때 도움이 됩니다

와이어프레임은 화면의 기본적인 구조와 기능적 요소를 정의하는 출발점입니다. 레이아웃, 버튼, 링크 등 화면의 핵심 구성 요소를 간단히 도식화하여 사용자가 어떤 흐름으로 이동할지 이해할 수 있도록 합니다. 이는 디자이너와 개발자가 초기 단계에서 프로덕트 방향성을 명확히 이해하도록 돕습니다. 와이어프레임은 간결하지만 명확한 의사소통 도구로, 복잡한 프로젝트에서도 프로젝트 팀 간 혼선을 줄일 수 있습니다.

✓ 최종 결과물과 유사한 목업은 구성원의 이해를 도와줍니다

목업은 와이어프레임에 색상, 폰트, 그래픽 요소를 추가하여 실제 화면과 유사하게 보이도록 만든 정적 모델입니다. 이것으로 이해관계자는 프로덕트의 시각적 방향성을 확인하고 피드백을 제공할 수 있습니다.

✓ 프로토타입으로 상호 작용을 설계하세요

프로토타입은 사용자가 실제로 프로덕트를 사용하는 것처럼 상호 작용을 제공하는 모델입니다. 화면 전환, 버튼 클릭, 입력 필드 같은 기능적 흐름을 포함하여 사용자 경험을 시뮬레이션합니다. 프로토타입은 사용자 테스트에 유용하며, 초기 단계에서 문제점을 발견하고 개선 방향을 설정하는 데 큰 역할을 합니다.

✅ 스토리보드로 사용자 여정을 시각화할 수 있습니다

스토리보드는 사용자가 프로덕트를 사용하는 과정을 시각적으로 나타냅니다. 사용자의 행동 시나리오를 기반으로 각 화면과 화면 간 전환을 명확히 설계하여 사용자 여정을 한눈에 이해할 수 있게 합니다. 특히 복잡한 애플리케이션이나 웹 사이트에서는 스토리보드가 사용자 흐름을 시각화하고 각 화면 간 관계를 정의하는 데 중요한 역할을 합니다.

✅ 상황에 따라 기획 방식을 조정하세요

디자인과 개발 작업이 병렬적으로 진행되거나 스타트업처럼 리소스가 제한된 환경에서는 PM이 직접 화면 기획을 담당해야 할 수도 있습니다. 이 경우 와이어프레임이나 간단한 스토리보드를 활용하여 개발자와 디자이너에게 명확한 지침을 제공하세요. 반대로 리소스가 충분하고 디자이너가 참여할 수 있다면 PM은 전략적 의사 결정과 우선순위 설정에 집중하세요.

직접 해 보기 틱톡 첫 화면의 기획 의도는 무엇이고 어떤 사용자 행동을 지원하고 있는지 스토리보드를 그려 보세요.

▲그림 10-7 틱톡 첫 화면 예

234

11장

QA와 데이터 기반
의사 결정

PRODUCT MANAGER

QA

QA(Quality Assurance)는 품질 보장이라고도 하며, 프로덕트나 서비스가 예상된 품질 기준을 충족하는지 확인하는 과정입니다. 주로 소프트웨어 개발 후 고객 출시 전에 프로덕트 결함을 찾아내고 기능이 요구 사항에 맞게 동작하는지, 혹시 사용자 경험을 저해하지 않는지 등을 점검하는 과정입니다. 이 과정은 문제가 발생하기 전에 문제를 찾아내 예방하고 해결하는 데 중점을 둡니다.

QA는 주로 QA 엔지니어와 개발자들이 소통하여 버그를 찾고 개선해나가는 과정입니다. 하지만 프로덕트 최종 책임자로서 PM도 중요한 역할을 담당합니다. PM은 명확한 요구 사항을 전달하고, QA 과정에서 테스트가 필요한 핵심 기능을 확인하며 문제 해결을 조율합니다. QA는 버그나 오류를 찾아내는 것뿐만 아니라, 전반적인 프로덕트 품질을 보장합니다. 이를 통해 최종 사용자가 만족할 수 있는 프로덕트를 제공하며, 출시 후 발생할 수 있는 문제를 미리 방지함으로써 프로덕트의 안정성과 신뢰성을 높입니다.

보통 앱 서비스는 다양한 하드웨어와 소프트웨어 환경에서 실행됩니다. 개발 환경뿐만 아니라 고객이 마주하는 다양한 환경에서 서비스가 제대로 구동하는지 보장하기 위해서는 QA 엔지니어들이 여러 기기와 조건에서 테스트한 뒤 예외 상황을 발견하고 이를 해결해야 합니다. 아이폰 최신 버전은 물론 삼성, 샤오미 스마트폰 테스트가 필요하고 다양한 화면 크기, OS 버전, 폴더블폰, 태블릿 등에서 어떻게 구동되는지 모두 확인해야 합니다.

▲ 그림 11-1 테슬라 차량 소프트웨어 테슬라(출처: https://www.sypnotix.com/)

고객이 실제 마주하는 환경 속에서 사용성을 검증하는 것도 필요합니다. 테슬라는 자율 주행 기능이나 터치스크린 인터페이스 같은 차량 내 소프트웨어를 업데이트할 때 운전자가 실제로 경험하는 사용성을 QA 합니다. 운전 중 소프트웨어가 사용자의 직관적인 조작에 얼마나 잘 반응하는지, UI가 운전 중에도 쉽게 인식되고 조작 가능한지 확인하는데, 이는 운전자 안전을 보장하는 데 매우 중요한 부분입니다. 또 실제 도로 환경에서 테스트도 필수입니다. 자동화된 시뮬레이션으로 알 수 없는 실제 도로 상황과 다양한 날씨 환경에서 발생할 수 있는 예기치 못한 상황을 QA 엔지니어들이 직접 운전하면서 테스트하여 시스템의 안전성과 신뢰성을 높입니다.

PM은 QA 엔지니어와 협업하여 원활한 QA 과정을 이끌어야 합니다. 이를 위해 먼저 프로덕트 기대 사항을 명확히 전달하는 것이 중요합니다. QA 엔지니어가 정확한 요구 사항을 이해할 수 있도록 PRD와 함께 각 기능의 목적, 테스트 기준 등을 상세히 설명해야 합니다. 또 모든 기능을 동일하게 테스트할 수 없기 때문에 프로덕트의 핵심 기능이나 사용자 경험에 중요한 영향을 미치는 부분을 우선순위로 지정하고 테스트 범위를 설정하는 것도 필수적입니다. QA 과정에서 발생한 결함을 신속히 해결하기 위해 개발, 디자인 팀과 긴밀하게 협력해야 하며, 최종적으로 수집된 데이터를 바탕으로 프로덕트 출시 여부를 결정합니다. 이때 결함의 심각도나 사용자 경험에 미치는 영향을 고려하여 최종 결정을 내립니다.

버그가 발견되면 PM은 이를 우선순위에 따라 처리해야 합니다. 사용자에게 미치는 영향이 크다면 즉각적인 해결이 필요하고, 프로덕트 출시 일정에 맞추어 시간이 부족할 때는 심각도가 높은 버그만 우선 수정합니다. 나머지 버그는 이후 릴리스에서 해결할 수 있도록 결정해야 합니다. 또 비즈니스 목표와 관련된 버그는 높은 우선순위로 처리되며, 그렇지 않다면 우선순위는 낮아질 수 있습니다.

최근 QA 프로세스에서는 엔지니어가 수동으로 하나하나 테스트하는 방식 외에도 자동화된 QA를 뜻하는 TA(Test Automation)를 널리 사용하고 있습니다. 자동화된 QA는 반복적인 테스트 작업을 자동화 도구나 스크립트로 처리함으로써 테스트 시간을 단축하고 오류 발생 가능성을 줄여 줍니다. PM은 QA 팀이 TA를 원활하게 수행할 수 있도록 돕는 한편, 사용자 경험이 중요한 부분에서는 여전히 수동 테스트를 지원할 수 있도록 조율해야 합니다.

실험 지표 분석

개발과 QA까지 마쳤다면 고객에게 기능이 반영되었겠죠. 앞서 기획안을 썼던 가전제품 신제품 배지 기능에 대한 AB 테스트를 했다고 가정하고 성과를 분석해 보겠습니다.

신제품 배지 기능의 AB 테스트 결과 분석

1. 실험 지표 선정

'가전제품 신제품 배지' 피처의 AB 테스트로 수집할 주요 실험 지표는 다음과 같습니다.

- **클릭률(Click-Through Rate, CTR)**: 신제품 배지가 부착된 제품과 그렇지 않은 제품의 클릭 비율
- **전환율(ConVersion Rate, CVR)**: 클릭한 사용자가 실제 구매로 이어지는 비율
- **검색어 전환율**: 검색어당 실제 구매로 이어지는 비율
- **평균 주문 금액(Average Order Value, AOV)**: 구매당 평균 지출 금액
- **고객당 가전제품 GMV**: 고객당 가전제품 지출 금액
- **고객당 가전 신제품 GMV**: 고객당 가전 신제품 지출 금액
- **사용자 이탈률(bounce rate)**: 신제품 배지 부착 전후의 사용자 이탈 비율

- **리텐션(retention rate)**: 신제품 배지가 부착된 제품을 구매한 사용자의 재방문 비율

이 중에서 성공 지표는 PRD에서 정의한 대로 '가전 신제품의 고객당 GMV 증가'입니다. OKR을 달성할 수 있게 하는 지표이자 피처 개발의 목적입니다. AB 테스트 결과 해당 지표가 오르면 실험 성공, 중립이거나 감소하면 실험 실패입니다. 그리고 '가전 신제품의 고객당 GMV 증가'가 우연이 아니라 기능 개발의 결과라는 것을 확인할 수 있는 행동 측정 지표들로 나머지 지표들을 활용할 수 있습니다. 신제품 배지가 붙은 제품의 고객당 GMV, 클릭률, 전환율이 증가했는지 신제품 배지가 붙은 제품을 조회한 고객들의 검색어 전환율, 평균 주문 금액이 증가하고 이탈률은 감소했는지 확인하여 신규 기능의 성과에 확신을 가질 수 있습니다.

▲그림 11-2 위기 상황에서 운전자를 보호하는 가드레일로 서비스 개발에도 필요
(출처: https://www.motorauthority.com/)

가드레일 지표도 생각해 볼 수 있습니다. 가전 신제품 GMV를 늘리는 것이 목표지만, 그렇다고 일반 가전제품이나 다른 카테고리 판매에 부

정적인 영향을 주어 전체 GMV를 감소시키면 안 되겠죠. 가전제품 신제품 배지 같은 경우는 그런 상황이 일어날 확률이 적지만, 여러 카테고리에 종합적인 영향을 주는 UI를 개발할 때는 한 카테고리에 좋은 영향을 주는 변화가 다른 카테고리에는 부정적인 영향을 미칠 수 있습니다. 그렇기 때문에 전체 GMV는 최소한 중립을 지킬 수 있도록 감소할 때는 실험을 중단하는 가드레일 지표로 추적해야 합니다.

2. 데이터 수집 및 정리

AB 테스트로 수집된 데이터를 정리하고 각 지표별로 실험군과 대조군 데이터를 비교합니다. 예를 들어 각 그룹의 GMV, 클릭률, 전환율, 평균 주문 금액 등을 테이블 형태로 정리합니다.

3. 통계적 유의성 검토

수집된 데이터의 통계적 유의성을 검토하여 결과가 우연히 발생한 것이 아님을 확인합니다. P-값이나 베이지안 분석으로 통계적 유의성을 검증할 수 있습니다.

4. 지표별 분석

각 지표에 대한 분석을 진행하여 신제품 배지 기능의 영향을 평가합니다.

- 클릭률(CTR)
  - 분석: 신제품 배지가 부착된 제품의 클릭률이 유의미하게 증가했는지 확인합니다.

- 인사이트: 클릭률이 증가했다면 신제품 배지가 사용자 관심을 끌어 클릭을 유도하는 데 효과적이라는 결론을 도출할 수 있습니다.

- **전환율(CVR)**
  - 분석: 클릭한 사용자 중 실제로 구매한 비율을 비교합니다.
  - 인사이트: 전환율이 증가했다면 신제품 배지가 사용자 구매 결정을 촉진하는 데 긍정적인 영향을 미친다는 결론을 도출할 수 있습니다.

- **평균 주문 금액(AOV)**
  - 분석: 구매당 평균 지출 금액을 비교합니다.
  - 인사이트: AOV가 증가했다면 신제품 배지가 고가의 프로덕트 구매를 촉진했을 가능성을 제시할 수 있습니다.

- **총 거래액(GMV)**
  - 분석: 전체 거래액 변화를 비교합니다.
  - 인사이트: GMV가 증가했다면 신제품 배지가 전체 거래액을 증대시키는 데 기여했음을 의미합니다.

- **가전 신제품 GMV**
  - 분석: 가전 신제품 거래액 변화를 비교합니다.
  - 인사이트: GMV가 증가했다면 신제품 배지가 가전 신제품의 거래액을 증대시키는 데 기여했음을 의미합니다.

- **사용자 이탈률**
  - 분석: 신제품 배지 부착 전후의 사용자 이탈 비율을 비교합니다.
  - 인사이트: 이탈률이 감소했다면 신제품 배지가 사용자가 더 오래 서비스에 머물도록 유도했음을 나타낼 수 있습니다.

- 리텐션
  - 분석: 신제품 배지가 부착된 제품을 구매한 사용자의 재방문 비율을 비교합니다.
  - 인사이트: 리텐션이 증가했다면 신제품 배지가 사용자 만족도를 높이고, 재방문을 촉진했음을 의미합니다.

결론과 인사이트 도출

실험 결과가 다음과 같았다고 가정하고 결론을 도출해 보겠습니다.

- **클릭률**: 실험군(B)의 가전 신제품 클릭률이 10% 증가했으며, 통계적으로 유의미한 결과(P-값 <= 0.05)로 나타났습니다.
- **전환율**: 실험군(B)의 가전 신제품 전환율이 15% 증가했으며, 통계적으로 유의미한 결과(P-값 <= 0.05)로 나타났습니다.
- **평균 주문 금액**: 실험군(B)의 가전 신제품 평균 주문 금액이 5% 증가했으나 통계적으로 유의미하지는 않았습니다(P-값 > 0.05).
- **GMV**: 실험군(B)의 가전 신제품 GMV가 10%, 가전 전체 GMV가 2% 증가했고 둘 다 통계적으로 유의미한 결과(P-값 <= 0.05)로 나타났습니다. 전체 카테고리 GMV는 2% 증가했으나 통계적으로 유의미하지는 않았습니다(P-값 > 0.05).
- **사용자 이탈률**: 실험군(B)의 사용자 이탈률이 8% 증가했으나 통계적으로 유의미하지는 않았습니다(P-값 > 0.05).

- **리텐션**: 실험군(B)의 리텐션이 12% 증가했으나 통계적으로 유의미하지는 않았습니다(P-값 〉 0.05).

성공 지표인 가전 신제품 카테고리 GMV 상승 여부가 가장 중요합니다. 이 실험은 일단 성공 지표가 통계적으로 유의미하게 10% 증가했기 때문에 성공적인 것으로 보입니다. 하지만 이 결과가 우연이 아니라 기능 개발의 성과라는 것을 확인하려면 다른 지표도 더 살펴보아야 합니다. 분석에는 통계적으로 유의미한 지표만 사용합니다.

실험군의 클릭률과 전환율이 유의미하게 증가했네요. 고객들이 더 많은 관심을 보이고 구매까지 했다는 증거이므로 GMV 상승을 뒷받침하기에 좋은 지표입니다. 하지만 클릭률과 전환율 상승이 가전제품 카테고리에서 유의미하게 상승한 것이 맞는지, 배지가 부착된 '가전제품 신제품'의 클릭률, 전환율, GMV가 상승했는지 좀 더 자세하게 확인이 필요합니다.

가전제품 GMV는 상승했는데 가전제품 신제품의 GMV가 상승하지 않았다면 어떻게 해석해야 할까요? 일단 실험 목표인 가전 신제품 GMV가 상승하지 않은 것이니 실패입니다. 그리고 소기의 성과처럼 보이는 가전 GMV 상승도 우연일 가능성이 있습니다. 실험군에 가전제품 구매 전환율이 높은 사람들이 우연히 많이 포함되었을 수도 있으니까요. 좀 더 확실하게 알기 위해서는 증가한 구매가 어디에서 발생했는지 테스트 참여 사용자들의 구매 기록을 추출하여 심도 깊게 들여다보고 패턴을 도출해야 합니다. 어쩌면 단지 로깅 문제일 수도 있습니다. '신제품' 배지의 로깅이 잘못되어 실제로는 신제품 GMV가 증가했음에도 테스트 데이터상에서는 보이지 않는 것일 수도 있습니다. 중요한 점은 추가로 분석하여 원인을 명확히 파악하는 것입니다. 파악 결과 가전 신제품 GMV가 증가했다면 실험 성공이고, 아니면 실패로 보고 조건을 조정하여 이터레이션해야 합니다.

그렇다면 가전 신제품 GMV는 상승했는데 가드레일 지표인 전체 카테고리 GMV가 통계적으로 유의미하게 감소한 경우라면 어떨까요? 이때도 노이즈인지, 아니면 정말 감소한 것인지 추가 분석이 필요합니다. GMV 감소가 구체적으로 어디에서 일어났는지 분석함으로써 피처 영향인지 혹은 우연인지 알 수 있습니다. 기능의 가전 신제품 GMV 상승 효과는 분명히 증명 가능하나 전체 GMV 감소는 우연의 결과라면 실험은 성공으로 보아도 됩니다. 하지만 기능이 전체 GMV 감소를 이끈 것이 맞다면 이 실험은 실패로 보고 폐기하거나 조건을 변경해서 다시 실험해야 합니다.

지금까지 AB 테스트 결과를 해석하는 방법을 이야기했습니다. 그런데 AB 테스트를 할 수 없는 환경이라면 어떨까요? 이 경우라도(물론 A군, B군으로 나누어 테스트한 것만큼 정확한 결과는 아니겠지만) 분석을 해내야 합니다. 예를 들어 배지가 없는 프로덕트와 있는 프로덕트로 나누어 클릭률, 전환율, GMV를 확인할 수 있습니다. 신제품 배지가 있는 프로덕트를 구매한 사용자의 평균 주문 금액과 신제품 배지가 없는 프로덕트를 구매한 사용자의 평균 구매 금액을 따져 볼 수도 있습니다. 과거 데이터와 비교해서 배지 배포 전과 후를 비교할 수도 있겠고요. 다만 단점이 있다면 신제품 배지가 아니더라도 그 시기에 따른 여러 가지 변수가 있기 마련인데 AB 테스트를 하지 않으면 그런 변수는 계산할 수 없다는 것입니다. 따라서 여력이 되는 회사라면 AB 테스트를 반드시 하길 추천합니다.

자주 쓰는 지표와 용어

사용자 및 고객 관련 지표

사용자 및 고객과 관련된 지표는 다음과 같습니다.

- **월간 활성 사용자 수(Monthly Active User, MAU)**: 한 달 동안 프로덕트나 서비스를 사용한 고유 사용자 수를 측정합니다. MAU는 서비스의 활성 사용자 규모를 평가하는 데 중요한 지표입니다.
- **일간 활성 사용자 수(Daily Active User, DAU)**: 하루 동안 프로덕트나 서비스를 사용한 고유 사용자 수를 나타냅니다. DAU는 일일 사용자 참여도를 평가하는 데 사용됩니다.
- **리텐션**: 일정 기간 후에도 프로덕트를 계속 쓰는 사용자 비율입니다. 이 지표는 사용자 충성도와 지속적인 프로덕트 가치를 평가하는 데 중요합니다.
- **이탈률**: 일정 기간 동안 프로덕트나 서비스를 이탈한 사용자 비율입니다. 높은 이탈률은 프로덕트나 서비스에 대한 사용자 만족도가 낮다는 신호일 수 있습니다.
- **사용자당 평균 수익(Average Revenue Per User, ARPU)**: 사용자당 평균 수익을 나타내는 지표로, 특정 기간 동안의 총 수익을 사용자 수로 나눈 값입니다. ARPU는 사용자 수익 기여도를 평가하는 데 유용합니다.

- **고객 생애 가치(LifeTime Value, LTV)**: 한 사용자가 프로덕트 또는 서비스를 이용하는 전체 기간 동안 생성할 것으로 예상되는 총 수익입니다. LTV는 고객의 장기적인 가치를 평가하는 데 중요합니다.
- **전환율**: 특정 목표(**에** 구매, 회원 가입 등)를 완료한 사용자 비율입니다. 이 지표는 마케팅 캠페인이나 프로덕트 기능의 효과를 평가하는 데 사용됩니다.
- **순 추천 지수(Net Promoter Score, NPS)**: 고객이 프로덕트나 서비스를 다른 사람에게 추천할 가능성을 평가하는 지표입니다. NPS는 고객의 만족도와 브랜드 충성도를 측정하는 데 사용됩니다.
- **고객 여정**: 고객이 프로덕트나 서비스를 경험하는 과정을 시각적으로 표현한 지도입니다. 이 지도는 고객의 경험을 분석하고 개선할 부분을 식별하는 데 사용됩니다.

비즈니스 성과 및 수익과 관련된 지표는 다음과 같습니다.

- **핵심 성과 지표(Key Performance Indicator, KPI)**: 비즈니스 목표 달성 여부를 평가하고자 설정된 핵심 성과 지표입니다. KPI는 비즈니스의 성공과 성장을 측정하는 중요한 도구입니다.
- **고객 획득 비용(Customer Acquisition Cost, CAC)**: 고객 한 명을 확보하는 데 드는 평균 비용입니다. CAC는 마케팅 및 영업 효율성을 평가하는 데 사용됩니다.
- **월간 반복 수익(Monthly Recurring Revenue, MRR)**: 매달 반복적으로 발생하는 수익을 나타내는 지표로, 주로 구독 기반 비즈니스에서 사용됩니다. MRR은 비즈니스의 지속 가능한 수익성을 평가하는 데 중요합니다.

- **퍼널 분석(funnel analysis)**: 사용자가 특정 목표(**예** 구매, 가입 등)에 도달하기까지 과정을 분석하는 방법입니다. 각 단계에서 이탈률을 파악하여 전환율을 개선할 수 있습니다.
- **제품-시장 적합성(Product-Market Fit, PMF)**: 프로덕트가 시장 수요를 충족하고 있다는 것을 나타내는 상태입니다. Product-Market Fit을 달성하면 프로덕트가 고객에게 높은 가치를 제공하고 있음을 의미합니다.

분석 및 실험 관련 용어

- **AB 테스트**: 두 가지 버전의 프로덕트나 기능을 비교하여 어느 쪽이 더 나은 성과를 내는지 테스트하는 실험 방법입니다. AB 테스트는 데이터를 기반으로 의사 결정을 내리는 데 유용합니다.
- **코호트 분석(cohort analysis)**: 특정 기간 동안 코호트 행동을 분석하는 방법입니다. 코호트 분석으로 사용자 행동 변화를 추적하고, 장기적인 트렌드를 파악할 수 있습니다.

전략 및 계획 수립 관련 용어

- **OKR(Objectives and Key Results)**: 조직이나 팀이 달성하고자 하는 목표(objectives)와 그 목표를 어떻게 측정할지에 대한 구체적인 결과(key results)를 설정하는 프레임워크입니다. OKR은 목표 달성의 명확한 방향을 제시하고, 팀의 집중과 정렬을 돕습니다.

- **로드맵**: 프로덕트의 발전 방향과 주요 기능의 출시 계획을 시간 순서대로 정리한 문서 또는 도구입니다. 로드맵은 프로덕트 개발의 우선순위를 설정하고, 이해관계자와 협업을 효과적으로 관리하는 데 사용됩니다.
- **유저 스토리**: 사용자 관점에서 특정 기능이나 요구 사항을 간단한 문장 형태로 설명하는 방법입니다. 예를 들어 '나는 사용자로서, 편리하게 로그인하고 싶다'처럼 작성하며, 개발 팀이 사용자 요구를 이해하고 구현할 수 있도록 돕습니다.

마치며

✅ QA로 프로덕트 품질을 높이세요

QA는 단순히 버그를 찾아내는 작업을 넘어 프로덕트가 기대하는 품질 기준을 충족하고 사용자 경험을 최적화하는 핵심 과정입니다. 다양한 환경에서 테스트를 하여 예상치 못한 문제를 미리 발견하고 해결하세요. PM으로서 프로덕트 핵심 기능과 우선순위를 명확히 정리하고 QA 엔지니어와 긴밀히 협력하여 테스트 범위를 설정해야 합니다.

✅ 데이터 기반 의사 결정: 성공 증거를 발견하세요

데이터는 프로덕트 개선과 성과 검증의 가장 강력한 도구입니다. AB 테스트를 활용하여 새로운 기능의 성과를 검증하고, 성공 지표와 가드레일 지표로 비즈니스 전반에 미치는 영향을 꼼꼼히 분석하세요. 클릭률, 전환율, 리텐션 같은 데이터로 사용자 행동을 이해하고, 이를 바탕으로 새로운 인사이트를 얻어 프로덕트 방향성을 정교하게 조정하세요. 또 예상치 못한 부작용을 방지하고자 가드레일 지표를 설정하고, 필요하다면 실험을 중단하거나 조정하며 위험을 관리하세요. 데이터는 단순한 숫자가 아닌 성공을 이끄는 나침반입니다.

✅ 지표를 체계적으로 활용하세요

프로덕트와 관련된 주요 지표(MAU, DAU, 리텐션, ARPU 등)를 활용하여 현재 상태를 파악하고 목표를 설정하세요. 지표는 사용자 참여, 수익성, 전환율 등을 평가하는 데 핵심적인 역할을 합니다. 또 코호트 분석과 퍼널 분석으로 장기적인 트렌드와 전환율 개선 기회를 발견하세요.

12장

**PM과 함께 일하는 사람들:
협업자 인터뷰**

PRODUCT MANAGER

PM에게 협업이란

PM은 혼자서 일하기보다는 다른 팀원들과 협업하는 일이 압도적으로 많은 직무입니다. 챗GPT에 이런 측면을 재미있게 전달할 수 있는 밈이나 흥미로운 표현을 제안해 달라고 했더니 이런 답을 주더라고요. "PM이 말하길, 내가 혼자서 할 수 있는 일은 오직 커피 타는 것뿐이더라." 네, 표현이 조금 격하지만 챗GPT 말이 전적으로 맞습니다. 그만큼 PM이라면 여러 동료와 원활하게 일하는 것이 무엇보다도 중요합니다.

내가 인스타그램의 PM이고 인스타그램 스토리 팀을 이끌고 있다고 가정해 볼게요. 인스타그램의 스토리 기능은 사용자가 공유하는 사진이나 영상을 딱 24시간 동안만 게시하는 기능으로, 일시적으로 게시된 콘텐츠로 팔로워들과 일상을 공유할 수 있습니다.

우리 팀 OKR은 이 스토리의 반응 지표를 상승시키는 것입니다. 우리는 스토리를 보는 사용자들이 더 흥미를 가질 만한 기능이 무엇이 있을지 고민하다 스토리에 링크를 추가하는 기능을 도입하기로 결정했습니다. 단순히 남들이 올린 사진이나 영상을 소비하는 것을 넘어 연결된 링크를 클릭해서 더 깊이 있는 콘텐츠를 탐색하거나 관련 정보를 직접 확인할 수 있게 하는 것이죠. 링크 기능은 특히나 인플루언서가 특정 프로덕트를 소개하고 이를 구매 페이지

▲ 그림 12-1 인스타그램 메인 화면으로 최상단에 '스토리' 기능이 보임

로 연결시킬 때 유용할 것으로 예상됩니다. 그렇다면 이 기능을 개발하는 과정에서 PM은 어떤 역할을 해야 할까요?

인스타그램 스토리 내 링크 기능을 위한 협업

PM은 이 기능이 사용자에게 어떤 가치를 제공할지, 인스타그램의 비즈니스 목표와 어떻게 맞아떨어질지 심도 있게 분석했습니다. 많은 사용자가 스토리에서 링크를 통해 외부 웹 사이트로 이동할 수 있길 원한다는 피드백을 지속적으로 보내 왔기에 새로운 기능에 대한 수요가 있으리라고 확신했습니다. 이 기능은 단순히 사용자 반응을 높이는 것뿐만 아니라, 비즈니스 계정의 광고와 마케팅 활동에도 긍정적인 영향을 미칠 것으로 기대되었습니다.

디자이너와 협업

PM은 디자이너와 함께 링크 추가 기능의 사용자 경험을 설계하기 시작했습니다. 스토리를 게시하는 사용자가 링크를 추가하는 과정은 최대한 직관적이어야 했고, 스토리를 보는 팔로워들도 이 링크를 쉽게 인지하고 사용할 수 있어야 했습니다. 몇 가지 디자인 시안이 나왔고, PM은 이 중에서 가장 사용자 친화적인 디자인을 선택하기 위해 디자이너와 여러 차례 논의했습니다. 링크가 스토리에 어떻게 표시될지, 사용자가 클릭했을 때 어떤 애니메이션 효과가 나타날지 등 세부적인 요소들도 함께 결정했습니다.

개발자와 협업

동시에 PM은 개발자들과 첫 미팅을 가져 기술적 구현 가능성과 과제들을 논의했습니다. 스토리에 새로운 요소를 추가하는 것은 단순한 작업이 아니었습니다. 특히 스토리에서 링크를 불러오고 외부 웹 사이트로 연결되는 시간이 기존 구조에서는 다소 오랜 시간 필요하다는 문제점이 발견되었습니다. 현재 스토리 시스템은 빠른 이미지와 영상 로딩에 최적화되어 있지만, 외부 링크를 처리하는 속도는 상대적으로 느릴 수밖에 없는 구조였습니다. 개발 팀은 이를 해결하려고 링크를 미리 캐싱*하거나 외부로 빠르게 연결할 수 있는 최적화 작업을 제안했습니다. PM은 이와 관련된 개발 일정을 조율하고, 이 최적화 작업이 사용자 경험을 저해하지 않으면서도 빠르게 구현될 수 있도록 자원 배분을 최적화했습니다.

데이터 분석가와 협업

기능이 어느 정도 구체화되자 PM은 데이터 분석가와 이 기능을 협의했습니다. 과거의 유사한 기능 도입 사례와 사용자 데이터를 참고하여 베타 테스트를 진행할 때 어떤 지표를 중점적으로 관찰해야 할지, 성공 여부는 어떤 기준에 따라 판단해야 할지 명확히 정했습니다.

마케팅 팀과 협업

기능 출시가 임박하자, PM은 마케팅 팀과 협력하여 새로운 기능을 사용자에게 효과적으로 알리는 캠페인을 준비했습니다. 링크를 추가하는 새 기능의 주요 장점을 강조한 홍보 메시지를 작성하고 이를 인스타그

---

* 자주 사용하는 데이터를 임시로 저장하여 다음에 요청할 때 더 빠르게 불러올 수 있게 하는 기능입니다.

램의 다양한 채널을 통해 배포했습니다. 또 초기 사용자들의 피드백을 기반으로 기능 개선 방향을 논의하고 이들이 더 쉽게 기능을 사용할 수 있도록 가이드라인을 제작했습니다.

기능 출시와 AB 테스트, 사용자 피드백 반영하기

개발 팀이 기능 개발을 완료한 뒤 곧바로 AB 테스트를 시작했습니다. 테스트 결과, 링크 추가 기능을 이용하여 사용자는 스토리에서 더 활발하게 활동했습니다. 특히 비즈니스 계정 사용자들의 참여도와 만족도가 크게 상승한 것이 확인되었습니다. PM은 데이터 분석가와 함께 이 성과를 심층 분석했습니다.

AB 테스트가 끝나고 마침내 인스타그램은 새로운 링크 추가 기능을 전 세계 사용자에게 정식으로 출시했습니다. 사용자 반응은 긍정적이었는데, 특히 인플루언서와 비즈니스 계정의 활용도가 급증했습니다. PM은 사용자 피드백을 지속적으로 모니터링하며, 개선할 부분을 파악했습니다. 기능 출시 초기에 일부 사용자가 링크 버튼이 눈에 잘 띄지 않는다고 지적했는데, 이를 받아들여 버튼의 크기와 색상을 조정하는 업데이트를 빠르게 진행했습니다.

이 사례에서 볼 수 있듯이, PM이 가장 많이 협업하는 대상은 개발자와 디자이너, 데이터 분석가, 마케터입니다. 이들과 얼마나 원활하게 협업하는지가 프로젝트 성공 여부를 결정합니다. 그렇다면 '어떻게' 협업해야 '잘'하는 것일까요? 업계에서 왕성하게 활동하고 있는 협업 대상자들에게 'PM이 협업을 잘하려면 어떻게 해야 하는지'를 직접 물었습니다.

카카오 디자이너 조혜민

링크드인 ▶ https://www.linkedin.com/in/hyemin-cho-chloe-185778172

Q 카카오톡의 고객 경험을 디자인하는 혜민 님을 인터뷰에 모셨습니다. 안녕하세요, 혜민 님! 반갑습니다. 먼저 간단한 자기소개를 부탁드릴게요.

A 안녕하세요, 저는 카카오의 톡플랫폼디자인 팀에서 UI/UX 디자이너로 일하고 있는 조혜민입니다. 카카오톡과 관련된 다양한 서비스를 디자인하고 있습니다. 현재는 지갑, 인증, 전자 증명서 등 서드파티 서비스들을 주로 담당하고 있어요. 서류 제출과 인증 등 복잡한 절차를 효율적으로 만드는 디자인을 하고 있습니다.

Q 디자이너로서 커리어를 시작하신 계기가 궁금해요.

A 대학교 때 창업 동아리에 들어갔다가 우연히 해커톤(hackathon)*에 참여하게 됐어요. 그때는 포토샵도 제대로 못 하는 실력으로 처음 보는 기획자, 개발자와 함께 앱을 만들어 보았는데, 정말 흥미로웠죠. 순수 미술을 전공했던 저에게는 사용자에게 실질적인 도움이 되는 무언가를 만드는 것이 정말 재미있더라고요. 그 계기로 창업도 해 보았고, 블록체인 스타트업에서도 일했습니다. 지금은 카카오에서 다양한 온라인 서비스를 디자인하며 계속 성장하고 있어요.

---

* 개발자, 디자이너, PM 등이 시간 내 결과물을 만들어 내는 소프트웨어 이벤트를 의미합니다.

Q 본격적으로 PM과 하는 협업에 대해 여쭤어 볼게요. 프로젝트 초기 단계에서 PM이 어떤 정보를 제공해 주면 좋을까요?

A 가장 중요한 것은 우리가 해결하려는 문제가 무엇인지 명확하게 말해 주는 것이에요. 프로젝트의 목표와 배경, PM이 생각하는 가설과 비즈니스 임팩트를 공유해 주시면 디자이너로서 그 맥락을 이해하고 디자인에 반영할 수 있거든요. 이런 정보가 충분히 뒷받침되면 디자인도 훨씬 원활하게 진행됩니다. 또 일정과 제한 사항도 명확히 알려 주는 것이 중요해요. 우선순위가 무엇인지 확실히 규정해 주시면 디자이너도 한정된 리소스를 고려하여 효율적으로 작업할 수 있거든요. 반대로 이런 것들이 사전에 공유되지 않으면 프로젝트가 진행되면서 진척이 늦어질 수 있어요.

Q PM과 소통할 때 보다 효율적이라고 느꼈던 방법이 있을까요? 또는 PM이 특히 주의해야 할 점이 있을까요?

A 가장 중요한 점은 디자이너에게 충분히 고민할 시간을 주고 그 이후에 소통하는 것입니다. 매번 만나서 논의하는 것은 오히려 비효율적일 수 있어요. 디자이너가 솔루션을 고민한 뒤 미팅을 통해 논의하면 더 좋은 방향으로 나아갈 수 있습니다. 그리고 모든 아이디어를 다 공유하기보다는 디자이너가 테스트를 거친 뒤 논쟁점을 정리하여 소통하면 더 효과적입니다. 예전에 아이디어가 나오는 대로 바로바로 디자인을 확인하려는 PM과 일한 적이 있었는데, 굉장히 힘들었어요. 어떤 아이디어가 나왔을 때 그것을 바로 디자인으로 구현하라는 요청을 받으면 디자이너 입장에서는 전체적인 플로나 맥락을 고려하지 않고 단편적인 작업에만 집중하게 되거든요. 이렇게 되면 아이디어의 실현 가능성이나 다른 요소와 연계성

등을 충분히 고민할 시간이 없어 결과적으로 중간중간 수정이 반복되어 작업 효율이 떨어져요. 논쟁점이 분명할 때 집중해서 논의하는 것이 더 나은 방법이라고 생각합니다.

Q 그렇군요. 디자이너분들과 소통할 때 이 점을 꼭 염두해야겠네요. 그러면 혜민 님의 좋았던 협업 경험과 어려웠던 협업 경험을 좀 더 자세히 알고 싶어요. 가장 성공적이었던 협업 경험을 들려 주실 수 있을까요?

A PM이 문제 정의부터 배경까지 상세하게 설명해 주는 프로젝트를 경험한 적이 있어요. 개발의 제한 상황, 목표, 가설까지 논리적으로 정리된 기획서 덕분에 프로젝트 배경을 충분히 이해할 수 있었고, 프로젝트 중간에도 원활하게 소통할 수 있었죠. 요구 사항이 변경되면 빠르게 공유하고, 충분히 고민할 시간을 주어 일정에도 무리가 없었어요. 이런 프로젝트를 마치면 정말 잘 협업했다는 뿌듯함을 느껴요.

Q 그럼 반대로 어려웠던 협업 경험은 어떤 것이 있을까요?

A 일정이 촉박한 상황에서 PM이 일방적인 방향만 요구했던 경험이 가장 힘들었어요. 문제를 해결하는 방향에는 여러 가지가 있을 수 있잖아요? 디자이너 역할은 고객을 깊이 이해해서 더 나은 사용성 개선을 이끌어 내는 것이고요. 그런데 그 부분은 간과하고 PM이 요구한 스펙대로만 디자인하라고 할 때 큰 어려움을 겪었죠. 그래서 사내에서 간단한 사용성 테스트를 진행하고 내부 의견을 모아 프로토타입을 이용해서 차이를 보여 주며 설득한 적이 있어요.

Q 일정이 촉박할 때 그런 문제가 더 많이 생기는 것 같아요. 프로젝트 일정 관리에서 PM이 디자이너와 일할 때 주의해야 할 점은 무엇이고, 우선순위가 많은 작업에서 가장 중요한 작업을 선택할 때는 어떻게 소통해야 하는지 궁금합니다.

A 디자이너와 일할 때는 다양한 디자인 테스트 과정을 거치기 때문에 의사 결정이 길어질 수 있어요. 그래서 PM이 일정을 세부적으로 구분하고, 디자인 변경 기간도 일정에 포함시켜 준다면 좋을 것 같아요. 또 디자이너 리소스가 충분한지와 작업 기간이 적절한지 미리 논의해서 일정을 관리해야 해요. 특히 우선순위가 많을 때는 디자인 작업 범위를 명확히 규정하고, 디자이너가 프로젝트에서 어떤 부분에 기여할 수 있을지 설명해 주는 것이 중요합니다. 모든 디자인을 완벽하게 다루기는 어려우므로 PM과 함께 우선순위를 논의하고 개선 범위를 정하는 것이 가장 효율적인 방법이라고 생각해요.

Q 구체적인 상황에서 어떻게 소통하는 것이 좋을지 이야기해 볼게요. 함께 일할 때 PM이 디자인 피드백을 할 상황이 많이 생기잖아요. 이때는 PM이 어떤 방식으로 접근하면 가장 효과적일까요?

A 많은 사람이 지표와 데이터 기반의 피드백을 중요하게 여기는데, 저도 그런 객관적인 방식이 매우 중요하다고 생각해요. 지표는 명확한 기준을 제공하므로 피드백이 개인적인 취향이나 감정에 휘둘리지 않도록 도와주죠. 하지만 데이터로만 설명할 수 없는 직관적인 사용자 경험도 무시할 수 없어요. '좋은 프로덕트'를 만들기 위해서는 데이터를 바탕으로 하되, 주관적인 경험을 함께 논의하는 것이 유의미한 결과를 도출하는 데 도움이 됩니다. 여기에서 PM의

역할은 디자이너가 놓치기 쉬운 비즈니스적 관점에서 임팩트와 해결해야 할 문제의 본질을 계속해서 검토해 주는 것입니다. 단순히 디자인 완성도를 평가하는 데 그치지 않고, 이 디자인이 비즈니스 목표와 어떻게 연결되는지 짚어 주면서 프로젝트 방향성을 유지하도록 돕는 것이죠. 예를 들어 "이 디자인이 사용자 전환율을 높이는 데 실제로 효과적일까?" 또는 "우리가 해결하려는 문제가 이 방식으로 충분히 개선될 수 있을까?" 같은 질문을 던지는 것이죠. 이렇게 하면 디자이너가 큰 그림을 놓치지 않고 디자인의 비즈니스적 효과를 고려하게 되며, 더 나은 결정을 내리는 데도 도움을 줍니다.

Q 협업하다 보면 요구 사항이 변경될 때도 종종 있는데요. 이때 PM이 요구 사항 변경을 어떻게 전달하면 가장 효과적일까요?

A 물론 요구 사항 변경이 없다면 가장 좋겠지만 현실은 그렇지 않죠. 그때는 변경된 내용을 명확하게 AS-IS, TO-BE로 정리해 주시면 정말 큰 도움이 됩니다. 그러니까 원래 요구 사항은 어떠했지만(AS-IS), 이제는 이렇게 바뀌어야 한다(TO-BE)를 명시해 주는 것이에요. 이렇게 하면 변경된 스펙 차이를 명확히 이해할 수 있고, 이를 빠르게 적용할 수 있죠. 왜 변경되었는지 배경 설명도 함께해 준다면 금상첨화고요. 또 기획서 같은 문서나 소통 채널을 통해 변경된 내용을 명확히 공유하고, 필요할 때는 관련 부서와 논의할 자리를 마련해 준다면 디자이너가 더 효과적으로 대응할 수 있습니다. 피그마 같은 협업 도구를 사용해서 실시간으로 변경 사항을 기록하는 것도 좋은 방법입니다.

Q 오늘 디자이너와 어떻게 소통해야 할지 실용적인 답을 많이 얻은 것 같네요. 마지막으로 디자인 팀이 효과적으로 일할 수 있도록 PM이 도입했으면 하는 프로세스가 있다면 말씀해 주세요.

A 앞서 말한 것과 비슷한데요. 너무 중요해서 한 번 더 강조하고 싶어요. '정리'를 잘해 주시는 것이 가장 큰 도움이 됩니다. 현재 버전으로 개발을 선택한 히스토리가 있을 수도 있고 작업 중간에 요구 사항이 바뀔 수도 있는데, 히스토리를 파악하고 업데이트를 잘해 주시면 협업에 도움이 될 것 같아요. 피그마 코멘트를 통해 실시간으로 논의를 진행하더라도 논의가 길어지면 정리가 잘되지 않을 때가 있어요. 논의 내용을 주기적으로 정리하고 상기시켜 주시면 기획 의도에 맞는 효율적인 협업이 가능할 것 같습니다.

PM이 디자이너와 협업할 때 기억해야 할 세 가지 핵심 포인트

- **명확한 문제 정의와 목표 공유**: 디자이너가 프로젝트 맥락을 이해할 수 있도록 문제 정의와 목표, PM의 가설과 비즈니스 임팩트를 명확히 공유해야 합니다. 이런 정보가 충분히 제공되면 디자인 진행이 원활합니다.
- **객관적인 데이터와 문제 해결 중심의 피드백**: 피드백을 할 때는 지표와 데이터를 바탕으로 객관적인 피드백을 하되, 주관적인 사용자 경험도 함께 고려해야 합니다. 특히 디자인이 비즈니스 목표와 문제 해결에 효과적인지 검토하고, 예시 화면 등을 활용하여 구체적으로 논의하

는 것이 중요합니다. 감정적으로 표현하기보다는 논리적으로 접근하여 프로젝트 방향성을 유지하는 피드백이 필요합니다.

- **변경 사항의 명확한 전달과 소통**: 요구 사항이 변경될 경우 AS-IS와 TO-BE를 명확히 정리해 주고, 배경을 설명하여 변경 이유를 공유해야 합니다. 피그마 같은 협업 도구를 활용하여 실시간으로 논의 내용을 기록하고 정리하면 더욱 좋습니다.

쿠팡 백엔드 엔지니어 강대원

링크드인 ▶ https://www.linkedin.com/in/daewon-kang-28bb87113

Q 쿠팡에서 백엔드 엔지니어로 활약 중인 강대원 님을 모셨습니다. 대원 님과는 예전에 함께 일해 본 경험이 있어 이번 인터뷰가 더욱 반갑고 기대됩니다. 안녕하세요, 대원 님! 정말 오랜만이네요. 인터뷰에 응해 주셔서 감사합니다. 먼저 간단한 자기소개와 현재 맡고 계신 역할을 말씀해 주시겠어요?

A 안녕하세요, 나래 님. 오랜만입니다. 네, 저는 쿠팡 검색 프로덕트 팀에서 4년째 근무 중인 10년차 백엔드 엔지니어 강대원입니다. 현재 쿠팡의 전반적인 아키텍처 설계와 최적화, 서비스 플랫폼 구축까지 담당하고 있습니다.

Q 벌써 10년 차 개발자시네요. 개발자로 일하게 된 계기와 주요 경력을 이야기해 주시겠어요?

A 어릴 때부터 개발자가 되고 싶었어요. 삼촌이 개발자였던 것이 계기가 되어 중학생 때 정보올림피아드를 시작했고, 지금까지 프로그래밍을 계속해 왔습니다. 줌인터넷, 네이버, 쿠팡까지 다양한 회사에서 여러 기술을 경험하며 서비스를 개발하고 운영해 왔습니다.

Q 본격적으로 PM과 협업에 대해 여쭈어 보고 싶습니다. 프로젝트 초기 단계에서 PM이 어떤 정보를 제공해 주면 좋을까요?

A 프로젝트 아이디어는 개발자가 공감하고 이해할 수 있는 자료로 시작하는 것이 중요합니다. 너무 디테일한 내용보다는 해결하고자 하는 문제, 문제 해결을 위한 방향성, 벤치마크나 데이터 분석, 간단한 디자인 초안 정도면 충분합니다. 이렇게 초기 자료를 참고하여 프로젝트 방향을 파악할 수 있고, 개발자로서 미리 성능적인 측면이나 아키텍처 한계점을 짚어 볼 수 있죠.

Q 해결하고자 하는 문제와 방향성 제시가 가장 중요하군요. 그렇다면 요구 사항 명세서(PRD)를 작성할 때 PM이 꼭 포함해야 할 요소는 무엇일까요?

A 맞아요. 해결하고자 하는 문제에 대한 명확한 정의가 가장 중요합니다. 문제를 해결할 솔루션과 그 솔루션이 왜 효과적일지 가설과 근거도 함께 제시되어야 하고요. UI 변경이 포함된다면 구체적인 디자인 시안이나 와이어프레임을 포함하면 좋습니다. 이렇게 하면 개발 과정에서 혼란을 줄일 수 있고, 우리가 모두 같은 목표를 향해 가고 있다고 확신할 수 있습니다.

Q PM과 커뮤니케이션 방식도 중요할 것 같은데요. 원활하게 커뮤니케이션을 하는 데 어떤 도구나 방법을 선호하시나요?

A 프로젝트가 클수록 주기적인 회의가 필요하다고 생각해요. 프로젝트가 작다면 메신저나 회의 한두 번으로도 충분할 수 있지만, 큰 프로젝트일수록 예상치 못한 변수들이 생기기 때문에 정기적으로 상태를 점검하고 요구 사항을 조율하는 것이 중요하죠. 그리고 문

서는 가독성이 좋아야 합니다. 너무 많은 문서보다는 하나의 문서에 필요한 정보를 모두 정리해 두면 효율적이더라고요.

Q **그렇다면 PM이 개발 팀과 효과적으로 소통하려면 어떤 태도를 취하는 것이 좋을까요?**

A 기획과 개발의 경계를 엄격히 나누기보다는 서로의 영역을 이해하면서 협업하는 것이 좋다고 생각합니다. 예를 들어 PM이 프로젝트에 영향을 미칠 시스템이나 기술을 이해하려고 노력하면 훨씬 원활하게 소통할 수 있어요. 반대로 개발자도 PM 가설이나 솔루션을 적극적으로 질문하고 함께 논의하는 것이 중요하죠. 이렇게 협업하면 시너지도 나고, 각자 성장에도 큰 도움이 됩니다.

Q **그런 협업 과정에서 기억에 남는 성공적인 협업 경험이 있으신가요? 좀 더 구체적으로 이야기해 주실 수 있을까요?**

A 제가 쿠팡에 입사한 지 얼마 안 되었을 때 첫 3개월 동안 기능을 20개 이상 AB 테스트했는데, 그중 5~10개를 출시에 성공한 경험이 있습니다. 굉장히 빡빡한 일정이었던 터라 일정 관리가 성공 여부의 핵심이었죠. PM과 개발자들이 매일 같이 모여서 일정에 영향을 줄 수 있는 모든 요소를 면밀히 점검했으며, PM이 코드를 깊이 이해하고 있어 프로젝트 방향을 빠르고 정확하게 결정해 주었던 기억이 납니다. PM과 개발 팀 간 긴밀한 협업 덕분에 결국 목표를 달성할 수 있었죠. 그 과정에서 어떻게 PM과 개발자들이 서로의 역할을 존중하며 일했는지가 가장 기억에 남아요.

Q 일정 관리 측면에서 좋은 경험을 하셨군요. 어떻게 하면 일정 관리를 잘할 수 있는지 모든 PM이 관심을 가질 만한 주제인 것 같아요. 개발자들과 프로젝트 일정을 잘 관리하려면 PM이 무엇을 주의해야 할까요?

A 대충 넘어가지 않는 것이 핵심입니다. 일정이 길어 보이거나 불분명한 이유가 있다면 그 이유를 반드시 명확히 해야 합니다. 예를 들어 개발 일정이 예상보다 길다면 왜 그런지 구체적으로 물어보아야 하죠. 그 과정에서 놓치고 있던 문제를 찾을 수도 있고 비슷한 솔루션이지만 더 시간이 단축되는 효율적인 방향으로 개발을 수정할 수도 있어요. PM이 꼼꼼하게 확인하고 관리할수록 개발자 역시 자신의 작업을 이해받고 있다는 느낌을 받습니다. 자연스럽게 더 신뢰감을 갖고 일할 수 있겠죠.

Q PM이 하는 여러 역할 중 우선순위 설정도 아주 중요하잖아요. 여러 개발이 몰린 상황에서 우선순위를 잡아야 할 때 개발자들과 어떻게 소통해야 할까요?

A 우선순위가 겹치는 상황은 가급적 피하는 것이 좋지만, 현실에서는 그런 상황이 자주 발생하잖아요. 이때는 모든 업무를 한 번에 리뷰하면서 함께 결정하는 것이 가장 효과적이라고 생각해요. 개발 팀 리소스를 고려하여 합리적으로 스케줄을 짜고, 무엇보다 중요한 것은 개발자들이 회사가 왜 이 우선순위를 택했는지 이해할 수 있도록 돕는 점이에요. 그 과정에서 단순히 업무를 지시하는 것이 아니라, 큰 그림에서 목표를 공유하고 '이것이 왜 중요한지' 설명해 주어야만 하죠. 그렇게 하면 개발자들도 자신의 작업이 회사 전체 목표와 어떻게 연결되는지 이해하고, 더 주도적으로 작업에 참여하게 돼요. PM이 방향을 명확하게 제시하면 팀 전체가 같은 목표를 향해 효율적으로 움직일 수 있죠.

Q 현업에서는 요구 사항이 변경되는 상황도 종종 발생합니다. 이럴 때 PM이 어떻게 해야 효율적으로 소통할 수 있는지도 궁금해요.

A 요구 사항이 변경되면 가능한 한 빨리 개발 팀에 알려 주는 것이 가장 중요합니다. 변경된 요구 사항이 기존 일정에 어떤 영향을 미치는지 검토할 시간이 필요하니까요. 특히 큰 변경 사항이 있을 때는 개발 팀 매니저와 함께 논의하면 좋습니다. 이렇게 하면 개발 팀 내부에서 리소스 조정을 원활하게 할 수 있고, 일정에 큰 차질 없이 작업을 진행할 수 있습니다.

Q 프로젝트 도중 문제가 발생했을 때는 PM이 어떻게 대응하면 좋을까요?

A 문제가 발생하여 개발 일정이 늦추어지거나 지연될 가능성이 있을 때는 PM이 그 영향을 함께 분석하고 차선책을 모색해 주는 것이 정말 큰 도움이 됩니다. PM이 일정의 전반적인 흐름을 이해하고 대안책을 제시하면 개발 팀도 그에 맞추어 문제를 해결할 수 있습니다. 또 PM이 이런 상황에서 적극적으로 협력하고 문제를 함께 해결하려는 자세를 보이면 개발 팀도 그만큼 더 의욕적으로 대응합니다.

Q 더 나아가서 개발 팀과 긴밀하게 지속적으로 협력하고 팀 동기를 높이려면 PM이 어떤 역할을 해야 할까요? 성공적인 협업 문화를 만드는 PM 역할도 듣고 싶습니다.

A 개발 팀과 긍정적인 협업 문화를 만들기 위해 PM이 할 수 있는 가장 중요한 일은 프로젝트 초기에 충분한 사전 조사를 하고 확실한 우선순위를 설정하는 것입니다. 프로젝트가 아무리 바쁘고 복잡해

도 PM이 미리 매니저들과 우선순위를 논의하고 예상 가능한 변수를 최소화하면 프로젝트가 훨씬 순조롭게 진행됩니다. 저도 가장 성공적이었던 프로젝트를 떠올려 보면 항상 사전 준비가 잘되어 있던 경우였어요. 진행 중에 예기치 못한 문제가 생기더라도 PM과 함께 의논해서 해결책을 찾아갈 때 협업이 더욱 원활하고 즐거웠습니다.

또 개발 팀 사기를 높이는 데 중요한 점은 적절한 도전 기회를 제공하는 것입니다. 새로운 기술을 적용하는 개발이거나 조직에 큰 영향을 미칠 만한 개발을 맡으면 개발자들도 더욱 의욕을 가지고 일합니다. 특히 큰 조직일수록 기능에 많은 영향을 미치기 어려울 때가 많으니, 이런 도전적인 기획은 PM과 개발자 모두에게 동기부여가 되고 더 나은 결과를 만들어 내는 동력이 됩니다.

PM이 개발자와 협업할 때 기억해야 할 세 가지 핵심 포인트

- **명확한 문제 정의와 방향성 제시**: 해결하고자 하는 문제와 그 방향성을 명확하게 전달해야 합니다. 처음부터 디테일을 제시하기보다는 큰 그림과 데이터 분석, 벤치마크, 간단한 디자인 초안 정도만 제시해도 개발자가 프로젝트를 이해하고 성능 및 아키텍처의 한계를 미리 검토하기에 충분합니다.

- **효과적인 우선순위 설정**: 우선순위가 겹치는 상황에서 합리적으로 일정을 조정하기 위해서는 회사 목표를 명확하게 전달하는 것이 중요합니다. 이렇게 함으로써 개발 팀은 단순히 작업만 하는 것이 아니라 전체 목표를 이해하고 주도적으로 참여할 수 있습니다.
- **빠른 요구 사항 변경 공유와 기술적 이해**: 요구 사항이 변경되어야 하는 상황이라면 가능한 한 빨리 개발 팀에 알리고, 그 영향이 일정에 어떻게 미칠지 검토할 충분한 시간을 주는 것이 중요합니다. 또 PM이 기술적인 세부 사항을 어느 정도 이해하고 있다면 문제가 발생했을 때 원활하게 소통할 수 있고 빠르게 문제도 해결할 수 있습니다.

전 토스 데이터 분석가 김지은

링크드인 ▸ https://www.linkedin.com/in/jieun-kim-a82b1020a

Q 다음으로는 전 토스 데이터 분석가였고 현재도 유명 IT 기업에서 활발하게 활동하고 있는 데이터 분석가 김지은 님을 모셨습니다. 안녕하세요, 지은 님! 자기소개와 현재 맡고 계신 역할을 말씀해 주시겠어요?

A 안녕하세요. 저는 토스를 거쳐 IT 업계에서 7년간 데이터 분석가로 일하고 있는 김지은입니다. 최근까지 토스에서 일했고, 지금은 새로운 도전을 시작하고 있습니다. 토스에서 저는 데이터를 분석하여 의미 있는 결과를 도출하고, 이를 바탕으로 의사 결정을 돕는 역할을 했습니다. 토스는 다양한 프로덕트가 모여 있는 구조인데, 각각의 프로덕트가 성장할 수 있도록 데이터 분석과 실험을 반복하며 지원을 했습니다. 또 전사 비즈니스 관점에서 매출이나 활성 사용자 수(MAU) 성장을 위해 큰 흐름의 데이터를 보기도 하고요. 타 직군이 데이터를 잘 이해할 수 있게 돕는 환경 조성에도 힘썼습니다.

Q 데이터 기반 성장에서 핵심적인 일을 하고 계시네요. 데이터 분석가로 일하게 된 계기와 경력을 좀 더 자세히 들려 주세요.

A 처음에는 커머스 회사에서 PM으로 커리어를 시작했어요. 일하다 보니 구체적인 스토리보드를 작성하거나 정책을 세우기 전에 현재 상황을 진단하고 적합한 목표와 명확한 평가 기준을 세우는 것이

270

더 중요하다고 느꼈죠. 데이터를 깊이 있게 다루어 보고 싶은 생각
에 데이터 분석가로 전환하게 되었고, 그 후 광고 및 결제 도메인
의 프로덕트 분석과 비즈니스 분석을 해 왔습니다.

Q 본격적으로 PM과 데이터 분석가가 원활하게 협업하는 방법을 질문하고 싶
어요. 프로젝트 초기 단계에서 PM이 제공해 주면 좋을 정보가 있다면 무엇
일까요?

A 가장 중요한 것은 해결하고자 하는 문제 정의와 목표 설정이에요.
보통 OKR로 정의하는데, 여기에서 중요한 점은 핵심 결과(KR) 지
표를 PM과 데이터 분석가가 함께 논의해서 설정하는 것이에요. 예
를 들어 '고객 리텐션을 20% 향상시키자'는 목표가 있을 때, PM이
그냥 '고객 리텐션을 높이고 싶다'고만 하면 분석가 입장에서는 어
떤 데이터를 활용하고 어떤 관점에서 리텐션을 분석해야 할지 모
호해질 수 있어요. 그래서 PM과 데이터 분석가가 함께 앉아서 "고
객 리텐션을 높이려면 어떤 지표를 보아야 할까?", "특정 기능 사용
빈도와 리텐션의 상관관계를 분석해 보면 어떨까?"처럼 구체적으
로 논의하면서 지표를 설정하는 것이 훨씬 효과적입니다. 이렇게
목표와 지표를 같이 세워야 데이터 분석 방향이 명확해지고, 분석
과정에서도 일관성 있게 기획할 수 있어요.

Q 목표 전달 후 구체적인 데이터 분석 요구 사항을 정의할 때 PM이 어떤 부분
을 염두해 두면 좋을까요?

A 분석을 '왜' 해야 하는지, 그 결과로 어떤 '행동'을 할 것인지가 분
명해야 해요. 가끔 프레임을 짜 놓고 그에 맞추어 데이터를 채워

달라고 요구하는 PM들이 있는데, 굉장히 비효율적이라고 생각합니다. 분석 목적과 예상 액션이 분명하다면, 데이터 분석가는 그에 맞는 방법론과 데이터를 연결하여 더 효과적인 분석을 전개할 수 있습니다.

Q 저도 동의해요. 분석 목표와 그것으로 무엇을 알고자 하는지 데이터 분석가와 명확하게 공유하고 구체적인 분석은 데이터 분석가 재량으로 두었을 때 더 좋은 방법을 찾아 주시더라고요. 그렇다면 PM이 데이터 분석가와 소통할 때는 어떤 점에 주의해야 할까요? 효과적인 커뮤니케이션 방법이 궁금해요.

A 일관된 방식으로 커뮤니케이션하고 구체적인 요청을 할 때 효율적이라고 느껴요. 예를 들어 위클리 미팅을 통해 지난주 결과와 이번 주 계획을 점검하고, 세부 정책을 문서화해서 공유하는 것이죠. 이와 함께 데이터 분석 요청을 할 때도 가급적 구체적으로 설명하면 좋습니다. "고객 문의가 많이 들어오는 것 같다."보다는 "배포 전후 고객 문의 인입량과 전체 비중을 알고 싶다."처럼 말이죠. 이렇게 숫자와 지표 중심으로 커뮤니케이션하면 데이터 팀이 상황을 더 명확하게 이해하고 필요한 분석을 빠르게 수행할 수 있어요.

Q 성공적이었다고 생각하는 PM과 협업 경험이 궁금해요.

A 빠른 실행과 성과를 중시하는 프로젝트에서도 지속 가능성을 함께 고려했던 경험이 기억에 남아요. 예를 들어 한 번은 결제 시스템 개선 프로젝트에서 팀이 빠르게 결과를 낼 수 있게 모든 신규 기능

을 하드코딩(hard coding)*하자는 의견이 제시되었어요. 물론 이렇게 하면 초기 성과는 좋을 수 있지만, 장기적으로는 유지 보수나 확장에 큰 어려움이 생길 수 있겠죠. 그런데 PM이 "이 시스템이 1년 뒤에도 유연하게 대응할 수 있을까?"라는 질문을 던지며 장기적인 확장성을 저와 함께 고민해 주었어요. 결국 우리는 실험을 하나 덜 하더라도 모듈화된 구조로 개발하기로 결정했죠. 그 결과 예상치 못한 변화에도 시스템을 쉽게 업데이트할 수 있었고, 이후 다른 결제 방식 추가나 시스템 통합 작업에도 큰 문제없이 대응할 수 있었어요. 이처럼 단기적인 성과보다 장기적인 구조적 안정성을 우선했기 때문에 프로덕트가 더욱 안정적으로 성장할 수 있었던 것 같아요.

Q 반대로 어려움을 겪었던 협업 경험도 있을까요?

A 당연하죠. 왜 해야 하는지 납득되지 않는 일을 해야 할 때가 가장 어려웠어요. 예상 임팩트가 높아도 이미 여러 번 시도해 본 것이라 성공 가능성이 낮을 때는 우선순위 역시나 낮아야 한다고 생각해요. 그런데 이를 무시하고 PM이 우선순위를 높게 설정하는 경우가 있거든요. 이때는 가능한 데이터를 준비해서 의견을 제시합니다. 목적은 PM 의견을 반박하는 것이 아니라, 모든 팀원이 왜 일을 해야 하는지 공감하고 이해할 수 있도록 하는 데 있어요.

---

* 소프트웨어 개발에서 변수를 외부에서 쉽게 수정할 수 있도록 별도로 정의하지 않고 프로그램 코드에 값이나 설정을 고정적으로 삽입하는 방식입니다. 간단하고 빠르게 구현할 수 있지만 유지 보수와 확장성이 떨어지는 단점이 있습니다.

Q 좋은 포인트네요. 염두해 두고 협업에 참고하겠습니다. 그러면 데이터 분석 프로젝트의 일정 관리에서 PM이 주의해야 할 점이 있을까요?

A 데이터 분석에는 보이지 않는 전처리 작업도 포함됩니다. 데이터가 활용 가능한 형태로 준비되었는지 확인하거나 필요한 데이터를 새로 수집해야 하는 경우도 있죠. 이런 작업 시간을 고려하여 일정 관리에 반영할 필요가 있습니다.

Q 데이터 수집과 정리 과정에서 PM이 도울 수 있는 부분도 있을까요?

A 개발 스펙을 논의할 때 데이터 구조가 변경될 가능성이 있는 부분을 미리 공유해 주는 것이 좋아요. 데이터 구조가 바뀌면 집계에 오류가 생길 수 있거든요. 필요한 시점에 데이터 분석가를 논의에 포함시키거나 변경 사항을 빠르게 공유해 주면 도움이 됩니다.

Q 분석 방법론은 주로 데이터 분석가가 선택하는데요. 그럼에도 PM이 이해해야 할 중요한 요소가 있을까요?

A 사전 데이터 분석은 주로 상관관계를 탐색하는 것이라고 봐요. 인과 관계까지 첫 분석에서 밝혀 내기는 어려워 우선 상관관계를 찾고 추가적인 실험 등을 거쳐 인과성을 증명하죠. PM이 이 과정을 이해하고 있어야 데이터 분석에 대한 기대치를 잘 조정할 수 있는 것 같아요.

Q 데이터 분석 결과에 대한 피드백은 어떻게 나누면 좋을까요?

A 분석 결과에서 어떤 액션을 도출할 수 있을지 피드백해 주시면 도움이 많이 됩니다. 예를 들어 "이 지표가 하락했네요."라고만 끝내

는 대신 "특정 페이지에서 이탈이 많은 것이 지표 하락의 원인일까요? 그렇다면 해당 페이지의 UX를 개선하고 변화를 살펴볼게요." 같은 구체적인 계획을 제시해 주면 좋죠. 이렇게 하면 단순한 데이터 분석이 아닌 실질적인 변화로 이어질 수 있습니다. 예전에 한번은 고객 이탈률을 분석하다 특정 프로모션 페이지에서 이탈이 많다는 사실을 발견했어요. 그래서 PM이 그 페이지의 로딩 속도와 디자인을 개선하는 실험을 진행했죠. 그 결과 이탈률이 15%나 줄었고 매출도 상승했어요. 이처럼 분석을 기반으로 구체적인 액션을 고민할 수 있는 피드백이 주어지면, 데이터 분석이 단순한 리포팅에서 끝나지 않고 실제 성과로 이어질 수 있습니다.

또 분석 결과에서 다른 가설을 도출할 수 있도록 피드백을 주시는 것도 중요한데요. 예를 들어 "이 페이지의 이탈률이 높은 이유가 단순히 디자인 때문일까요, 아니면 콘텐츠의 문제일까요?" 같은 질문을 던져 주면, 그것을 바탕으로 추가 분석을 하거나 새로운 실험을 설계할 수 있죠. 이렇게 양질의 피드백을 준다면 분석이 그 자리에서 멈추지 않고 계속해서 발전해 나갈 수 있는 발판이 됩니다.

Q 데이터 수집이나 분석에서 오류가 발생했을 때 PM과 데이터 분석가가 함께 문제를 해결하는 가장 효과적인 방법이 있을까요?

A 데이터 오류는 대부분 수집 과정에서 발생하기 때문에 원인 파악이 가장 중요해요. 예를 들어 특정 이벤트가 추적되지 않거나 지표가 갑자기 비정상적으로 치솟는 경우가 있을 수 있어요. 이때 PM이 "지표가 이상한데요?" 하고만 끝내지 않고 언제부터 문제가 발생했는지, 어떤 상황에서 발생했는지, 특정 기능 배포와 연관이 있는지 구체적으로 파악해 주시면 정말 큰 도움이 됩니다. 예전에 고

객 이탈률이 갑자기 급증한 적이 있었는데 알고 보니 특정 페이지에서 이벤트 로그가 제대로 수집되지 않고 있었어요. PM이 문제를 빨리 인지하고, 해당 배포 팀과 바로 소통해서 로그 수집 오류를 해결했죠. 그때 PM이 단순히 지표가 이상하다는 보고만 하고 관련 팀과 논의하지 않았다면 원인 파악에 훨씬 더 오랜 시간이 걸렸을 테죠.

이후 문제 해결 과정에서도 PM이 관련 팀들과 우선순위를 정해 주면 훨씬 수월합니다. 예를 들어 "이 문제를 당장 해결하지 않으면 주요 지표에 큰 영향을 줄 수 있어요. 그래서 이번 주 안에 우선적으로 수정해야 합니다."라고 시급한 문제임을 분명히 전달해 주는 것이죠. 이렇게 하면 각 팀이 동일하게 인식하여 신속하게 대응할 수 있어요. 실시간으로 상황을 체크하면서 문제 해결에 필요한 자원을 재배치하거나 해결 방안을 함께 논의할 수 있는데, 이 과정에서 PM 역할이 정말 중요합니다. PM이 문제의 시급성과 해결 방안을 명확하게 전달하고 관련 팀의 협조를 이끌어 낼 때 데이터 분석가도 효과적으로 문제를 해결할 수 있죠.

Q **마지막으로 성공적인 데이터 분석 프로젝트를 위해 PM이 꼭 해야 할 일이 있다면 한 말씀 부탁드립니다.**

A 우선순위를 잘 설정하는 것이 가장 중요해요. 분석 리소스가 정말 중요한 것에 집중되어야 큰 임팩트를 낼 수 있거든요. 반대로 그저 궁금하다는 이유로 여러 가지 분석 과제를 만들어 내는 것은 피해야 합니다. 프로젝트 전체를 관리하는 PM이 우선순위를 잘 조정해 준다면 데이터 분석가는 더 깊이 있는 분석에 집중할 수 있습니다.

PM이 데이터 분석가와 협업할 때
기억해야 할 세 가지 핵심 포인트

- **문제 정의와 목표 설정의 중요성**: PM과 데이터 분석가는 프로젝트 초기 단계에서 해결하고자 하는 문제와 목표를 명확히 정의하고, 핵심 결과 지표를 함께 논의하여 설정해야 합니다. 예를 들어 '리텐션을 높이자'는 막연한 목표 대신 '어떤 지표를 활용하고 어떤 관점에서 리텐션을 분석할지' 구체적으로 논의해야 데이터 분석 방향이 명확해집니다.

- **효과적인 커뮤니케이션과 피드백 방법**: 구체적이고 일관된 방식으로 커뮤니케이션해야 합니다. 예를 들어 "VOC가 많이 들어오는 것 같다."보다는 "배포 전후 VOC 인입량과 비중을 알고 싶다."처럼 숫자와 지표 중심으로 요청해야 데이터 분석가가 상황을 명확히 이해하고 필요한 분석을 빠르게 수행할 수 있습니다. 또 분석 결과에서 어떤 액션을 도출할 수 있을지 피드백을 주고, 추가적인 가설을 도출할 수 있도록 질문하는 것이 중요합니다.

- **문제 해결과 우선순위 설정**: 데이터 수집 과정에서 발생한 오류를 빠르게 파악하고 문제의 시급성과 중요도를 관련 팀에 명확히 전달하며 해결 방안을 논의하는 과정에서 PM이 하는 역할은 매우 중요합니다. PM이 우선순위를 잘 설정해 주고 문제 해결 과정에서 팀 간 협력을 이끌어 낼 때 데이터 분석가도 효과적으로 문제를 해결할 수 있습니다. 예를 들어 "고객 이탈률이 급증한 이유를 분석하고, 빠르게 문제를 해결할 필요가 있다."라고 우선순위를 구체적으로 정리해 주면 관련 팀이 신속하게 대응할 수 있습니다.

가이아 재단, 전 라인 플러스 마케터 신희명

링크드인 ▶ https://www.linkedin.com/in/heemyung-shin-71284b47

Q 희명 님, 반갑습니다! 간단한 자기소개와 함께 현재 맡고 계신 역할을 설명해 주시겠어요?

A 안녕하세요. 가이아(Kaia) 재단에서 한국 마케팅 및 개발자 커뮤니티 리드로 일하고 있는 신희명입니다. 가이아는 2024년 초 클레이튼(Klaytn)과 핀시아(Finschia)가 통합되면서 새롭게 출범한 블록체인 브랜드입니다. 저는 주로 가이아의 리브랜딩을 진행하며 블록체인과 Web 3.0 도메인에서 개발자 커뮤니티를 성장시키는 다양한 활동을 기획하고 실행하는 역할을 맡고 있습니다.

Q 마케터로 일하게 된 계기와 주요 경력을 말씀해 주세요.

A 저는 다양한 직무를 경험한 뒤 마케터로 커리어를 전환했어요. 첫 직장은 LG전자였는데요. 처음에는 마케팅이 아닌 CSR(기업의 사회적 책임) 부서에서 일하며 환경과 사회적 책임에 관한 업무를 했어요. 이후 재무 부서에서 일하다가 대리로 진급한 뒤 TV 글로벌 마케팅 커뮤니케이션 부서로 옮기면서 본격적으로 마케팅 경력을 시작했죠. 이후 LG전자를 퇴사하고 존스 홉킨스 대학교에서 마케팅 석사 학위를 취득했어요. 한국에 돌아와서는 라인 플러스에 입사하여 테크 마케터로 커리어를 전환했죠. 현재 다니고 있는 회사에는 2022년에 합류했습니다.

Q 본격적으로 PM과 마케터가 원활하게 협업하는 방법에 대해 질문 드릴게요. 프로젝트 초기 단계에서 PM이 어떤 정보를 제공하면 좋을까요?

A 프로젝트 초기 단계에서 가장 중요한 점은 명확한 목표와 기대 지표를 설정하는 것입니다. 예를 들어 타깃 사용자가 누구인지, 성공 기준은 무엇인지 프로젝트 구성원들과 충분히 소통하고 명확히 이해시키는 작업이 선행되어야 해요. 프로젝트는 계획대로 진행되지 않을 때가 많아요. 예상치 못한 이슈가 발생하여 기능이나 프로세스 조정이 필요할 때도 근간이 되는 핵심 목표가 명확하면 중심을 잃지 않을 수 있습니다. 초기 단계의 목표 설정은 제한된 시간과 리소스 안에서 우리가 무엇에 집중해야 하는지 방향성을 제시해 주는 역할을 하죠.

Q PM이 마케팅 팀과 효과적으로 소통하려면 어떤 접근 방식을 취해야 할까요?

A 두 단어로 요약하자면 '투명성'과 '유연성'인 것 같아요. 정기적으로 회의를 열어 프로젝트 진행 상황을 투명하게 공유하고, 이슈가 발생했을 때 신속하게 대응할 수 있는 구조를 갖추는 것이 중요해요. 또 팀의 피드백을 적극적으로 수용하고 반영하는 자세도 필요하고요.

한 번은 마케팅 팀이 준비한 캠페인이 프로덕트 정책 변화로 갑작스럽게 중단된 적이 있었어요. 급박한 상황이라 마케팅 팀도 매우 혼란스러워 했죠. 하지만 PM이 신속하게 회의를 소집하여 변경된 정책을 상세히 설명하고, 어떻게 캠페인을 수정할지 함께 논의하는 자리를 마련해 주었어요. 이 과정에서 PM이 마케팅 팀 의견을 경청하고 캠페인 전략을 유연하게 조정해 나갔어요. 결과적으로 기존 계획보다 다소 변경은 있었지만, 마케팅 팀은 다시 방향을 잡을 수 있었고 그 캠페인은 원래 목표보다 더 좋은 성과를 냈어요. 이처럼 PM이 팀 의견을 존중하고 상황 변화에 맞추어 유연하게 대응한다면, 팀원들이 느끼는 신뢰감은 높아지고 더 나은 성과를 낼 수 있는 원동력이 됩니다.

Q PM과 한 협업에서 성공적이었던 경험이 있었는지 궁금해요.

A 가장 기억에 남는 협업은 라인 플러스에서 진행했던 이벤트인데요. 일본 사용자들을 대상으로 라인 7주년 기념 팬아트 그리기 이벤트를 개최한 적이 있어요. 라인 사용자들이 라인 캐릭터를 활용하여 팬아트를 그려 타임라인에 업로드하는 이벤트였는데, 이를 위해서는 기존에 없던 기능을 새로 개발해야 했어요. 도전적인 과제였지만, PM과 명확하게 목표를 설정하고 정기적으로 소통하며 각 팀의 전문성을 최대한 활용한 덕분에 성공적으로 이벤트를 론칭할 수 있었습니다. 특히 일본 오사카에서 지진이 발생하여 급하게 이벤트를 중단해야 하는 상황이 발생했을 때는 PM이 빠르게 의사 결정을 내리고 대응한 덕분에 상황을 잘 해결할 수 있었어요. 결과적으로 이 프로젝트는 힘든 기억보다는 즐거운 기억으로 남아 있습니다.

Q 반대로 PM과 한 협업에서 어려웠던 경험은 없었나요?

A 소통 문제가 가장 컸던 것 같아요. 예전에 한 PM이 마케팅과 관련된 주요 의사 결정을 마케터와 상의 없이 일방적으로 통보한 적이 있었어요. 이 때문에 마케팅 전략과 실행 계획에 혼선이 생겨 팀

사기가 많이 떨어졌죠. 이후 오랜 시간 대화를 나눈 끝에 내용을 압축해서 전달하다 보니 중요한 내용이 누락되었다는 것을 알게 되었어요. 이 경험을 통해 중요한 내용일수록 시간을 들여 설득하고 공유하는 과정이 필요하다는 것을 배웠습니다.

Q 공감해요. 팀 간 협업할 때는 소통을 어떻게 하느냐가 시작이자 끝인 것 같아요. 그렇다면 프로젝트 일정 관리에서 PM이 주의해야 할 점이 있다면 무엇일까요?

A 마케팅 캠페인은 기획만큼이나 실행과 운영이 중요해요. 예를 들어 온라인에 배너를 게재할 때는 날짜뿐만 아니라 시, 분, 초까지 미리 설정하죠. PM이 이런 세세한 내용까지 알 필요는 없지만, 마케터와 미스 커뮤니케이션이 발생하지 않도록 신경을 써 주면 좋겠습니다. 특히 시리즈로 진행되거나 대규모 캠페인일 때는 마일스톤과 데드라인을 사전에 명확히 공유하고 진행 상황을 점검해 나가는 것이 중요합니다.

Q 마케팅 작업 우선순위를 조정할 때 PM이 어떻게 도와야 할까요?

A PM이 모든 마케팅 작업의 A부터 Z까지 컨트롤할 수는 없어요. 다만 명확한 목표와 기준을 지속적으로 상기시켜 주는 것이 중요해요. 이렇게 함으로써 마케팅 팀이 작업의 중요성과 긴급성을 바탕으로 우선순위를 정할 수 있게 도울 수 있습니다. PM은 이를 조율하고 필요한 지원을 제공하는 역할을 하면 됩니다.

Q 마케팅 캠페인의 타깃 고객을 정의하고 이해하고자 할 때 PM이 지원할 수 있는 일이 있을까요?

A 타깃 고객을 정의하는 작업은 마케팅 기획의 핵심입니다. 이때 PM은 초기 기획을 할 때 어떤 그룹을 타깃으로 생각했는지, 그 기능이 어떤 사람들에게 효용이 있으리라 예상했는지 정보를 공유해 주시면 큰 도움이 됩니다. 초기 시장 조사 자료를 공유해도 좋고요.

Q 효과적인 마케팅 전략을 수립하는 데 PM이 이해해야 할 중요한 요소는 무엇인가요?

A '일관성'이에요. 프로덕트의 특정 기능을 홍보할 때 기존 마케팅 활동과 연속성을 유지하는 것이 중요해요. PM은 자신이 담당한 기능을 새로운 방식으로 어필하고 싶겠지만, 마케팅에서 선행은 브랜딩입니다. 기존에 구축해 온 브랜드 이미지와 일관성을 잃지 않도록 주의해야 합니다.

Q 좋은 포인트네요. 신선하고 새로운 방식으로 마케팅하는 것도 중요하지만 브랜딩이 우선이라는 점에 공감합니다. 그러면 마케팅 성과를 측정할 때 PM이 어떤 역할을 해야 한다고 생각하세요?

A 마케팅 캠페인의 효과를 평가할 때, 설정한 KPI와 타깃 고객의 반응을 종합적으로 분석하는 것이 중요해요. PM은 이 과정에서 단순히 숫자만 보는 것이 아니라 캠페인 결과를 전체 프로덕트 관점에서 살펴보아야 합니다. 다음 단계에서 어떤 개선이 필요한지, 전략이나 목표를 수정할 필요는 없는지 함께 고민해 주시면 좋습니다.

예전에 앱 유입을 늘리려고 대규모 광고 캠페인을 진행한 적이 있어요. 광고 효과로 앱 다운로드 수는 크게 늘었지만, 사용자가 메인 페이지에 도달한 뒤에는 이탈률이 예상보다 높았어요. 이때 PM이 단순히 "이탈률이 높네요."라고 지적하는 대신 "사용자들이 메인 페이지에서 원하는 정보를 빠르게 찾지 못하는 것 같아요. 페이지 레이아웃을 간결하게 바꾸어 보면 어떨까요?"라고 제안해 주었죠. 그 피드백을 바탕으로 마케팅 팀과 디자인 팀이 협력하여 메인 페이지 UX를 개선했습니다. 그 결과 이탈률이 크게 감소하고 구매 전환율도 대폭 상승했어요.

이처럼 PM이 단순한 지표 분석을 넘어 성과를 실질적인 개선 방향으로 연결해 주는 역할을 하면 마케팅 팀이 더욱 효율적으로 캠페인을 최적화하고 목표를 달성하는 데 큰 도움이 됩니다.

Q **마케팅 성과를 해석하고 전략을 조정할 때 PM이 어떤 역할을 해야 한다고 생각하세요?**

A PM은 마치 오케스트라의 지휘자 같아요. 각 팀이 만들어 내는 개별 성과들을 하나의 큰 그림으로 묶어 어디에서 어떤 소리가 더 필요하고 조정이 필요한지 파악하죠. 단순한 데이터 분석을 넘어 팀이 최적의 전략을 수립할 수 있도록 방향을 제시하고, 필요한 자원과 지원을 확보해 주는 역할을 해야 해요. 전략 수정이 필요한 부분을 빠르게 캐치하고 팀이 같은 목표를 향해 움직일 수 있도록 조율하는 것이 PM의 진짜 역할이라고 생각해요.

PM이 마케터와 협업할 때 기억해야 할
세 가지 핵심 포인트

- **명확한 목표와 지표 설정**: 프로젝트 초기 단계에서는 타깃 사용자와 성공 기준을 명확히 설정하고, 이를 팀원들과 충분히 소통하여 프로젝트의 핵심 목표와 기대 지표를 공유하는 것이 중요합니다. 이렇게 설정된 목표가 프로젝트의 중심을 잡아 주며, 예상치 못한 상황에서도 방향성을 잃지 않게 합니다.

- **효과적인 소통과 유연한 대처**: PM이 마케팅 팀과 효과적으로 소통하려면 투명성과 유연성이 필요합니다. 정기적으로 회의를 열고 신속하게 문제를 해결하여 상황을 투명하게 공유하고, 팀의 피드백을 적극적으로 수용하면서 변화에 유연하게 대처해야 합니다. 가령 정책 변화로 캠페인이 중단되는 상황이 발생했다면 PM이 신속하게 회의를 소집하여 해결 방안을 논의하고 전략을 조정해야 합니다.

- **성과 분석과 전략 조정**: PM은 마케팅 성과를 단순히 숫자로만 보는 것이 아니라 전반적인 프로덕트 관점에서 평가하고 개선 방향을 제시해야 합니다. 예를 들어 캠페인 후 이탈률이 높다면 문제 원인을 파악하고 "페이지 레이아웃을 간결하게 바꾸어 보자."라는 제안처럼 실질적인 개선 방향을 제시할 수 있어야 합니다. 이는 마케팅 팀이 전략을 최적화하고 목표를 달성하는 데 큰 도움이 될 수 있습니다.

13장

분야에 따라
PM이 하는 일이 다르다:
도메인별 PM 인터뷰

PRODUCT MANAGER

커머스: 전 쿠팡 PM 곽나래

링크드인 ▶ https://www.linkedin.com/in/narae-kwak

이어지는 커머스 도메인 인터뷰의 주인공은 바로 접니다. 저는 10년 경력의 PM(PO라는 명칭으로 칭하다 국제 기준에 맞추어서 PM으로 바뀌었죠)으로 쿠팡에서 근무하다가 최근 핀테크 스타트업에서 새로운 도전을 시작했습니다. 커머스 도메인에서 신규 기능 개발, 사용자 경험 개선, 데이터 기반 의사 결정 등을 담당했었고요. 이번 인터뷰에서는 제 실무 경험을 바탕으로 커머스 도메인에서 PM으로 일하는 것이 어떤 매력이 있는지 이야기해 보겠습니다.

Q 커머스 도메인에서 일하게 된 계기는 무엇인가요?

A 저는 경영학을 전공했습니다. 고학년이 되었을 때 졸업 후(저는 2010년 중반에 졸업했습니다) 어떤 산업을 선택해야 할지 고민이었어요. 그래서 일단 세계 시총 순위를 확인했는데요. 상위권 대부분이 IT 기업이더군요. 주가는 현재 가치는 물론 미래에 대한 기대도 반영하기 때문에 당시 저는 'IT 산업으로 가야 한다'는 뚜렷한 목표를 가졌습니다. 그다음에는 회사를 골라야 했는데요. 2010년 중반에 한국에서 IT 회사 취업을 지망하는 사람들은 대부분 네이버나 카카오에 가고 싶어 했죠. 저 역시 그랬습니다. 하지만 제가 마지막 학기를 다니던 그해에 네이버와 카카오에서는 원하던 직무

에서 신입 공개 채용이 단 한 건도 없었습니다. 아무래도 개발자가 아니고 원하는 직무가 뚜렷하다 보니 취업이 쉽지만은 않았죠.

그래서 다른 회사로 눈을 돌렸습니다. 여러 곳을 검토하다 이커머스가 눈에 띄었습니다. 아마존도 세계 최고의 IT 회사잖아요. 기회가 있을 것이라고 생각했습니다. 결국 이마트 그룹의 SSG닷컴에 채용되었는데, 좋은 선택이었어요. 이마트 그룹은 대형마트 1위이기 때문에 택배 배송뿐만 아니라 대규모 물류 센터를 자체적으로 보유하고 있었거든요. 배송이 핵심인 커머스 시장에서 시작하기 좋은 회사였습니다.

Q **PM으로 일하게 된 계기와 주요 경력을 알려 주세요!**

A 대학생 때는 프로덕트 매니저라는 직무가 어떤 일을 하는지 전혀 몰랐습니다. 이제 막 앱 서비스가 뜨면서 해커톤 대회 등이 생겨나던 때였거든요. 그때는 마케팅에 관심이 있었습니다. 저는 루틴한 업무를 일상적으로 해내기보다 큰 그림 짜는 것을 더 좋아하는 성격입니다. 그리고 전략을 짠 뒤에는 제가 실제로 실행해서 성과를 눈으로 보고 싶었어요. 그런 성향에 맞는 직무가 마케팅이라고 생각하여 SSG닷컴의 마케팅 직무에 지원했었죠.

그런데 대학교에서 배운 마케팅과 실제 업무 간에는 차이가 있더라고요. 저는 운이 좋았습니다. SSG닷컴에 입사했을 때 인사 팀이 마케팅, 서비스 기획, 전략, 경영 지원 지원자를 한 그룹으로 묶고는 그룹 내에서 여러 부서를 일주일씩 경험해 볼 수 있게 했어요. 그다음에 최종 지원 부서를 정하라는 것이었죠. 저는 전략, 마케팅, 서비스 기획을 일주일씩 차례로 돌았는데 서비스 기획이 제가 원하던 일에 가장 가깝다는 확신이 들었습니다. IT 회사에서 서비스 기획 팀은 담당 영역에서 현재 개선해야 할 방향성이 무엇인지 결정하고 실제 개발까지 책임져서 내놓기 때문이에요. 그래서 인사 팀을 찾아가서 서비스 기획 팀에 보내 달라고 요청했는데요. 동기 중에서 강하게 의사 표현을 한 사람이 저밖에 없었다고 해요. 그래서 인사 팀이 저를 서비스 기획 팀에 보내 주었습니다. 이때는 서비스 기획자라는 이름이었죠.

커머스 업계에 계속 몸담고 있었으니 자연스럽게 쿠팡의 성장이 돋보였습니다. 저는 고객 중심적으로 전개하는 쿠팡의 사업 방식이나 대규모 물류 시스템을 구축해 낸 성과를 보면서 쿠팡이 곧 커머스 업계 1위가 될 것이라고 확신했어요. 경력이 쌓이니 자연스럽게 보이는 사실이었죠. 쿠팡은 서비스 기획자가 아니라 프로덕트 오너(PO)라는 이름의 포지션을 뽑아요(지금은 쿠팡도 글로벌 기준에 맞추어 PM으로 이름을 변경했고요). 목적 조직의 리더이기 때문에 기능 조직에서 하나의 기능을 맡는 서비스 기획자와는 조금 다릅니다만, 전체적으로는 비슷한 일이라 커리어 전환이 많이 어렵지는 않았어요. 그렇게 PM으로 일하게 되었습니다.

Q 커머스 도메인의 주요 특성과 다른 도메인은 어떤 차이점이 있나요?

A 제품을 판매하는 것을 '커머스'라고 하는데 어떻게 보면 모든 비즈니스가 자기 제품을 판매하는 것이잖아요. 핀테크는 금융 상품을 판매하고, 유튜브는 동영상 시청은 무료지만 광고주에게 제품 광고를 팔고요. 그런데 그런 서비스를 보통 커머스라고 하지는 않죠. 일반적으로 우리가 커머스라고 하는 도메인의 핵심은 '상품'이 있

고 '결제'와 '배송'이 발생한다는 것입니다. 커머스 도메인의 정보 흐름은 다음 그림에서 확인할 수 있습니다.

내부 데이터 프로세스

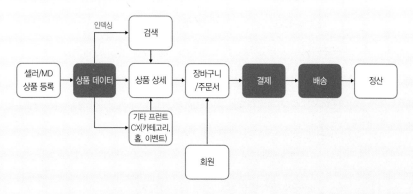

▲ 그림 13-1 커머스 도메인의 정보 흐름

가장 먼저 셀러 또는 MD가 제품을 등록합니다. 그러면 제품 데이터가 발생하고 그 데이터를 사용자에게 보여 줍니다. 보여 주는 형식은 제품 상세 페이지일 수도 있고 검색이나 카테고리, 홈 화면의 추천 또는 이벤트일 수도 있어요. 다음으로 장바구니와 주문서를 거치는데 이 부분은 편리한 UX를 만들려고 고객에게 보여 주는 화면에서는 생략할 수 있습니다. 여전히 데이터는 흐르지만 UX를 일부러 생략하는 것인데, 쿠팡의 '밀어서 결제하기' 기능을 떠올려 보면 이해가 빠를 것입니다. 다음으로는 결제와 배송을 합니다. 배송은 직접 배송과 위탁 배송이 있고 E-티켓이나 기프티콘처럼 디지털로만 전달될 수도 있습니다. 중요한 점은 고객이 결제한 제품이 배송된다는 것이죠. 이 과정이 끝나면 셀러에게 정산을 합니다.

일하는 방식에서도 차이가 있습니다. 커머스 도메인은 매우 빠르게 변화하는 시장 환경에 대응해야 합니다. 식품, 의류, 인테리어, 가전 프로덕트처럼 고객들 인생에서 일상적으로 구매하는 제품과 연관이 많아 소비자 트렌드가 자주 변하기 때문입니다. 경쟁이 치열하고 기술 발전 속도가 빠릅니다. 또 대규모 사용자를 상대로 하는 B2C 서비스로서 사용자 경험이 매출에 직접적인 영향을 미치기 때문에 사용자 피드백을 신속하게 반영해야 합니다. 아마존이나 쿠팡은 속도감 있고 압박이 심한 기업 문화로 유명한데 경쟁이 심한 도메인 특성이 반영된 것 같아요.

Q 커머스 도메인의 세부 범위는 어떻게 나뉘나요?

A 제품에서 맡는 책임 범위에 따라 직매입, 오픈마켓, 가격비교로 나눌 수 있어요. '쿠팡 로켓배송'처럼 제품 판매자 역할과 배송까지 책임지는 것이 직매입입니다. 반면 '네이버 스마트스토어'처럼 판매자들이 노출될 자리만 빌려 주면 오픈마켓이죠. 여기에서 네이버는 판매 제품과 배송에 대한 책임을 지지 않되 판매가의 몇 퍼센트를 수수료로 획득해요. 또는 여러 쇼핑몰에서 들어오는 데이터를 모아서 한군데에서 보여 주는 역할을 할 수도 있어요. '네이버 가격비교'가 여기에 해당됩니다. 네이버 안에 쿠팡, 지마켓 등 여러 가지 쇼핑몰 제품이 함께 노출되죠. 아직 작은 커머스는 직매입만 할 수도 있지만 아마존, 쿠팡처럼 규모가 커지면 직매입으로 모든 수요를 충당하기는 힘듭니다. 그래서 보통 큰 커머스는 직매입과 오픈마켓을 합친 상태입니다.

매입 형태로도 나눌 수 있어요. 다양한 카테고리 제품을 판매하는 쇼핑몰은 흔히 종합몰이라고 합니다. 식품, 가전, 가구, 의류를 한 꺼번에 팔기 때문에 다양한 카테고리를 쇼핑하는 케이스를 검토하여 UX를 설계해야 하죠. 고객에게 여러 카테고리 제품을 크로스 셀링(cross-selling)*할 수 있다는 장점이 있는 반면, 한 카테고리에 딱 맞는 경험을 주기 어렵다는 단점도 있어요. 이와 반대 선상에 있는 것이 버티컬 커머스(vertical commerce)입니다. 무신사, 오늘의집, 컬리, 올리브영처럼 특정 카테고리에 특화된 커머스예요. 여러 카테고리에 걸친 크로스 셀링은 힘들지만 그만큼 특정 카테고리에 더 몰입감 있는 UX를 전달할 수 있죠.

거래 형태로 나누어 본다면 B2C(Business to Customer), B2B(Business to Business), D2C(Direct to Customer)로 나눌 수 있습니다. B2C는 일반 소비자를 대상으로 다양한 판매자의 제품을 판매하는 커머스로 쿠팡, 네이버쇼핑, 지마켓 등이 해당해요. B2B는 사업자 대상 도매몰입니다. 음식점 사장님들에게 식료품과 필요한 자재를 판매하는 배민상회 같은 커머스가 해당됩니다. D2C는 브랜드나 판매자 자체몰이에요. 나이키닷컴이나 아모레퍼시픽 공식몰이 그 예시죠.

그 외에도 구분에 따라 다양한 형태가 있는데요. 배송 방식에 따라 테무처럼 외국에서 배송되는 직구 커머스, 배민 B마트처럼 오토바이 물류로 1~2시간 내 배송해 주는 퀵 커머스, 카카오선물하기 같은 선물 커머스, 올웨이즈나 핀둬둬 같은 공동구매 커머스들이 있

---

* 연관된 다른 제품도 함께 구매하도록 하는 판매 전략을 의미합니다. 예를 들어 컴퓨터라는 전자 기기를 구매하려는 고객에게 컴퓨터 책상이라는 가구도 함께 판매하는 것입니다.

습니다. 라이브 방송을 통해 판매하는 라이브 커머스는 국내에서
는 시들해진 분위기지만 틱톡에서는 글로벌 채용을 하면서 키우고
있더라고요. 한국 밖에도 기회가 있죠.

Q **커머스의 프로덕트 팀 내 세부 도메인이 궁금합니다!**

A 회사마다 조금씩 다르겠지만 제 경험으로는 크게 카탈로그(제품),
검색, 프런트 UX, 주문/클레임, 결제, 물류/배송, 광고, 회원으로
나눌 수 있을 것 같아요.

- **카탈로그(제품)**: 제품을 구성하는 백 데이터와 셀러 또는 내부
  MD가 사용하는 백오피스를 관리합니다. 내·외부 사용자의 니
  즈 파악이 중요하며, 제품 기반 데이터를 가공하여 회사 내부의
  다른 팀에 공유하기도 하는 만큼 커머스 뼈대가 되는 팀이에요.
- **검색**: 검색창부터 제품 상세 페이지로 들어가기 전까지 검색 여
  정과 UX를 다룹니다. 고객 검색 의도 파악(검색어 분석)이 중
  요하며 원하는 제품을 고객이 쉽고 편하게 찾게 도와줍니다. 상
  품이 많은 커머스는 GMV의 60~70% 이상을 기여하는 만큼 중
  요한 부서예요.
- **프런트 UX**: 제품 상세 페이지, 리뷰, 홈 화면 추천 등 결제창에
  들어가기 전까지 모든 UX를 다룹니다. 제품을 더 매력적으로
  보이게 만들고 추천을 통한 구매를 유도합니다.
- **주문/클레임**: 쉽고 직관적인 장바구니와 주문창을 만듭니다. 중
  요한 정보를 전달하면서도 고객이 구매를 포기하지 않도록 간
  소화하는 것이 좋습니다. 취소, 교환, 환불 등 주문 과정에서 일
  어나는 고객 클레임 경험도 설계합니다.

- **결제**: 결제 수단 구축 또는 연동을 담당합니다. 쉽고 직관적인 시스템 구축이 관건이며 결제사와 연동시키는 작업을 위해 외부 파트너와 협업하기도 합니다. 금융 사업을 위해 분사하는 경우도 있습니다.
- **물류/배송**: 효율적인 물류 로직을 설계하고 배송 직원이 사용하는 앱을 구축합니다. 물류 센터 재고를 프런트 화면에 연동하고 최적의 경로와 제품 적재로 배송할 수 있는 알고리즘을 개발합니다. 이커머스 경쟁력의 핵심입니다.
- **광고**: 검색, 프런트 페이지 등 자사 내부 광고를 다룹니다. 고객 의도와 성향에 맞는 광고를 노출하면 좋습니다. 큰 돈을 벌어오는 효자 포지션입니다. 참고로 외부 광고는 마케팅 팀 역할에 가깝습니다.
- **회원**: 회원 데이터 관리 및 가입, 마이 페이지의 UX를 담당합니다. 쉽고 빠르게 로그인할 수 있게 간편 로그인을 연동합니다. 최근 본 제품, 구매 기록 등으로 개인화 작업도 진행합니다.

Q 성공적으로 커머스 프로덕트 매니징을 하는 데 어떤 요소가 중요할까요?

A 꼭 커머스에 한정된 이야기만은 아니지만 커머스 도메인에서 특히 생각할 만한 점을 이야기해 볼게요. 첫 번째는 UX(사용자 경험)입니다. 커머스 도메인에서 특히 UX가 중요한 이유는 보기 좋고 아름다운 인터페이스는 물론 실제로 사용하기 편리하고 직관적인 경험을 제공해야 하기 때문입니다. 쿠팡처럼 사용자가 많은 커머스는 다양한 연령대의 사용자가 자주 이용하기 때문에 인터페이스를 누구나 쉽게 이해할 수 있도록 설계해야 합니다. 예를 들어 50~

60대 사용자도 제품을 탐색하고 결제까지 쉽게 할 수 있어야 하죠. 화려한 디자인보다는 '우리 엄마도 이것을 쉽게 사용할 수 있을까?'라는 질문을 기준으로 삼고 프로덕트를 만드는 것이 좋다고 생각해요.

저는 면접관으로도 많이 참여하는데요. 종종 자신이 특정한 기능을 개선했다고 이야기하는 지원자가 있어요. 그럴 때 시각적으로 깔끔하게 보이거나 새로운 기능을 추가한 사례를 설명하기도 하는데, 진정으로 더 직관적이고 사용자에게 도움이 되는 UX 개선이 있었는지는 확인할 수 없어요. 시각적인 아름다움에만 초점을 맞추기보다는 그 변화가 실제로 사용자 경험을 얼마나 개선했는지, 사용자가 더 쉽게 느끼고 빠르게 원하는 것을 찾을 수 있게 되었는지 증명하는 것이 중요합니다.

데이터 기반 의사 결정도 매우 중요해요. 트렌드에 민감하고 경쟁이 심하기 때문에 지속적으로 데이터를 분석하여 고객 행동과 트렌드를 파악하고 이를 기반으로 전략을 수립해야 합니다. 예를 들어 최근에는 어떤 프로덕트가 잘 팔리는지, 어떤 검색어가 급상승했는지 등을 분석하여 전략을 세울 수도 있겠죠. 개인화를 적절히 도입하는 것 역시나 커머스 규모가 커질수록 유용해요. 고객이 다양하면 고객마다 원하는 제품도 다 다르거든요. 그래서 고객별로 맞춤형 추천과 프로모션을 제공하여 고객 만족도를 높이는 것이 좋아요. 개인화된 경험은 재구매율을 높이고 고객 충성도를 강화합니다.

Q 커머스 도메인에서 특히 중요한 데이터와 지표는 무엇인가요?

A 가장 중요한 몇 가지를 꼽자면 다음과 같습니다.

- 거래액(Gross Merchandise Volume, GMV): 플랫폼에서 판매된 총 제품 금액을 의미합니다. 거래액은 플랫폼 성과를 가장 직접적으로 나타내는 지표입니다.

- 전환율(conversion rate): 방문자가 실제 구매로 이어지는 비율을 나타냅니다. 전환율은 사용자 경험과 마케팅 전략의 효과를 평가하는 데 중요한 지표입니다.

- 리텐션(retention rate): 일정 기간 동안 재구매한 고객 비율을 나타냅니다. 리텐션은 고객 충성도를 나타내는 지표로, 장기적인 성장에 매우 중요합니다.

- 이익률(contributed profit rate): 총 매출에서 제품 원가를 제외한 금액을 총 매출로 나눈 비율로, 제품을 판매하여 얻는 순수한 이익을 나타냅니다.

- 평균 주문 금액(Average Order Value, AOV): 고객이 한 번의 구매에서 지출하는 평균 금액을 나타냅니다. 평균 주문 금액은 마케팅 전략과 프로모션 효과를 평가하는 데 유용합니다.

- 생애 가치(LifeTime Value, LTV): 고객 한 명이 플랫폼에서 평생 동안 발생시키는 총 매출을 의미합니다. 고객 생애 가치는 고객 유지 전략 효과를 평가하는 데 중요합니다.

그런데 또 도메인마다 중요하게 보는 가치가 다를 수 있어요. 쿠팡에서는 검색 팀에 속해 있었기 때문에 검색어별 전환율(검색어 하나당 구매 전환율)이나 세션 전환율(고객이 한 번 앱을 껐다 켜는 세션당 구매 전환율)처럼 보다 세부적인 전환율을 주로 보았습니다. 물류 팀이라면 아마도 폐기율, 반품률이 중요하겠죠. 광고 팀이면 광고 전환율이 중요할 것이고요.

Q 커머스 도메인에서 참고하면 좋은 자료나 책이 있나요?

A 커머스 도메인은 상당히 성숙한 단계이므로 이미 좋은 성공 사례가 시장에 많습니다. 아마존, 쿠팡, 해외의 여러 커머스에서 어떤 문제를 해결하고 싶어 했고 어떻게 해결했는지 케이스 스터디를 하기만 해도 도움이 많이 될 것이라고 생각해요. 아마존, 쿠팡, 틱톡샵 등 서비스에서는 대부분의 피처를 AB 테스트한 뒤 테스트 그룹이 통계적으로 유의미하게 좋아야만 전체 고객에게 배포하는 시스템을 갖추고 있습니다. 엄청난 사용자 수를 갖춘 이들 플랫폼에서 어떤 케이스가 성공적이었는지 배운다면 분명히 의미가 있을 것입니다.

다음 책도 함께 추천하고 싶어요. 〈린 분석〉(한빛미디어, 2014)은 PM이 알면 좋은 지표를 잘 설명해 주고 있어요. 특히 커머스에서 보면 좋은 지표 파트가 따로 있으니 읽어 보길 권합니다. 꼭 커머스 도메인에 한정되는 이야기는 아니지만 〈(사용자를) 생각하게 하지 마!〉(인사이트, 2014)라는 책도 강력 추천하고 싶어요. PM, 디자이너라면 꼭 읽어야 할 필수적인 책이라고 생각하는데요. 직관적인 디자인의 중요성과 사용자 인지 부담을 줄이는 디자인 원칙, 실용적인 조언이 잘 담겨 있습니다. 토스 기술 블로그의 디자인 섹션도 좋고요. 더 직관적인 사용자 경험을 만들기 위해 참고하면 좋을 사례가 많이 담겨 있어요. 마지막으로 PM 업무의 기본서로 불리는 〈인스파이어드〉(제이펍, 2018)도 PM이면 알아야 할 기본적인 지식이나 마음가짐을 잘 다루고 있으니 꼭 읽어 보셨으면 좋겠습니다.

Q **커머스 도메인 업무를 위해 공부하면 좋은 기술이 있다면 알려 주세요.**

A 꼭 공부해야 할 기술을 한 가지만 꼽기는 어렵지만, 그중 데이터를 다루고 이해하는 능력은 필수적이라고 생각합니다.

한 번은 특정 제품의 판매가 갑자기 줄어든 적이 있었습니다. 이때 단순히 매출이 줄었다는 수치를 보는 것만으로는 알 수 없는 것이 많았어요. 그 제품에 어떤 문제가 생겼을까요? 단순히 인기가 없어진 것일까요? 고객 행동 데이터를 살펴보다 예상치 못한 흥미로운 사실을 발견했습니다. 이 제품을 구매하는 고객들은 주로 특정 검색어로 제품을 찾고 있었는데 해당 검색어의 로딩 속도가 느려졌다는 문제가 있더군요. 검색어가 참조하는 어떤 요소가 문제를 일으키고 있었고 데이터를 불러오는 속도를 느리게 만들고 있었습니다. 로딩 속도가 느리면 고객들이 이탈할 가능성이 높아지기 때문에 해당 문제를 개발 팀과 함께 해결했고, 그 결과 판매가 다시 증가하는 것을 확인할 수 있었습니다. 이런 식으로 데이터를 단순한 숫자 이상으로 해석하고 그 안에서 고객의 행동 패턴이나 문제 원인을 찾아내는 능력이 중요합니다.

또 PM이라면 AB 테스트를 활용하는 방법도 반드시 알아야 합니다. 예를 들어 새로운 기능을 도입할 때 그 변화가 정말로 긍정적인 영향을 미칠지 확신하기 어려울 때가 많습니다. 이럴 때일수록 AB 테스트를 진행하고 그 결과를 해석하여 방향성을 결정하는 능력이 필요하죠.

이처럼 데이터를 해석하는 것뿐만 아니라, 어떤 데이터를 집중적으로 분석하고 그 데이터가 실제 문제 해결에 어떤 의미가 있는지 판단하는 것이 PM에게는 중요한 역량입니다.

Q 협업할 때 가장 중요하게 생각하는 부분은 무엇인가요?

A 협업에서 가장 중요한 요소는 명확한 커뮤니케이션과 목표 설정입니다. PM은 여러 팀원과 부서 간 다리 역할을 하므로 명확하게 소통하고 프로젝트 방향과 우선순위를 지속적으로 공유해야 합니다. 먼저 명확한 목표 설정은 팀 전체가 같은 방향으로 나아가게 하는데 필수입니다. 프로젝트 목적, 성공 기준, 각 팀원의 역할과 책임을 명확히 정의하고 이를 반복적으로 강조하는 것이 중요합니다. 목표가 명확하지 않으면 팀원들이 서로 다른 해석을 할 수 있는데, 이는 프로젝트 진척과 최종 결과물에 부정적인 영향을 미칠 수 있습니다. PM으로서 팀원들이 프로젝트 목적과 기대하는 결과를 명확히 이해하도록 해야 하며, 그 과정에서 각 팀원의 기여가 어떻게 전체 목표와 연결되는지 지속적으로 확인시켜야 합니다.

커뮤니케이션 역시 협업에서 핵심적인 역할을 합니다. 프로젝트의 모든 단계에서 팀원들이 서로 자유롭게 소통할 수 있는 환경을 조성하는 것이 중요합니다. 특히 PM은 프로젝트 진행 상황, 일정 변경, 발생한 문제 등을 투명하게 공유하여 팀원 간 정보 격차를 줄여야 합니다. 원활한 커뮤니케이션은 문제를 조기에 식별하고 신속하게 대응할 수 있도록 도와줍니다. 또 정기적인 회의와 업데이트로 모든 팀원이 같은 정보로 일할 수 있도록 하고, 중요한 결정이 내려질 때마다 이해관계자와 소통하여 합의를 도출해야 합니다.

핀테크: 네이버페이 서비스 리더 윤강석

링크드인 ▶ https://www.linkedin.com/in/kangseok-yoon

Q 핀테크 도메인을 더 잘 알아보고자 네이버페이에서 활약 중이신 윤강석 님을 모셨습니다. 안녕하세요, 강석 님. 간단한 자기소개 부탁드립니다.

A 안녕하세요. 네이버페이에서 금융을 더 쉽고 유익하게 만들려고 노력 중인 윤강석입니다. 다양한 금융 라인업 중 현재는 보험 프로덕트의 SL(Service Leader)로 훌륭한 동료들과 함께 하루하루 즐겁게 일하고 있습니다.

Q PM으로 일하게 된 계기와 주요 경력을 말씀해 주세요.

A '덕업일치'에 대한 로망이 있었어요. 저는 대학생 때 스포츠에 완전히 미쳐 있었죠. 그래서 밥벌이를 하게 되면 꼭 스포츠와 관련된 일을 해야겠다고 마음먹었어요. 스포츠와 관련된 모든 직무를 열심히 두드렸는데요. 모바일로도 스포츠를 즐길 수 있도록 돕는 일을 한다면 재미있겠다는 생각이 들었고, 다음(카카오)에서 스포츠/미디어 도메인을 기획하는 일로 커리어를 시작했어요.

시작할 때는 PM이 무엇인지에 대한 개념도 없었는데요. 돌아보니 제가 했던 일이 바로 PM이었더라고요. 내가 애정하는 담당 프로덕트를 사람들이 더 잘 쓰게 하기 위해 A부터 Z까지 모두 챙기는 일이 마냥 재미있었어요. 지금 생각해 보면 그때 디지털 서비스를 만드는 PM으로서 갖추어야 할 기본기를 다진 것 같아요. 스포츠는 기록이 매우 중요하기에 데이터 구조나 활용 방식을 익혔고, 텍스트·영상·이미지 콘텐츠를 다루는 법, 댓글·게시판 같은 커뮤니티 서비스, EPL·MLB 동영상 스트리밍 서비스, 올림픽·월드컵 같이 전 국민이 집중하는 이벤트를 치르며 대규모 트래픽을 다루는 법까지 참 다양한 경험을 쌓았어요.

어느 정도 덕업일치를 이루고 나니 서비스를 만드는 일 자체가 재미있었습니다. 도메인을 바꾸어 다른 영역에서 서비스를 만들어 보고 싶다는 용기가 생겼죠. 그래서 선택한 도메인이 '금융'이었어요. 핀테크가 막 떠오를 때라 과감하게 도메인을 바꾸어 보았는데, 삼성생명이라는 보험사로 자리를 옮겼죠. 막상 해 보니 처음에는 막막하고 어려움도 많았지만 묘한 매력이 있더라고요. '돈'을 다루는 서비스다 보니 조심스럽게 접근해야 했지만, 돈은 모두가 좋아하는 대상이기에 영향력을 넓히기 좋았어요.

이때부터 금융을 쉽게 써 먹는 방법을 고민하기 시작했던 것 같아요. 딱딱한 숫자 놀음과 어렵고 복잡한 제품은 숙명과도 같았으니, 쉽고 편리하게 만드는 것이 관건이었죠. 또 금융을 서비스로 만드는 고민도 깊었어요. 가장 대표적이었던 것이 헬스케어였어요. 보험 상품을 가입한 사람들이 건강하게 잘 살면 가입자도 건강해지니 좋고, 보험사도 지급해야 할 보험금이 어느 정도 줄어들 수 있으니 서로 좋은 상황이 되는 셈이죠.

어려운 금융을 쉽게 만드는 일에 점점 관심이 많아져 페이 서비스로 다시 한 번 자리를 옮겼어요. 지금은 좋은 동료들과 함께 어려운 금융을 쉽게 만드는 일에 집중하고 있습니다.

Q 저도 커머스를 거쳐 지금은 핀테크 스타트업에서 일하고 있어 많이 공감할 수 있네요. 어려운 제품을 쉽고 편리하게 만들 때 느끼는 짜릿함에도 공감이 가고요. 핀테크 도메인을 좀 더 자세히 이야기해 볼게요. 다른 도메인과는 다른 핀테크만의 주요 특성이 있다면 무엇일까요?

A 가장 큰 차이점은 '돈'이 오고 간다는 부분이겠죠. 유료 서비스들도 물론 많기는 하지만 핀테크 기반의 서비스는 대부분 사용자가 자신의 '돈'을 걸고 서비스를 이용하는 경우가 많다 보니 프로덕트 자체의 신뢰성이 매우 중요해요. 요즘은 눈에 보이고 만질 수도 있는 실물 종이 통장에 내 돈이 얼마 있는지 찍히는 것이 아니잖아요. 어찌 보면 가상의 디지털 스크린에서 내 돈을 확인하고 관리하는 것이다 보니, 10원 단위 하나 잘못되는 것도 용납할 수 없어요. 그래서 프로덕트를 설계할 때 '신뢰성'을 가장 중요하게 생각합니다. 물론 다른 도메인들에게도 중요한 부분이겠지만, 특히 핀테크 도메인에서는 결코 양보할 수 없는 그 어떤 가치보다 가장 중요한 부분이 신뢰성이지 않을까 싶어요.

Q 핀테크의 프로덕트 팀 내에도 세부 도메인이 있을까요? 있다면 무엇이 있을까요?

A 크게 구분하면 결제 서비스와 금융 서비스 두 가지로 나눌 수 있을 것 같아요. 요즘에 OO페이, OO포인트 같은 간편결제 수단이 워낙 광범위하게 사용되다 보니 결제 부분이 크게 확장되고 있어요. 내 은행이나 카드 정보를 OO페이에 연결하여 은행이나 카드 앱을 켜지 않고도 간편하게 결제할 수 있도록 하는 '전자지급결제대행'과 내 돈을 OO포인트로 담아 두고 편하게 결제하는 '선불전자

지급수단'까지 전자 금융 거래에 대한 정책과 규제가 열려 있어 결제 서비스는 계속 진화하고 있는 것 같아요.

금융 서비스는 일반적인 금융 상품을 다루죠. 은행, 증권, 카드, 보험처럼 어찌 보면 전통적이라고 할 수 있는 금융 상품들을 더 쉽고 편리하게 활용할 수 있도록 돕는 다양한 서비스를 만들고 있어요. 방법적으로는 다양한 기술을 활용해서 오프라인 지점에 가지 않아도, 복잡하게 정보들을 한 땀 한 땀 작성하지 않아도 안전하게 금융 거래를 할 수 있는 프로덕트를 만들고 있죠. 또 금융 상품 자체를 더 좋게 만드는 일도 하고 있어요. 사용자들의 다양한 데이터를 바탕으로 이 사람에게 더 유리하고 좋은 제품을 알려 주거나, 더 좋은 혜택이 담긴 제품을 출시하거나, 동일한 조건에서 가장 저렴한 제품을 비교하기도 하죠. 가령 전통 금융사에서는 내 직업이나 소득만 보고 이 사람의 대출 가능 여부나 금리, 한도가 천편일률적으로 정해졌다면 요즘에는 소비 형태, 신용도를 판단할 수 있는 다양한 데이터를 바탕으로 더 나은 조건을 제시할 수 있어요.

Q 성공적인 핀테크 서비스를 운영하는 데 중요한 요소는 무엇이라고 생각하시나요?

A 요즘 핀테크 관련 서비스가 상향 평준화되었다고 생각해요. 그럼에도 서비스 품질을 가르는 것은 신뢰도와 편의성인 것 같습니다. 신뢰도는 앞에서도 강조했지만, 두 번 강조해도 지나치지 않을 만큼 매우 중요한 요소라고 생각해요. 편의성에는 여러 가지 의미가 내포되어 있는데요. 일단 쓰기 쉽게 만들어야 해요. 인증도 많고 프로세스도 복잡하면 쓰기가 너무 어렵잖아요. 또 이해하기 쉽게

만드는 것도 중요합니다. 어려운 금융 문맥을 알기 쉽게 설명하고, 놓치면 손해 보는 정보들을 이해가 쉽게 풀어 주되 너무 장황하거나 복잡하지 않게 설명하는 것이 핵심이에요.

Q 핀테크 도메인에서 특히 중요한 데이터와 지표는 무엇인가요?

A 단기적으로는 거래 건수 · 금액, 장기적으로는 연결 자산 수라고 생각해요. 어느 프로덕트나 마찬가지겠지만 핀테크도 결국 구매까지 전환되어야 하겠죠. 간편결제 건수, 통장 개설 건수, 대출 실행 건수, 증권 거래 건수, 보험 가입 건수처럼 결국에는 사용자들의 금융 거래를 이끌어 내는 것이 단기적인 목표 숫자예요.

장기적으로는 사용자가 계속 우리 프로덕트를 쓰게 만들어야 하는데, 핀테크에서는 연결한 자산이 많을수록 그 확률이 올라갑니다. 간편결제 수단에 얼마나 많은 카드, 은행을 연결해 두었고 포인트로 얼마를 쌓아 두었고 마이데이터에 자산을 얼마나 연결시켜 놓았느냐 같은 것들이 지표가 됩니다. 결국 내 돈을 연결했다는 것은 그 프로덕트를 믿고 더 자주 쓰겠다는 이야기가 되니까요. 또 이렇게 연결된 자산들이 쌓이면 자연스럽게 관련 데이터들도 남아요. 많은 금융 데이터가 남을수록 이를 활용해서 프로덕트가 더 성장할 수 있기에 자산 연결성은 매우 중요한 지표예요.

Q 핀테크 도메인에서 트렌드를 파악하는 좋은 방법이나 참고하면 좋은 자료가 있을까요?

A 사용자들이 겪는 어려움이 무엇인지 찾는 것이 중요한데요. 다양한 레퍼런스를 많이 찾아보는 편이에요. 아무래도 세상이 워낙 빠

르게 변하기 때문에 빠른 속도로 소식을 업데이트해 주는 뉴스레터를 가장 자주 봐요. 금융 관련 콘텐츠들이 자주 올라오는 뉴스레터들을 보며 최근 이슈들을 두루두루 살펴보는 편이에요. 뉴스레터들은 쉽게 설명해야 하는 숙명이 있기 때문에 어떻게 어려운 금융 정보를 쉽게 풀어 쓰는지 노하우도 엿볼 수 있어 매우 유익하답니다.

또 핀테크는 금융 산업의 특성상 정책과 규제에 따라서 프로덕트 방향이 갈리는 경우가 많아요. 그래서 기관들의 정책 자료나 연구소 분석 자료들도 많이 찾아보는 편이죠. 규제의 변화 방향이나 중·장기적인 흐름, 사람들의 금융 생활이나 가치관 변화를 파악하는 데 많은 도움이 되기 때문에 리포트들을 자주 들추어 보고 있어요. 제 추천 리스트는 다음과 같습니다.

- **뉴스레터**: BOODING, UPPITY, 뉴닉
- **리포트**: KB금융 한국 부자 보고서, 신한은행 보통사람 금융생활 보고서, 하나금융 대한민국 웰스 리포트, 오픈서베이 각종 금융 관련 리포트
- **기관 자료**: 하나금융경영연구소, KB경영연구소, 한국은행연구, 금융투자협회, KDI경제정보센터

Q 효율적으로 업무를 진행하시는 노하우가 있다면 공유해 주시겠어요?

A 이해하기 쉽게 MBTI로 말해 보면 계획형인 'J'가 되라고 말씀드리고 싶어요. 프로젝트 태스크를 빠뜨리거나 지체하지 않고 해결해 나가려면 계획적으로 일을 처리해야 하거든요. 그래서 J의 마음으로 내가 해야 할 'to do 리스트'를 잘 정리하는 것은 물론 우리 팀,

우리 프로젝트 멤버 단위로 각각 챙기고 해야 할 일들을 정리하고 관리해 나가는 것이 매우 중요해요.

또 일을 명료하게 끝내려면 히스토리 관리도 중요해요. 우리가 하는 일은 과거에 동료 누군가가 이미 고민했거나 시도했던 일일 수 있고, 미래의 동료가 또다시 시도할 수 있는 일이라고 생각해요. 그래서 두 번 일하지 않게 시간을 효과적으로 사용하려면 협업 도구에 히스토리를 잘 정리해 두면 좋아요. 히스토리를 잘 관리하면 왜 그렇게 할 수밖에 없었는지 흐름과 이유를 파악하기 쉬워져요. 따라서 의사 결정을 할 때 빠뜨리거나 잘못된 결과로 도출되는 것을 막을 수 있어 좋아요.

Q 특히 성공적이었던 프로젝트가 있다면 독자들의 케이스 스터디를 위해 공유해 주세요.

A '마이데이터' 프로덕트를 만들었던 것이 가장 기억에 남아요. 마이데이터는 사용자가 여러 금융 기관의 데이터를 한곳에서 통합적으로 관리하고 분석할 수 있도록 지원하는 서비스인데요. 국가에서 정책적으로 시행하는 것이다 보니 우리 프로덕트뿐만 아니라 여러 회사의 서비스들이 동일한 출발선에 서서 동시에 출발했다는 특징이 있어요. 마치 하나의 사거리에서 동시에 여러 레스토랑이 오픈하는 것과 같은 상황이었죠. 동일한 재료로 누가 더 맛 좋은 음식을 만들고 사용자에게 제공하느냐에 따라 결과가 달라질 것으로 보였어요. 묘한 승부욕이 생겼습니다. 그래서 마이데이터를 그저 사용하는 데 그치지 않고, 최대한 많이 활용할 수 있도록 만들려고 많이 노력했습니다. 마이데이터에서 정책적으로 사용할 수 있는

정보는 기본이고, 외부의 다른 데이터들을 결합해서 더 가치 있는 정보를 제공하려고 노력했죠.

예를 들어 보험의 경우 마이데이터 정보만으로는 내가 가입한 보험으로 수령할 수 있는 보장 금액을 정확히 확인하기 어려워요. 약관에 따라 가입 금액의 범위 내에서 보장 금액이 일부 더해지거나 감해질 수 있기 때문인데요. 그래서 약관을 다 파악하여 내가 실제로 받을 금액을 정확히 계산해서 보여 줄 수 있게 데이터를 확보하고 가공하는 작업을 했어요. 똑같은 재료로 더 맛있는 음식을 만들 수 있는 양념을 더한 셈이죠.

Q 고객 만족의 한 끗 차이를 위해 노력을 많이 기울이셨군요. 하나만 떼어서 보면 작은 부분 같지만, 이렇게 작은 디테일이 모여서 좋은 서비스가 탄생하는 것 같습니다. 이제는 강석 님의 업무 노하우를 좀 더 자세히 알고 싶습니다. 프로젝트 중에 발생한 문제를 해결하는 데 어떤 접근 방식을 사용하시나요?

A 저는 솔직함이 중요하다고 생각해요. '내가 일을 잘 못하나? 내가 문제를 만들었나? 동료들에게 안 좋은 소리를 들으면 어떡하지?' 하는 생각 때문에 발생한 문제 자체를 숨기거나 축소하는 경우가 많은데요. 나중에 문제가 커지면 걷잡을 수 없는 상황에 이를 수 있어요. 절대로 발생한 문제를 숨기거나 혼자서 감당하려고 하지 말고 솔직하게 터놓길 추천합니다.

우리가 하는 일은 복잡성이 매우 크고 변수가 항상 도사리고 있기 때문에 프로덕트를 만들다 보면 다양한 상황들을 마주할 수 있어요. 이런 상황들을 문제라고만 바라보지 말고 의사 결정을 해야 하는 지점이라고 생각한다면 마음이 더 편할 것 같아요. 자연스럽게

생길 수밖에 없는 건강한 의사 결정 포인트들이 발생했다면 뛰어
난 동료들과 함께 머리를 맞대고 고민해서 결정하여 넥스트 스텝
으로 나아가면 됩니다. 여기에서 핵심은 뛰어난 동료들이 항상 옆
에 있다는 것이죠. 경험 많은 선배, 아이디어가 많은 동료, 개발과
디자인 등 직무 관점에서 훌륭한 동료들이 저마다의 시선으로 폭
넓게 의견을 줄 수 있기 때문에, 적어도 혼자 끙끙대기보다는 터놓
고 이야기를 나눈 뒤 종합적으로 내린 의사 결정이 더 합리적일 것
이라고 믿습니다.

Q 핀테크 도메인 업무를 위해 가지고 있으면 좋은 기술이나 역량이 있을까요?

A 데이터를 이해하고 그 안에서 인사이트를 도출해 내는 능력이라고
생각해요. 데이터 중요성은 아무리 강조해도 지나치지 않죠. 하지
만 데이터를 뽑는 기술 자체에만 너무 집중할 필요는 없다고 봐요.
물론 DB 구조를 이해하고 쿼리를 직접 작성하는 것은 중요한 기
술이지만, 시간이 지나면 자연스럽게 습득할 수 있는 부분이지요.
오히려 더 중요한 점은 데이터 속에서 의미 있는 인사이트를 찾아
내는 역량입니다. 같은 데이터를 두고도 누군가는 그 안에서 흐름
과 경향성을 발견하여 중요한 결론을 도출해 내는 반면, 다른 누군
가는 그저 숫자에 불과하다고 생각해서 흘려버릴 수도 있거든요.
결국 숫자와 숫자 사이의 흐름을 읽어 그것을 바탕으로 분석하는
능력이 핀테크에서 큰 차이를 만들어 냅니다.

데이터를 분석하다 보면 자연스럽게 가설을 세우고 검증하는 과
정이 반복되는데, 이런 과정을 거쳐 문제 원인을 파악하거나 더 나
은 솔루션을 제시할 수 있죠. 때로는 데이터 속에서 흐름이 보이는

것이 아니라 경험에서 나오는 '감'이 올 때도 있어요. 이 '감'이라는 것은 결국 그동안 쌓아 온 경험을 바탕으로 만들어진 저만의 빅데이터와 같다고 할 수 있죠. 다만 이 감각만으로는 다른 사람들을 설득하기가 어려운데 이럴 때 숫자가 든든한 논리적 기반이 되어주죠. 데이터로 가설을 증명하고 그것을 바탕으로 논리를 강화하는 것이 정말 중요해요.

Q **팀 내 리더 역할이신데요. 본인의 리더십 스타일을 어떻게 정의하시나요? 그리고 그 리더십 스타일이 팀과 프로젝트에 어떤 영향을 미쳤는지 설명해 주시겠어요?**

A 자율과 책임을 중요하게 생각합니다. 기본적으로 우리가 하는 일은 정답이 없는 일이라고 생각해요. 어떤 길로 가느냐에 대한 서로 다른 의사 결정이 있을 수는 있지만, 옳고 그름의 잣대로 판단할 수 있는 일은 아니지요. 그래서 자율성을 바탕으로 자신만의 아이디어와 판단으로 최대한 업무를 진행할 수 있도록 하는 것이 중요합니다.

그 대신 책임도 가져야 합니다. 내 생각과 결정에서 스스로 책임감을 가지고 업무를 진행하고, 혹시라도 결과가 예상과 다를 때는 또 다른 책임감으로 끈질기게 파고들어 올바른 길로 다시 돌아설 수 있도록 최선을 다할 수 있는 마음가짐이 필요합니다. 때로는 이 둘 중 하나만 취하려고 하는 사람도 있는데, 그것은 매우 잘못된 생각이에요. 자율만 갖고 책임은 회피한다거나 책임감 있게 일은 잘하지만 본인의 주관이나 아이디어가 없이 시키는 일만 잘하는 것은 결과와 과정 모두를 보았을 때 좋은 방향은 아닌 것 같아요.

이런 방식이 잘 적용된 구성원들은 주도적으로 일하는 맛을 많이 느끼는 것 같아요. 내가 맡은 일의 과정과 결과를 스스로가 컨트롤할 수 있다 보니, 잘하려는 욕심도 자연스레 생기지 않을까 싶습니다. 일의 출발선은 내 생각에서 시작되고, 일의 결승선에서 박수를 받거나 응원을 받는 것도 내 책임감으로 결정되니 합리적인 방식이라고 생각해요.

Q 비전을 정할 때 어떤 점을 중요하게 보시는지와 팀에는 어떻게 전달하시는지 궁금해요. 또 구성원에게 동기를 부여하고 유지하는 데 어떤 방법을 사용하시나요?

A 저는 소규모 파트를 이끌고 있기 때문에 회사의 큰 방향성까지는 말씀드리기 어렵네요. 다만 아주 작은 규모의 파트 단위에서도 비전은 필요해요. 그리고 그 비전은 현실적이고 손끝에 닿을 수 있어야 합니다. 비전을 설정하는 방법을 말씀드릴게요. 우선 우리가 직접적으로 할 수 있는 일과 간접적으로 할 수 있는 일로 나눕니다. 그러고는 간접적으로 해야 하는 일은 노력하면 되는 일과 운에 맡겨야 하는 일, 다른 사람이나 조직에게 의존해야 하는 일로 다시 나누어요. 과업을 이렇게 분류한 뒤 우리가 직접 할 수 있는 일과 관련된 부분으로 비전을 설정해요. 그래야 전달, 공유도 잘되고 동기 부여도 확실하게 할 수 있거든요. 물론 회사 전체의 비전과 연관성은 있어야 하겠죠. 내가 달성할 수 있을 것 같으면서도 컨트롤할 수 있는 비전이 설정되어야 구성원들도 더 힘을 내서 달려갈 수 있습니다.

Q 팀 내 문제나 갈등이 발생했을 때 이를 효과적으로 해결하는 방법은 무엇인가요?

A 대부분 감정적인 일 때문에 갈등이 많이 생긴다고 생각해요. MBTI에서 T의 마음으로 객관적으로 시시비비를 따지면 문제를 해결하는 것은 너무도 쉬운 일이겠지만, 우리가 하는 일들이 칼로 무 자르듯 그렇게 객관적으로만 할 수 없는 사람과 사람이 하는 일이기에 감정이 8할 이상은 되지 않을까 싶어요.

그래서 갈등이 생겼을 때는 최대한 숨기지 않고 솔직하게 이야기를 들으려고 해요. 객관적인 전후 사정은 기본이고 궁극적으로 어떤 지점에서 감정적인 흔들림이 있었는지 잘 캐치하여 그 부분에서 당사자들에게 직간접적으로 이야기해서 최대한 서로를 이해하려고 노력합니다. 한번 생긴 상처가 완전히 아물기까지는 오랜 시간이 걸리는 것처럼 단박에 갈등이 봉합되지는 않겠지요. 그러나 적어도 왜 그렇게 생각했고 어떤 부분에서 서운했는지 서로 마음을 이해하고 나면 다음에 비슷한 상황을 마주했을 때 조심할 수 있어 갈등 확대는 막을 수 있지 않나 싶어요.

Q 마지막으로 강석 님처럼 성공적인 커리어를 쌓고 싶은 PM 후배에게 조언 부탁드립니다.

A PM/PO로서 프로덕트를 만드는 일은 정말 재미있습니다. 나만의 생각으로 세상에 임팩트 있는 서비스들을 만들어 나가는 일이라니! 정말 매력적인 직업이라고 생각해요. 저는 우리 일을 잘하는데 가장 중요한 덕목은 끈질김이라고 봅니다. 어쩌면 우리가 만들어 나가고자 하는 디지털 프로덕트들은 안 되어야만 하는 이유가

100가지도 넘을 때가 있어요. 트렌드도 빠르고, 기술도 계속 바뀌고, 규제나 정책의 영향도 많이 받고, 이해관계자도 너무 많고, 함께 만들어 나가는 동료들의 직무와 생각도 제각각이고요. 말 그대로 안 되는 이유가 끝도 없죠. 그럼에도 우리 일이 매력적인 이유는 이런 일들을 다 해결하고 나면 세상이 바뀔 만한 프로덕트가 되고, 때로는 사람들의 삶을 통째로 바꾸는 영향력을 미칠 수 있다는 것이죠.

안 되는 100가지 이유를 잘될 한 가지 이유로 바꾸는 데 필요한 것이 바로 '끈질김'입니다. 조율해야 하고 대안을 찾아야 하고, 의사 결정이 필요한 순간에 담당 PM이 포기하거나 일을 대충 넘기면 그 프로덕트는 성공하기 힘들어요. PM이 끈질김을 가지고 설득하고 때로는 받아들이고, 어떻게든 방법을 찾아 나서는 모습을 보인다면 해결하지 못 할 일은 없을 거예요. 임팩트 있는 프로덕트를 만드는 여정에 올라탄 여러분을 선배로서 팔 벌려 환영합니다.

애드테크: 몰로코 GPM 한만수

링크드인 ▶ https://www.linkedin.com/in/mansuhan/

Q 다음으로 애드테크(Ad-tech), 즉 디지털 기술을 활용하여 광고주가 광고를 효율적으로 집행하고 성과를 최적화할 수 있도록 돕는 기술 플랫폼 도메인을 알아보겠습니다. 저와 쿠팡에서 함께 일했었고 지금은 몰로코에 재직 중이신 한만수 님을 모셨습니다. 안녕하세요. 간단한 자기소개 부탁드립니다.

A 안녕하세요, 한만수입니다. 저는 현재 몰로코라는 머신러닝/애드테크 회사에서 GPM(Group Product Manager)으로 근무하고 있습니다.

Q 삼성전자, 쿠팡 비디오 커머스라는 화려한 이력이 있으신데요. 이런 커리어를 거쳐 애드테크 플랫폼에서 일하게 된 계기는 무엇인가요?

A 제게 애드테크는 여러 면에서 가장 흥미로운 분야였어요.

첫 번째는 업의 가치 때문입니다. 애드테크는 광고주가 디지털 광고를 효과적으로 집행하고 성과를 최적화하는 모든 도구와 소프트웨어 플랫폼을 포함해요. 적절한 사람에게, 적절한 시점에, 적절한 매체로 광고를 노출시키는 것이 가장 중요하죠. 이렇게 해야 소비자에게도 필요한 정보를 제공하고, 광고주 매출을 증가시켜 사업 성공에도 기여할 수 있습니다. 또 광고 지면을 보유한 퍼블리셔들, 예를 들어 OTT 스트리밍 서비스나 커머스 플랫폼들이 더 나은 서비스를 제공할 수 있게 수익화를 도와주는 역할도 하죠. 이 모든 것이 경제의 선순환을 만들어 내는 중요한 가치라고 생각했어요.

두 번째는 성장 기회입니다. 애드테크는 시장 규모가 크고 성장 가능성도 높아요. 하지만 생태계는 굉장히 복잡하고 진입 장벽도 높습니다. 특히 규제 환경이 빠르게 변화하고 있고 사람들이 시간을 보내는 매체도 계속해서 바뀌죠. 그래서 이 업계는 매우 다이나믹하고 새로운 도전과 기회가 끊임없이 생깁니다. 이렇게 역동적인 환경에서 신규 사업을 큰 규모로 성장시킬 수 있다는 점이 매력적이었어요. 시장 자체도 엄청난 성장세를 보이고 있어요. 2024년에는 시장 규모가 약 1조 달러에 달하고, 2034년에는 7조 달러를 넘길 것이라는 전망도 있죠.

마지막으로는 개인적인 관심사 때문입니다. 저는 원래부터 개인화와 머신러닝에 관심이 많았어요. 개인화는 고객의 필요와 선호를 반영하여 만족도를 극대화하는 중요한 요소인데, 이를 실현하는 핵심 기술이 바로 머신러닝이죠. 여러 도메인 중에서도 애드테크는 대규모 데이터를 다룰 수 있고 머신러닝 같은 기술을 혁신하여 실제로 비즈니스 가치를 창출할 수 있는 분야라서 더욱 매력적으로 다가왔습니다.

Q **PM으로 일하게 된 계기와 주요 경력은 무엇인가요?**

A 2010년 삼성전자에 입사하면서 커리어를 시작했지만, 본격적으로 PM의 길을 걸은 것은 2013년 무선사업부(현 MX사업부) 상품전략 팀에 합류한 이후입니다. 그 이전에는 삼성리서치에서 개발 인재 양성 프로그램을 운영하는 일을 했었는데, 상품 전략 업무에

막연하게 열망이 있었습니다. 그래서 무작정 무선사업부 상품전략 팀에 이력서를 제출했어요. 당시에는 해당 팀에 TO도 없었고 정식 전배 프로세스도 잘 몰랐지만, 팀 임원과 면담 후 인사 팀을 설득하여 전배를 성사시킬 수 있었습니다. 그때는 정말 무모했지만 많은 분의 도움으로 가능했던 것 같아요.

상품전략 팀에 합류한 뒤 세계 최초의 모바일 VR 헤드셋인 기어 VR의 프로덕트 전략부터 기획, 개발, 출시까지 전 과정을 맡았습니다. 이 프로젝트를 통해 PM이라는 직무를 제대로 이해할 수 있어 그 매력에 빠졌죠. 특히 'Being There Rather Than Seeing It'이라는 슬로건 아래 몰입감 있는 콘텐츠 소비 방식을 만들며 고객들에게 새로운 경험을 제공한다는 사명감에 가슴이 벅찼던 기억이 납니다. 한 고객이 아내의 출산을 앞두고 출장을 가게 되었는데, 기어 VR을 통해 4,000km 떨어진 출산 현장을 마치 그 자리에 있는 것처럼 지켜보았다는 사연을 들었을 때의 감동은 정말 잊을 수가 없어요.

그 후 IoT상품전략 팀으로 옮겨 스마트싱스(SmartThings) 같은 신규 제품군을 담당하며 다양한 형태의 프로덕트를 경험했습니다. B2C 하드웨어, B2B2C SaaS 플랫폼, B2C 모바일 서비스 등 여러 영역을 다루면서 PM으로서 역량을 넓힐 수 있었습니다. 이후에는 쿠팡으로 이직하여 비디오 커머스와 비디오 광고 프로덕트 출시를 리드했고, 지금은 몰로코에서 새로운 도전을 이어 가고 있습니다.

Q 애드테크 도메인의 주요 특성과 다른 도메인의 차이점이 있다면 무엇인가요?

A 첫 번째로는 데이터 이해 능력이 중요하다는 점입니다. 광고주는 보다 관련성이 높은 사용자에게 메시지를 전달하고 전환율을 높여 마케팅 비용을 최적화하는 것을 목표로 합니다. 이를 돕기 위해 사용자 및 맥락(contextual) 데이터, 캠페인 성과 데이터를 기반으로 광고 집행 시스템을 고도화하여 광고 효율을 지속적으로 개선할 수 있어야 합니다. 데이터를 이해하고 해석하며, 이를 기반으로 의사 결정을 내리는 능력이 중요하죠. 퍼블리셔는 사용자 경험을 개선하면서 동시에 광고 수익을 극대화하는 것이 목표입니다. 사용자 경험을 어떻게 측정할지 지표를 정의하고, 해당 지표에 부정적인 영향을 미치지 않으면서 사용자와 관련도 높은 광고를 유용한 정보로 제공하여 경험 또한 개선시키며, 광고 물량과 단가를 높이고 광고 수익을 제고하는 지속적인 실험과 데이터 분석이 필요합니다.

또 애드테크는 회사 외부의 다양한 이해관계자와 긴밀하게 협력해야 합니다. 애드테크 시스템 안에는 각기 다른 역할을 하는 솔루션들이 유기적으로 연결되어 있고, 각 솔루션은 해당 영역에 전문성이 있는 회사들이 제공합니다. 이에 고객과 내부 관계자뿐만 아니라 에코시스템 내 파트너사와도 효과적으로 협업할 수 있어야 전체적인 최적화가 가능합니다. 이해관계자 각자의 기대와 요구를 이해하고 조율하며 협의를 거쳐 최선의 의사 결정을 내릴 수 있는 커뮤니케이션 역량이 중요합니다.

마지막으로 애드테크는 시장 변화와 기술 혁신이 매우 빠르게 진행되는 분야입니다. 온라인상의 방대한 데이터를 바탕으로 새로운 기술 트렌드와 광고 플랫폼이 지속적으로 등장해 왔고, 사용자 데이터를 활용한 광고 개인화 시스템이 고도화될수록 많은 국가에서 데이터 보호와 사용자 프라이버시를 강화하는 규제를 도입하고 있습니다. 이렇게 빠르게 변화하는 시장 환경에 유연하게 대응하고, 필요할 때는 전략을 조정할 수 있는 적응력이 특히 중요합니다. 새로운 기회 발굴을 위한 지속적인 학습과 실험, 꾸준한 신기술 도입과 검증 시도 역시도 중요합니다.

데이터 중심의 전략 수립 및 의사 결정, 효과적인 이해관계자 관리, 빠르게 변화하는 환경 속에서 지속적인 도전과 성장 기회, 새로운 기술 도입의 최전선까지 절대로 쉬운 길은 아닙니다. 하지만 팔방미인을 꿈꾸는 PM에게 애드테크는 매우 매력적인 도메인이라고 말씀드리고 싶습니다.

Q 애드테크 도메인의 프로덕트 팀 내에도 세부적인 역할이 있을까요? 있다면 어떤 것이 있을까요?

A 애드테크는 광고 기술을 의미하는데 이 분야에서도 여러 역할이 세분화되어 있어요. 광고주와 광고를 보여 주는 웹 사이트, 앱(퍼블리셔)이 효율적으로 광고를 사고팔 수 있는 다양한 플랫폼과 도구가 있습니다. 여기에서는 그중 가장 중요한 역할들을 설명해 드릴게요.

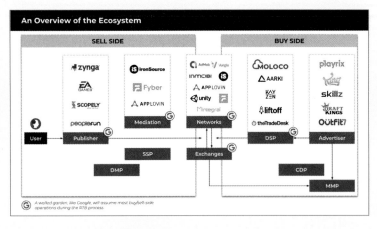

▲ 그림 13-2 애드테크 에코 시스템(출처: 몰로코, https://www.moloco.com)

1. 수요 측 프로덕트

수요 측 프로덕트는 광고주, 즉 광고를 내고 싶은 쪽을 돕는 플랫
폼입니다.

- **DSP(Demand-Side Platform)**: 광고주가 광고를 걸고 싶을
  때 이 플랫폼을 통해 광고를 게재할 수 있는 공간(지면)을 구매
  합니다. 여기에서 광고주는 실시간으로 입찰해서 가격을 정하
  고, 목표로 하는 사용자(타깃)를 설정하고, 광고 성과를 분석할
  수 있어요.

- **DMP(Data Management Platform)**: 다양한 데이터를 모아
  분석해서 광고주가 광고할 대상, 즉 타깃을 더 구체적으로 설정
  할 수 있게 도와줍니다. 이것으로 맞춤형 광고 전략을 세울 수
  있죠.

- **MMP(Mobile Measurement Platform)**: 이 플랫폼은 광고
  가 얼마나 성공했는지 평가하는 역할을 해요. 광고를 보고 앱을

설치했거나 구매로 이어졌는지 등 성과를 측정하고, 그 과정에서 어떤 채널이 가장 효과적이었는지 분석해 줍니다.

2. 공급 측 프로덕트

공급 측 프로덕트는 광고를 보여 주는 퍼블리셔, 즉 웹 사이트나 앱을 관리하는 플랫폼입니다.

- **SSP(Supply-Side Platform)**: 퍼블리셔가 광고를 어디에 어떻게 노출할지 관리하는 플랫폼입니다. 광고 공간 가격을 조정하고 어떤 광고를 게재할지 실시간으로 결정하여 광고 판매를 최적화해 줍니다.
- **광고 관리 시스템(Ad Server)**: 광고를 실제로 사용자에게 보여 주고 그 성과를 수집하는 시스템입니다. 광고가 사용자에게 적절한 시점에 노출될 수 있게 돕습니다.
- **SDK(Software Development Kit)**: 이 도구는 퍼블리셔가 앱에 광고를 넣을 수 있도록 해 줍니다. 광고가 어떻게 보여질지 (메 배너, 비디오 등) 설정하고, 사용자 경험을 방해하지 않도록 최적화된 방식으로 광고를 보여 주는 역할을 합니다.

3. 중개 및 거래 프로덕트

중개 및 거래 프로덕트는 광고주와 퍼블리셔를 연결해 주는 플랫폼입니다.

- **광고 거래소(Ad Exchange)**: 실시간 경매 방식으로 광고 공간을 사고파는 시장입니다. DSP와 SSP를 연결하여 광고주가 퍼블리셔의 광고 지면을 실시간으로 구매할 수 있도록 하죠. 이 모든 과정이 0.1초 이내에 진행될 만큼 빠르게 작동합니다.

- 광고 네트워크(Ad Network): 여러 퍼블리셔의 광고 공간을 모아서 광고주에게 제공하는 중개 역할을 합니다. 광고주와 퍼블리셔가 더 쉽게 광고를 거래할 수 있도록 돕는 역할이죠.

이렇게 애드테크에서는 수요 측(광고주), 공급 측(퍼블리셔), 이 둘을 중개하는 다양한 플랫폼과 도구가 상호 작용하면서 광고 생태계를 구성하고 있어요.

Q 성공적인 애드테크 서비스를 운영하는 데 중요한 요소는 무엇이라고 생각하시나요?

A 성공적인 애드테크 서비스를 운영하는 데 가장 중요한 요소는 데이터의 품질과 관리입니다. 좋은 데이터를 얼마나 잘 모으고 유지하느냐가 광고 성과를 크게 좌우해요. 데이터가 정확할수록 이를 바탕으로 한 광고 성과 예측과 최적화가 훨씬 더 정밀해질 수 있죠. 예를 들어 광고 캠페인이 얼마나 효과가 있었는지와 어떤 사용자들이 반응했는지 정확히 분석하려면 수집한 데이터의 신뢰성이 높아야 합니다.

제가 재직 중인 몰로코를 예로 들어 볼게요. 몰로코는 하루에 광고 요청 약 6,000억 건과 딥러닝 예측 결과를 초당 700만 건 처리할 정도로 엄청난 양의 데이터를 실시간으로 다룹니다. 이런 대규모 데이터를 다루려면 지속적으로 데이터를 업데이트하고 정제하는 체계적인 데이터 관리 시스템이 필수입니다. 또 이런 시스템을 뒷받침할 대용량 데이터 처리 인프라와 실시간 분석 기술도 매우 중요해요.

이에 더해서 광고 성과를 자동으로 최적화하는 워크플로도 아주 중요합니다. 광고주가 광고 예산을 어떻게 분배해야 할지, 어떤 사용자를 타깃팅해야 할지 자동으로 분석하고 제안할 수 있는 시스템이 필요하죠. 이런 시스템을 이용하여 광고주는 더 효율적으로 광고를 집행하고 그 결과를 분석할 수 있어요. 광고주가 자신의 광고 성과를 투명하게 볼 수 있고 데이터를 바탕으로 더 나은 의사결정을 할 수 있는 환경을 제공하는 것이 핵심입니다.

그래서 전문가들이 모인 강력한 팀은 필수예요. 몰로코에는 구글, 아마존, 유튜브, 메타 같은 글로벌 기업에서 머신러닝 시스템을 개발한 경험이 있는 전문가가 모여 있어요. 이 팀이 광고 성과를 최적화하는 시스템을 만들고, 광고주가 고가치 사용자를 효과적으로 타깃팅할 수 있도록 돕고 있습니다. 또 퍼포먼스 광고 운영 경험이 많은 팀이 광고주와 함께 사용자 확보 전략을 세우고, 실제로 그들의 성공을 지원하고 있어요. 이 모든 요소가 결합되어 몰로코는 광고주와 긴밀하게 협력하여 효과적인 솔루션을 제공하고 지속적으로 성장할 수 있었다고 생각해요.

Q **애드테크 도메인에서 특히 중요한 데이터와 지표는 무엇인가요?**

A 애드테크 도메인에서 중요한 데이터와 지표는 프로덕트의 고객이 광고주냐 퍼블리셔냐에 따라 다릅니다. 하나씩 자세히 설명해 드릴게요.

1. 광고주 측 프로덕트 지표

- 광고 출력 지표
    - CPC(Cost Per Click): 클릭당 비용을 측정하여 광고의 클릭 효율성을 평가합니다.

- CPI(Cost Per Install): 설치당 비용을 측정하여 앱 설치 캠페인의 효율성을 평가합니다.
- CPA(Cost Per Action): 특정 행동(예 구매, 가입)당 비용을 측정하여 광고 성과를 평가합니다.
- ROAS(Return On Ad Spend): 광고비 대비 수익을 측정하여 광고 캠페인의 투자 수익률을 평가합니다.
- 비용 효율성 지표
  - LTV(LifeTime Value): 고객 생애 가치를 측정하여 장기적인 수익성을 평가합니다.
  - CAC(Customer Acquisition Cost): 고객 한 명을 획득하는 데 드는 비용을 측정하여 마케팅 효율성을 평가합니다.
- 광고 집행 여정
  - 광고 입찰 후 노출까지 여정: 광고 입찰에서 노출까지 단계별 전환율을 분석하여 광고 노출 파이프라인의 최적화 수준을 평가합니다.
  - 광고 노출 이후 사용자 행동까지 여정: 클릭, 설치, 구매 같은 광고 노출 후 사용자 행동까지 단계별 전환율을 분석하여 광고 효과를 평가합니다.

2. 퍼블리셔 측 프로덕트 지표

- 광고 출력 지표
  - 노출(impression): 광고가 노출된 횟수를 측정하여 광고 도달 범위를 평가합니다.
  - 전환(conversion): 광고로 발생한 전환(예 클릭, 설치, 구매) 횟수를 측정하여 광고 성과를 평가합니다.

- 수익 최적화 지표
  - 광고 충족률(fill rate): 광고 요청 대비 실제 광고가 게재된 비율을 측정하여 인벤토리 활용도를 평가합니다.
  - eCPM (effective Cost Per Mille): 1,000회 노출당 수익을 측정하여 광고 수익성을 평가합니다.
- 광고 지면 관리 지표
  - 광고 지면(Ad slots): 광고 지면의 수와 활용도를 측정하여 효율성을 평가합니다.
  - 광고 요청(Ad requests): 광고 요청 횟수를 측정하여 광고 수요를 평가합니다.
  - 광고 응답(Ad responses): 광고 요청에 대한 응답 횟수를 측정하여 광고 공급의 효율성을 평가합니다.

Q 애드테크 도메인에서 참고할 만한 자료나 책이 있을까요?

A 먼저 몰로코 웹 사이트(https://www.moloco.com/)를 추천합니다. 최신 애드테크 트렌드, 업계 전문가 온라인 세미나, 실제 성공 사례 같은 자료가 많이 있어 공부하는 데 도움이 될 거예요.

또 하나 추천할 곳은 AdExchanger(https://www.adexchanger.com/)라는 플랫폼이에요. 디지털 광고와 마케팅 기술 산업에 특화된 전문 미디어 플랫폼인데, 애드테크와 마테크 분야의 최신 뉴스나 심층 분석, 전문가 칼럼 같은 유용한 정보가 가득해요. 온라인 세미나도 자주 열리니까 실무적인 감각을 키우는 데 좋아요. 저도 매일 이곳 기사를 읽는답니다.

IAB 웹 사이트(https://www.iab.com/)도 참고하면 좋아요. IAB는 디지털 광고 업계 표준을 설정하고 관련된 교육과 자료를 제공하는 비영리 단체인데, 여기에서 시장 조사나 업계 베스트 프랙티스 자료들을 쉽게 접할 수 있어요. 세미나와 교육도 많이 열리니 실무적으로 큰 도움이 될 것입니다.

Q 애드테크 도메인에 대한 상세한 답변 감사드립니다. 다음으로는 애드테크 업무 경험을 좀 더 질문하고 싶어요. 특히 성공적이었던 프로젝트가 있다면 알려 주세요!

A 실제 프로젝트는 대외비 때문에 공개하기 어렵기에 가상의 사례를 들어 광고를 이용한 앱 수익화 관점에서 설명해 볼게요. 게임 앱에서 보상형 광고를 이용하여 ARPDAU(일간 활성 사용자당 평균 매출)를 최적화하는 프로젝트를 진행한다고 가정해 보겠습니다.

게임 앱의 PM으로서 그동안 주로 유료 프리미엄 기능 판매로 수익을 창출해 왔다면, 이제는 무료 사용자한테도 추가 매출을 창출할 방법을 찾고자 하는 상황입니다. 전체 사용자 중 다수가 인앱 결제를 하지 않는데, 이들 중 많은 사용자가 특정 스테이지에서 게임을 이탈하고 있는 패턴을 발견했죠. 그 이유는 이탈 시점에서 유료 기능이 없으면 게임을 계속 진행하기 어렵기 때문이라고 추정됩니다.

우선 유료 기능을 사용하지 않는 사용자들이 왜 그런 선택을 하는지 분석하는 것이 첫 번째 단계입니다. 데이터를 살펴보니 유료 기능을 인지하지 못한 사용자, 기능 가치를 잘 모르는 사용자, 가격이 비싸다고 느끼는 사용자, 게임 자체에 돈을 쓰고 싶지 않은 사용자로 나눌 수 있었습니다. 각각의 세분화된 원인들로 어떤 문제를 우선적으로 해결할지 우선순위를 정해야 하죠. 예를 들어 게임에 돈을 쓰고 싶지 않은 사용자가 많다면 굳이 유료 기능을 계속

밀기보다는 광고를 이용한 대체 수익화를 목표로 하는 것이 더 현실적일 수 있습니다.

이제 목표를 명확하게 정의해야 합니다. 가능한 여러 목표 중에서 '라이트 사용자군에서 유료 기능 대신 보상형 광고를 통해 $X의 ARPDAU를 창출하는 것'이 이번 프로젝트 방향성이 될 수 있겠죠. 이는 사용자당 평균 매출을 올리는 데 초점을 맞춘 구체적인 목표입니다.

다음으로는 문제 해결을 위한 솔루션을 찾는 단계입니다. 가설은 이렇게 세울 수 있습니다. "유료 기능 판매 페이지에 보상형 광고를 노출하면 사용자 중 X%가 광고를 시청하여 프리미엄 기능을 얻게 되고, 이로 인해 페이지 방문자당 ARPDAU가 Y% 증가할 것이다." 이 가설을 검증하려면 보상형 광고를 추가하는 실험을 설계할 수 있죠. 여기에서 중요한 점은 매출을 올리는 것만이 아니라, 사용자 경험을 해치지 않도록 광고가 얼마나 자주 노출되는지, 유료 기능 구매자와 광고 시청자의 매출 차이는 어떤지 등 다양한 요소를 함께 고려해야 한다는 것입니다.

물론 광고를 추가하는 것은 유료 기능 구매자들에게 부정적인 영향을 미칠 수도 있습니다. 광고를 본 사용자가 유료 결제 대신 광고 시청으로 프리미엄 기능을 얻는다면, 기존 유료 결제 매출이 줄어들 수 있기 때문이죠. 이런 트레이드오프를 고려하여 사용자가 페이지를 이탈할 때만 보상형 광고를 제시하는 방식을 도입할 수 있습니다.

이제 실험을 설계해야 합니다. 대조군은 보상형 광고가 없는 현재의 유료 기능 판매 페이지고, 실험군은 미구매 사용자가 페이지를 이탈할 때 보상형 광고를 노출하는 경우입니다. 성공 지표로는

ARPDAU가 얼마나 증가했는지, 광고가 사용자 경험에 미치는 부정적인 영향(예 잦은 광고 노출로 이탈률 증가)은 없는지 등을 측정할 수 있습니다. 또 가드레일 지표로 D-7 잔존율이나 고객당 LTV를 살펴봄으로써 광고가 게임 전체 경험에 미치는 영향을 모니터링합니다.

여기에서 중요한 것은 광고 수급 방식인데요. 우선 광고를 제공하는 여러 광고 네트워크 사용이 필요합니다. 광고 네트워크를 많이 연동할수록 광고 노출 및 수익 창출의 기회도 증가할 수 있어요. 다만 각 광고 네트워크를 개별적으로 연동하는 것은 너무 큰 작업을 수반하는데요. 광고 렌더링을 위한 SDK도 네트워크마다 별도로 연동해야 하고, 성과 분석이나 설정 변경(예 광고 리프레시 시간 조절, 노출 횟수 제한, 노출 금지 광고 설정 등)의 최적화 작업도 어렵습니다. 이를 해결하는 데 미디에이션 플랫폼 연동은 필수입니다. 미디에이션 플랫폼은 경매를 거쳐 여러 광고 네트워크 중 가장 높은 금액을 제시하는 광고를 낙찰하여 앱에 렌더링할 수 있는 기술 스택을 제공합니다. 또 여러 광고 네트워크를 통합 관리하는 기능과 함께 AB 테스트처럼 광고 수익 최적화 도구도 지원하고 있어요. 이를 활용하여 eCPM, 광고 충족률 등을 극대화하는 실험을 할 수 있습니다.

이처럼 가설을 기반으로 다양한 데이터를 분석하고 실험을 진행하여 최적의 솔루션을 찾는 과정이 PM의 주요 역할 중 하나입니다. 단순히 광고를 추가하는 것이 아니라 데이터로 사용자 행동 패턴을 파악하고, 어떤 방식으로 수익을 극대화할 수 있을지 고민해야하죠. 이 과정을 거쳐 단계적으로 퍼널을 최적화하고 궁극적으로는 게임 앱의 전체 매출을 증대시킬 수 있습니다.

Q 구체적인 사례를 들으니 어떤 일을 하시는지 더 잘 이해할 수 있네요. 그렇다면 이 같은 개선 프로젝트를 진행하던 중 지표 하락이나 예기치 않은 문제가 발생하면 이를 해결하려고 어떤 접근 방식을 사용하시나요?

A 모니터링 중인 지표가 하락하여 프로덕트에 문제가 생겼다고 판단되는 상황이라면 우선적으로 해야 할 일은 이해관계자들에게 신속하게 상황을 알리는 것입니다. 문제 발생 상황을 공유하고 원인 파악 과정과 해결 진행 상황을 지속적으로 업데이트해야 해요. 그렇지 않으면 각 팀이 따로 움직이면서 시간과 자원을 낭비하거나 불완전한 정보로 불필요한 오해가 생길 수 있거든요.

문제 자체는 외부 요인, 내부 요인, 고객 행동 변화라는 세 가지 관점에서 나누어 분석하는 것이 효과적입니다.

- 외부 요인은 경쟁사의 프로덕트 업데이트나 프로모션, 파트너사 기능 변경, 계절적 요인, 정책 변화 같은 것들을 포함합니다. 이런 요인들이 문제가 발생한 지표와 어떤 상관관계가 있는지 추정해 보는 것이죠.
- 내부 요인으로는 특정 기기에서만 발생하는 이슈가 있는지, 최근에 UI나 기능이 변경되면서 버그가 생기지는 않았는지, 신규 기능 출시로 기존 기능이 영향을 받는 잠식 효과는 없는지 살펴봅니다.
- 고객 행동 변화도 중요한데요. 지역별 또는 고객 세그먼트별로 행동 패턴이 달라졌는지, B2B 고객이 전략을 변경했는지, B2C 고객의 생활 패턴이 변하지는 않았는지 더 거시적인 관점에서 분석해야 합니다.

이렇게 외부, 내부, 고객 행동 변화 등 나양한 요소를 고려하여 원인을 파악하는데요. 외부 요인보다 내부 요인을 먼저 살펴보는 것이 더 효율적입니다.

Q 자세한 설명 감사합니다. PM으로 성장하고 싶고 애드테크를 더 잘 알고 싶은 독자들에게 많은 도움이 될 것 같아요. 그럼 마지막으로 만수 님처럼 성공적인 커리어를 쌓고 싶은 후배 PM에게 조언 부탁드립니다.

A PM 직무는 일과 삶의 분리가 쉽지 않은 일이라고 생각합니다. 많은 PM이 퇴근 후에도 해결해야 할 문제와 전략을 계속해서 고민하죠. 노트북을 닫고도 머릿속으로는 여전히 일을 하고 있을 때가 많아 심적으로 많이 지칩니다. 내적 동기 부여가 없다면 쉽게 번아웃에 이를 수 있는 직무입니다. 그렇기 때문에 자신이 어떤 부분에서 재미를 느끼고 열정을 가지는지, 즉 본인의 흥미를 정확히 파악하고 그 흥미를 따라가는 것이 무엇보다 중요합니다.

또 PM의 본질적인 역할은 문제 해결과 가치 창출이라는 점을 이해해야 합니다. 다른 서비스를 단순히 벤치마킹하는 것은 큰 의미가 없을 수 있어요. 각 프로덕트마다 타깃 고객과 제공하는 가치, 기능이 만들어진 배경과 목적이 다르기 때문에 겉으로 보기에는 비슷한 기능이라도 우리 서비스에 그대로 적용되지 않을 가능성이 높죠. 인기 B2C 서비스의 퍼널별 전략을 그대로 적용하는 것도 같은 위험이 있을 수 있습니다. 따라서 우리 프로덕트 고객이 누구인지, 그들의 문제는 무엇인지, 그 문제를 해결하는 데 우리가 제공할 수 있는 가치는 무엇인지 깊이 고민하는 것이 중요합니다.

주니어 PM이라면 좋은 멘토가 있는 환경에서 배우는 것을 추천합니다. PM의 전략 수립 능력, 문제 해결 능력, 이해관계자 관리 역량 등은 많은 사례를 접해야 기를 수 있는 능력입니다. 물론 강의나 책, 블로그에서 배울 수 있는 정보도 많지만, 실제 업무 상황에서 가져야 할 태도, 커뮤니케이션 방식, 문제 해결 방식 등은 현장에서 직접 경험하면서 체득해야 하는 영역이죠. 시행착오를 겪으며 혼자 배울 수도 있지만, 좋은 멘토와 함께 일하면 시행착오를 줄이고 더 빠르게 좋은 업무 습관과 사고방식을 체득할 수 있을 것입니다.

여행/숙박: 여기어때 CPO 한근수

링크드인 ▶ https://www.linkedin.com/in/peterkunsoohan

Q 여행/숙박 도메인을 위해 여기어때의 CPO(Chief Product Officer) 한근수 님을 모셨습니다. 안녕하세요, 근수 님. 반갑습니다. 간단한 자기소개 부탁드려요.

A 안녕하세요. 한근수입니다. 여기어때에서 CPO로 프로덕트 전략과 매니지먼트를 총괄하고 있습니다.

Q 어떤 계기로 PM으로 커리어를 시작하셨고 CPO가 될 때까지 어떤 경력을 쌓으셨나요?

A 저는 다양한 회사와 부서를 경험해 왔어요. 처음에는 미국 물류 회사에서 일했습니다. 사내 로테이션 프로그램을 통해 여러 부서를 돌았죠. 그 과정에서 IT 분야에 흥미를 느꼈고, 본격적으로 IT로 전환하고 싶어 글로벌 IT 솔루션 기업인 액센츄어(Accenture)로 이직했어요. 그곳에서 QA, 데이터, 개발, 전략 등 다양한 직무를 경험했습니다.

이후 액센츄어 업무의 일환으로 이베이(eBay)에서 애자일 코치로 일하게 되었을 때 이베이의 PM으로 입사하는 것을 제안받았습니다. 이베이에서 PM 경력을 시작하고 미국에서 커리어를 쌓다 보니 자연스럽게 프로덕트 매니지먼트에 깊이 빠지게 되었습니다.

그 후 한국으로 돌아오고 싶어 삼성전자 이커머스 부서로 이직했어요. UX 리서치, 이커머스 솔루션 관리 등 업무를 맡았습니다. 다음으로는 쿠팡으로 이직하여 로켓 프레시, 할인, 검색, 보안 등 다양한 팀을 이끌었고, 대만과 일본에 쿠팡을 론칭하는 퀵커머스 프로젝트도 담당했습니다. 정말 대단한 속도감으로 일을 했었죠. 6주 만에 프로덕트 개발부터 다크스토어(dark store)* 계약, 라이더 채용, 오퍼레이션 등 모든 프로세스를 처음부터 끝까지 다 해냈으니까요.

Q 다양한 도메인과 직무 경험이 많으시네요. 이 경험들이 PM 업무에도 영향을 주었을까요?

A 네, 확실히 많은 영향을 주었습니다. PM 업무가 여러 분야를 아우르며 조율하는 역할이다 보니 다양한 도메인에서 쌓은 경험이 큰 도움이 되더라고요. 예를 들어 기술적 이해가 있으면 개발 팀과 원활하게 소통할 수 있고, 비즈니스 전략을 잘 이해하면 시장 흐름에 맞추어 프로덕트 방향을 설정할 수 있습니다. 다양한 직무와 도메인에서 쌓은 경험 덕분에 여러 팀의 요구를 잘 조율하고, 큰 그림을 그리면서 세부 사항까지 놓치지 않는 균형 잡힌 관점을 가질 수 있었습니다.

---

* 다크스토어란 전자상거래 등으로 고객이 주문한 제품을 일단 보관해 두는 도심 안의 소규모 물류 거점을 의미합니다.

Q 커머스 도메인에서 숙박/여행 플랫폼으로 도메인을 살짝 바꾸셨는데 계기가 있을까요?

A 처음부터 숙박이나 여행 분야에 특별한 관심을 가졌던 것은 아니었어요. 마침 그 즈음에 디즈니 CEO인 밥 아이거(Robert Alan Iger)가 쓴 〈디즈니만이 하는 것(THE RIDE OF A LIFETIME)〉(쌤앤파커스, 2020)을 읽고 있었는데, 거기에서 이사회 이야기가 나왔어요. 이사회 일원들이 어떻게 회사의 중요한 결정을 내리는지 궁금했어요. 때마침 한 헤드헌터에서 연락을 받았습니다. 여기어때의 한 보드 멤버(board member)가 저를 만나 보고 싶어 한다는 것이었죠. 호기심에 만나 보았고, 그분이 지금의 CEO가 되셨습니다. 그 자리에서 함께 일해 보자는 제안을 받았죠. 그때쯤 저는 기존 직장에서 여러 고민을 하고 있었어요. 성공적인 프로젝트를 마쳤음에도 제 역할과 성장 가능성에 고민이 깊어지던 시기였거든요. 더 오래 머물러야 할지, 아니면 새로운 도전을 찾아야 할지 갈림길에 서 있었죠. 그러던 중 여기어때에서 맡게 될 제 역할이 의미 있을 것이라는 확신이 들었고, 제가 기여할 수 있는 부분이 많다는 생각에 새로운 도전을 결심하게 되었습니다.

결정적으로 여기어때를 선택한 이유는 CEO에 대한 신뢰와 제가 이곳에서 큰 기여를 할 수 있을 것이라는 확신 때문이었어요. 회사 이름이나 보상보다도 제가 얼마나 큰 임팩트를 만들 수 있을지가 중요했거든요. 그리고 여기어때에서는 제가 그런 역할을 할 수 있을 것 같았습니다.

Q 회사에 내가 기여할 부분이 많을지는 어떻게 판단할 수 있을까요?

A 우선 회사 내에서 해결이 필요한 문제에 제 장점을 어떻게 적용할 수 있을지 생각해요. 현재 일하고 있는 방식이나 가장 어려움을 겪는 부분이 무엇인지 대화를 하면서 알아보죠. 그다음에는 제가 그 문제를 해결할 수 있는지, 그 비전에 공감할 수 있는지 판단합니다. 면접 과정에서도 많이 물어보는 편이고요. 그들이 어떻게 일하고, 무엇이 가장 잘되지 않으며, 제가 그것을 고칠 수 있는 사람이 맞는지를 말이죠.

지금 회사에 막 왔을 때 업무 방식에 개선이 필요하다고 느꼈던 적이 있어요. 예를 들어 원래 업무 방식은 몇백 장의 파워포인트 슬라이드를 만들고 그것을 개발 팀에 전달하여 QA까지 거쳐 최종 론칭하는 방식이었는데요. 기획 단계에서 '왜' 이 기능이 필요한지 명확한 동기나 목적이 부족하더라고요. 그저 기획서에 버튼 위치를 정리하는 식이었어요. 이것을 개선하고 싶다고 생각했죠. 회사의 일하는 방식과 문화에 큰 차이를 만들 수 있다고 보았어요.

또 어떤 회사는 단순히 OKR만 달성하려고 하는데, 그보다는 비즈니스 상황을 이해하고 어떤 피처가 실제로 어떤 임팩트를 가져올지 고민해야 해요. 예를 들어 쿠팡도 아쉬움이 있죠. PM이 큰 단위의 프로덕트 전략이나 시장 출시 전략에는 깊이 관여하지 않고 OKR 달성에만 집중하는 경향이 있거든요. 반면 저는 더 종합적인 전략적 사고가 정말 중요하다고 생각하기 때문에 여기에서 일할 때는 전략적 사고를 더 깊게 반영하는 문서 작업을 했습니다. 예를 들어 내부 메모를 작성할 때는 아마존의 식스페이저(6-pager)*

---

* 아마존에서 중요한 아이디어나 프로젝트를 6페이지 내로 간결하게 설명하는 문서 형식을 의미합니다.

처럼 시장 분석을 기반으로 한 출시 전략을 제시하는 방식을 도입했습니다.

Q 숙박/여행 도메인의 주요 특성과 다른 도메인의 차이점은 무엇인가요?

A 온라인 여행 플랫폼(Online Travel Agency, OTA)은 커머스와 유사해요. 사실상 커머스의 한 형태라고 볼 수 있죠. 하지만 물건이 오가는 것이 아니라는 점에서 차이가 있어요. 배송이나 물류가 필요 없죠. 그 대신 재고에 날짜 개념이 들어가요. 예를 들어 이커머스에서는 연필이 1만 자루가 있으면 그냥 1만 자루를 팔면 되지만, 숙박에서는 같은 방이라도 날짜에 따라 재고가 달라집니다. 항공권도 마찬가지로 더 복잡한 중개자들이 연결되어 있어요.

Q 숙박/여행 도메인의 프로덕트 팀 내에도 세부 도메인이 있을까요?

A 네, 있습니다. 대표적으로 사용자 플랫폼 팀, 파트너(숙박 업체, 항공) 시스템 팀, 내부 도구 관리 팀, 결제 및 정산 팀이 있어요. 특히 숙박 분야는 여러 플랫폼이 서로 연결되어 있어요. 예를 들어 A사 재고를 저희가 받아서 판매하고, 반대로 저희 재고를 A사에 제공하기도 합니다. 이것을 '채널링'이라고 해요. 네이버나 11번가 같은 플랫폼에서 숙박 제품을 판매할 때도 마찬가지로 직접 숙박 계약을 하는 것이 아니라 이런 채널링을 통해 제품을 제공받습니다.

Q 재고를 플랫폼끼리 서로 공유하는군요. 그러면 처음에 숙박 업체에서 어떻게 재고를 제공받나요?

A 호텔들과 직접 계약을 맺고 직연동을 하기도 하고, CMS(Channel Management System)로 재고를 받기도 해요. CMS는 호텔이 여러 온라인 여행사에 동시에 제품을 전달할 수 있도록 도와주는 시스템입니다. 이를 이용하여 호텔은 여러 온라인 여행사에서 재고를 실시간으로 조정할 수 있어요.

Q 그러면 모든 회사의 숙박 재고가 동일할 수도 있겠네요?

A 재고가 비슷해질 수는 있어요. 그렇지만 숙박 플랫폼마다 구체적인 조건에서 차이가 있죠. CMS를 사용해서 재고를 공유하는 것이 기본이지만, 저희는 호텔과 협상해서 특별한 가격이나 조건을 받을 수 있어요. 또 '하드 블락'과 '소프트 블락'이라는 개념이 있는데요. 하드 블락은 미리 특정 날짜의 방을 선매입하는 것이에요. 예를 들어 호텔 방 300개 중 100개를 미리 사 버리면 그 100개는 저희가 마음대로 가격을 설정해서 팔 수 있어요. 다른 온라인 여행사들은 나머지 200개를 나누어서 판매하게 되죠. 소프트 블락은 좀 더 긴 기간 동안 유연하게 방을 나누어서 사용할 수 있는 방식입니다. 9월 한 달 동안 방을 1,000개 예약하는 개념이죠.

Q 성공적으로 숙박, 여행 서비스를 운영하는 데 중요한 요소는 무엇이라고 생각하시나요?

A 개인화된 추천이 가장 중요하다고 생각해요. 숙박 플랫폼마다 기본 재고는 비슷하지만 구체적인 조건에서 차이를 두거든요. 예를

들어 같은 호텔 방이라고 해도 조식 포함, 수영장 무료 이용 등으로 차이를 둡니다. 이렇게 차별화된 요소들을 고객 개인의 취향과 연결하여 제대로 강조해야 치열한 경쟁 속에서 선택받을 수 있죠. 가격을 탄력적으로 운영하는 것도 중요한데요. 수요가 많을 때는 가격을 올리고 적을 때는 낮추는 방식으로 조정할 수 있어요. 이 방법을 다이나믹 프라이싱(dynamic pricing)이라고 하죠. 쿠폰이나 특가 상품도 눈에 잘 띄게 해야 합니다. 결국 고객에게 제공하는 혜택들을 잘 설명하고 찾기 쉽게 만드는 것이 중요해요. 이커머스와 굉장히 구조가 비슷하죠.

Q 숙박 도메인에서 특히 중요한 데이터와 지표는 무엇인가요?

A 평균 주문 금액(AOV) 등 대부분의 지표는 이커머스와 비슷해요. 차이점이라면 한 사람이 몇 박을 예약했는지 보는 '예약 숙박 일수'가 핵심 지표라는 것입니다. 고객이 실제로 얼마나 오랜 기간 동안 머무를지, 즉 예약된 숙박 일수를 기반으로 수익을 예측하고 관리할 수 있기 때문입니다. 예약 건수 자체도 중요하지만 각 예약이 몇 박을 포함하는지는 매출, 객실 가용성, 재고 관리, 수요 예측 등 다양한 비즈니스 운영에 영향을 미칩니다. 예를 들어 한 객실이 1박에만 예약되는 것과 3박 연속으로 예약되는 것에 따른 수익 및 운영 차이가 크기 때문에 예약된 숙박 일수로 보다 정확한 수익 관리와 최적화된 가격 전략을 세울 수 있습니다.

또 하나 중요한 점은 날짜가 지나면 해당 객실이 사라진다는 것입니다. 그래서 수요 예측이 필수적이에요. 이전 패턴을 보고 수요를 추정한 뒤 현재 재고와 비교해서 가격을 조정해야 하죠.

Q 커머스와는 비슷한 듯 달라서 흥미롭네요. 여기어때에서 특히 성공적이었던 프로젝트 이야기도 궁금합니다.

A 엘리트(VIP) 프로그램을 업그레이드한 프로젝트가 성공적이었어요. 원래 여기어때에는 엘리트 특가라는 제도가 있었지만, 숙소들이 이 옵션을 잘 사용하지 않더라고요. 왜 그런가 살펴보니, 엘리트 특가를 설정해도 판매가 잘되지 않아서 숙소 입장에서는 굳이 사용할 필요를 못 느낀 것이죠. 문제는 고객이 엘리트 특가가 뭔지도 모르고, 그 혜택을 찾기도 힘들다는 데 있었죠.

그래서 저는 이 프로젝트를 'Win-Win-Win' 전략, 즉 파트너(숙박 업체), 사용자, 여기어때 모두에게 이익이 되는 방향으로 접근했어요. 첫 번째로 엘리트 고객 정의부터 다시 시작했어요. 숙소 입장에서 이익이 될 수 있도록 숙소에 더 자주 방문하고 충성도 높은 고객들을 엘리트 고객으로 지정하여 이들에게만 특가를 제공하도록 했죠. 그리고 사용자가 엘리트 특가를 쉽게 찾을 수 있도록 인터페이스를 개선하고 엘리트 고객에게 혜택을 적극적으로 알렸습니다. 그 결과 숙소는 더 많은 엘리트 고객을 유치하게 되었고, 고객들은 많은 혜택을 누리며 특가를 찾기 시작했습니다. 이렇게 선순환이 일어나면서 파트너와 고객, 저희 비즈니스 모두에 긍정적인 결과를 가져왔어요.

Q 오랫동안 프로덕트 매니징을 해 오셨는데, 프로덕트를 만들 때 따르는 원칙이 있을까요?

A 네, 그럼요. 제가 여기어때의 프로덕트 원칙을 세웠거든요. 그것을 하나씩 말씀드릴 수 있겠네요. 저희 비전은 'We Inspire Travel

To Harvest Memories(우리는 여행을 통해 소중한 추억을 만들도록 영감을 준다)'인데, 이를 바탕으로 몇 가지 원칙을 세웠습니다.

- **Win-Win-Win**: 파트너(숙박 업체), 고객, 저희 비즈니스 모두에 이익이 되는 프로덕트를 만들어야 합니다.

- **리소스 최적화**: 같은 리소스로 최대의 임팩트를 낼 수 있는 피처에 집중해야 합니다. 전략이란 리소스를 어디에 할당할지 명확히 결정하는 것이죠.

- **작게 테스트하고 확신이 있을 때 확장**: 먼저 작은 규모로 AB 테스트를 실시하여 데이터로 검증하고, 결과에 확신이 있을 때 확장합니다.

- **큰 생각, 세밀한 실행**: 큰 아이디어를 먼저 떠올리되 리스크를 줄이기 위해 작은 MVP를 정의하고, 이를 실행 가능한 단계로 나누어 세밀하게 실행하는 것이 중요합니다.

- **통합적인 접근**: 한 시스템의 변화가 다른 시스템에도 영향을 미칠 수 있기 때문에 모든 의존성을 미리 파악하고, 관련 부서들과 협의하여 SOP를 세워야 합니다.

- **확장성을 고려한 설계**: 작은 기능을 하나 설계하더라도 확장 가능한 방식으로 만들어야 합니다. 재사용 가능한 컴포넌트로 설계하여 추후 다른 프로젝트에서도 활용할 수 있도록 하는 것이죠. 이 때문에 속도 문제가 생길 수도 있잖아요? 그래서 디자인 시스템을 세우고 이를 기반으로 기능을 만듭니다.

Q C레벨이시니 리더십 스타일도 궁금하네요. 본인의 리더십 스타일을 어떻게 정의하시나요? 그리고 이 스타일이 팀과 프로젝트에 어떤 영향을 미쳤는지 설명해 주시겠어요?

A 사람마다 기본적인 리더십 스타일이 있기는 하지만 저는 상황에 맞추어 리더십 스타일을 유연하게 바꾸는 것이 가장 중요하다고 생각합니다. 예를 들어 긴급한 상황에서는 빠르게 의사 결정을 하려고 강압적으로 지시할 수밖에 없죠. "A 님은 이걸 해 주시고 B 님은 저걸 해 주세요!"라고 명확히 역할을 분배해야 할 때가 분명히 있습니다. 하지만 긴급하지 않은 상황이고 주니어가 많은 팀에서는 코칭 스타일로 접근하여 그들을 성장시켜야 하고요. 또 팀원들이 매우 유능하고 스스로 생각할 수 있는 사람들이라면 서로 의견을 나누며 협력하는 방식이 더 효과적입니다. 중요한 점은 내가 누구와 일하고 있으며, 현재 상황이 어떠한지 파악하여 그에 맞게 유연하게 리더십을 발휘하는 것입니다.

Q 팀원들을 평가하고 피드백을 줄 때 중요하게 생각하는 요소는 무엇인가요?

A 많은 사람이 자신의 평가가 공정하지 않다고 느끼죠. 그 이유는 그들에게 요구되고 기대되는 바가 명확히 정의되지 않았기 때문이라고 생각해요. 그래서 저는 '스킬 맵'을 만들어 사용합니다. 여기에는 리더십, 동료 정신, 업무 범위, 실행력, 문제 해결 능력, 데이터 분석, 리서치 능력 등을 정의하고, 각 항목에 대해 단계별 기대 수준을 명확히 설정했어요. 예를 들어 실행력은 1단계에서 기대하는 바와 2단계에서 기대하는 바를 각각 정의합니다.

각 팀원과 연초에 논의하면서 "현재 커뮤니케이션 스킬은 1단계 수준이지만, 연말까지 2단계로 발전하는 것이 목표"라고 기대 수준을 설정합니다. 그 항목에 맞는 스킬들을 5점 척도로 평가하고, 평균적으로 4점 이상이면 그 단계에서 요구되는 기대치를 달성했다고 볼 수 있죠. 이렇듯 평가가 투명하게 진행해야 "이번에는 2단계까지 도달하지 못했지만 이런 부분을 보완하면 달성할 수 있을 것"이라는 명확한 피드백과 함께 다음 단계로 나아갈 수 있는 액션 플랜을 제공할 수 있습니다.

Q **마지막으로 후배 PM에게 조언 부탁드립니다.**

A 제가 후배들에게 항상 강조하는 점은 뭔가를 가능하게 만드는 사람이 되어야 한다는 것입니다. PM이 하는 역할은 단순히 주어진 일을 처리하는 것이 아니라, 불가능해 보이는 것도 가능하게 만드는 사람입니다. 예를 들어 팀에서 어떤 피처나 프로젝트를 진행해야 할 때, PM이 하는 그것을 실현 가능하게 만들어야 하죠. 여기에는 팀워크와 커뮤니케이션도 굉장히 중요해요. 즉, PM은 한정된 역할을 수행하는 것이 아니라, 뭐든지 해결해 내는 사람입니다.

저는 PM이 하는 역할을 흔히 '스위스 치즈'에 비유하는데요. 팀이 해야 할 일들을 정리하고 나면 여전히 여기저기 뻥뻥 구멍이 뚫려 있기 때문입니다. 개발자, QA, 마케터가 각자 맡은 일을 하더라도 여전히 그 사이에 빈틈이 있죠. 그것을 채우는 것이 바로 PM입니다. 그런 의미에서 PM은 프로젝트의 전반적인 진행을 돕고 부족한 부분을 메워 프로젝트가 성공적으로 완료되도록 만드는 역할을 해야 한다고 생각해요.

소셜 네트워킹: KRUSH 대표 문경신

링크드인 ▶ https://www.linkedin.com/in/stephenkyungshinmoon

Q **소셜 네트워킹 도메인을 위해 문경신 대표님을 모셨습니다. 안녕하세요, 경신 님. 간단한 자기소개 부탁드립니다.**

A 해외에 거주하는 아시아인들을 위한 소셜 커뮤니티 크러시 (KRUSH)를 만들고 있는 문경신이라고 합니다. 경영학과를 졸업 했지만 개발자로서 삼성전자에서 커리어를 시작했고, 컬럼비아 대 학교(Columbia University in the City of New York) MBA와 아마존 본사 시니어 프로덕트 매니저를 거쳐 창업을 하게 되었습 니다.

Q **소셜 네트워킹 도메인에서 창업하신 계기가 무엇인가요?**

A 미국으로 MBA를 가면서 해외에서 발견할 수 있는 문제를 해결하 는 스타트업을 하겠다고 다짐했습니다. 해외에 나가서 경험해 보 니 제 주변에 있는 수많은 훌륭한 친구들이 가장 힘들어 하는 것 이 사람 만나는 일이더라고요. 온라인으로 사람을 사귀는 것이 보 편화된 미국에서는 인종, 성적 취향, 종교 등 성향이 유사한 사람 끼리 만날 수 있는 니치한* 어플이 인기를 얻고 있는데, 아시안을

---

* 쉽게 말해 '틈새시장'을 의미합니다.

위한 커뮤니티는 아직 없더라고요. 내가 직접 시작해 보자고 생각
했죠.

Q **PM이자 대표로 창업하게 된 계기와 이를 뒷받침해 준 주요 경력을 알려 주세요.**

A '김캐디'라는 스크린 골프 스타트업에서 짧은 기간이지만 초기 멤
버로 일한 적이 있습니다. 이때 빠르게 성장하는 스타트업이 어떻
게 사용자와 시장의 문제를 해결하는지 몸소 체험할 수 있었어요.
그때 한 경험이 굉장히 흥미롭고 보람차서인지 언젠가 저도 직접
스타트업을 창업해야겠다고 결심하게 되었죠.

하지만 현실적으로는 바로 창업하기보다 더 깊은 이해와 실력을
쌓는 것이 중요하다고 판단했습니다. 대학원에서는 학업과 다양한
활동에 몰두하느라 바로 창업하지 못했지만, 이후 PM으로 취업했
을 때 본격적으로 제품과 시장을 보는 시각을 다졌습니다. 직장 생
활을 하면서도 늘 사이드 프로젝트를 고민했는데, 이를 위해서는
큰 시장 안에서 내가 개척할 수 있는 확실한 니치(niche)를 찾는
것이 중요하다고 생각했습니다.

제가 주목한 부분은 '의, 식, 주, 그리고 외로움', 즉 사람들이 일상
에서 가장 본질적으로 해결하고자 하는 문제들이었습니다. 이 중
에서 제가 가장 잘할 수 있는 영역이 무엇인지 고민한 끝에 '크러
시' 아이디어를 구체화했습니다. 단순히 트렌드를 쫓기보다는 본
질적으로 해결할 가치가 있는 문제를 찾고 이를 지속 가능하게 성
장시킬 방법을 고민한 결과였죠.

결국 PM으로서 한 경험과 초기 스타트업에서 인사이트, 시장과 사
용자에 대한 깊은 고민이 저를 창업으로 이끌었다고 생각합니다.

Q 소셜 네트워킹 도메인의 주요 특성과 다른 도메인의 차이점은 무엇인가요?

A 소셜 커뮤니티는 결국 사람이 콘텐츠인 비즈니스입니다. 그래서 초기 사용자를 빠르게 확보하고 유지시키는 것이 중요합니다. 처음에 사용자를 어떻게 확보할 수 있을지 고민하다 뉴욕에서 매달 200~400명이 참석하는 파티를 개최했습니다. 점차 사람들의 흥미를 끌게 되었고, 파티에 왔었는데 이야기를 나누지 못한 사람들과 이야기를 나누고 싶은 사용자들이 점점 몰려 결국에는 앱을 사용했어요.

Q 재미있는 시작이네요. 성공적으로 기획하는 데 중요한 요소는 무엇이라고 생각하시나요?

A 저는 〈아이디어 불패의 법칙〉(인플루엔셜, 2020)이라는 책을 읽고 영감을 많이 받았어요. 이 책에서 이야기하는 것처럼 '될 만한 아이디어(right it)'를 찾은 뒤 작은 실험으로 그것을 검증해야 합니다. 비용을 최소화하면서 실행 가능한 실험으로 진정성 있는 데이터를 확보하는 것이죠. 그다음에는 고객의 니즈와 피드백을 반영하고, 마지막으로 가정 대신 '데이터'로 판단해야 합니다. 특히나 한국 시장에서는 모두가 어느 정도 유사한 생각을 하기 때문에 내가 생각하는 것이 보편적으로 맞을 확률이 높지만, 글로벌 시장에서는 워낙 다양한 인종이 모여 있기 때문에 내가 생각하는 것이 일반적이지 않을 확률이 높습니다. 그래서 진짜 사용자 니즈가 있는지와 될 만한 아이디어인지 실험하고, 이를 통해 믿을 만한 데이터를 확보하는 것이 성공적인 기획에 중요한 요소라고 생각합니다.

Q **소셜 네트워킹 기획 도메인에서 특히 중요한 데이터와 지표는 무엇인가요?**

A 소셜 네트워킹 기획에서 가장 중요한 데이터와 지표는 리텐션입니다. 소셜 네트워크는 콘텐츠를 제공하는 주체가 결국에는 '사람'이기 때문에 사용자가 얼마나 오래 남아 있는지가 서비스 성공의 핵심 요소입니다. 사용자가 이탈하면 콘텐츠 공급 자체가 줄어들어 전체 네트워크에 영향을 미치기 때문이죠. 이를 위해 우리는 1일, 4일, 주간, 월간으로 세분화하여 리텐션을 추적하고 있습니다. 세부적으로 리텐션을 분석함으로써 우리가 가설을 바탕으로 실험한 결과를 검증하고, 이 데이터를 기반으로 DAU(일간 활성 사용자), MAU(월간 활성 사용자), LTV(고객 생애 가치) 같은 지표의 미래 수치를 예측합니다. 이처럼 서비스가 우리가 목표로 하는 방향으로 나아가고 있는지 지속적으로 점검하는 것이 중요합니다.

Q **효율적으로 업무를 진행하는 노하우가 있다면 공유해 주시겠어요?**

A PM 업무는 범위가 굉장히 넓고 해야 할 일이 많기 때문에 체계적으로 정리하지 않으면 금방 혼란스러워질 수 있더라고요. 그래서 저는 아이젠하워 매트릭스*를 활용해서 할 일을 정리합니다. 이 매트릭스는 일을 중요도와 긴급도에 따라 네 가지로 구분해서 우선순위를 정하는 도구인데요. '중요하고 긴급한 일'을 먼저 처리하고, '중요하지만 긴급하지 않은 일'은 미리 준비하는 식으로 업무를 관리할 수 있어요. 이렇게 오늘 해야 할 일을 미리 정리하고, 주 단위로 내가 한 일을 확인하는 방식이 정말 큰 도움이 됩니다. 특히 여

---

* 미국의 34대 대통령인 드와이트 D. 아이젠하워(Dwight D. Eisenhower)에게 영감을 받아 개발된 도구로, 업무 우선순위와 관리 철학을 지니고 있습니다.

유가 있을 때 더욱 중요한데요. 아직 긴급하지 않은 일을 미리 해 두는 것이 효율적인 업무 진행에 많은 도움이 되는 것 같아요.

Q 특히 성공적이었던 프로젝트 경험을 공유해 주세요.

A 크러시의 가입 절차를 개선했던 활동이 기억에 남습니다. 처음에 앱 설명과 가입 절차만 갖춘 상태에서 실험을 진행했는데, 한국의 데이팅 앱을 모방하여 학벌, 재력, 사회적 지위 등을 검증해서 일정 수준 이상만 가입이 가능하게 만들려고 했습니다. 그런데 막상 해 보니 미국에서는 '다양성(diversity)'을 중요한 사회적 가치로 여기고 있어 어떤 기준을 세워서 차등을 두는 것에 사람들이 굉장히 민감하더라고요. 그 결과 검증 단계에서 65%의 높은 이탈률을 기록했고, 이 방식이 미국 시장에는 맞지 않는다는 교훈을 얻었습니다. 이후 다양한 실험을 거쳐 '진정성 있는 아시안 커뮤니티'로 앱 방향을 잡았고, 소셜 계정 인증이나 얼굴 인식을 이용하여 거짓 계정이 없는 신뢰성 있는 커뮤니티로 발전시켰습니다. 그 결과 다운로드 이후 계정 완성률이 94%로 크게 개선되었습니다.

Q 글로벌 서비스를 만들 때 생각해야 할 재미있는 지점이네요. 먼저 작게 만들고 실험하신 덕분에 방향성을 빠르게 전환하신 것 같아요. 업무를 효율적으로 진행하는 노하우가 있으시면 알려 주세요.

A 데이터 분석을 잘하는 것이 중요하다고 생각합니다. 방대한 데이터 속에서 인사이트를 뽑아내고, 이를 바탕으로 빠르게 테스트를 설계하고 실행할 수 있는 능력이 핵심이죠. 특히 챗GPT 같은 도구들이 등장하면서 코딩 지식이 없어도 데이터를 쉽게 추출하고 가공할 수 있게 되었잖아요. 이렇듯 데이터를 이용하여 경향성을 파

악하고, 이를 바탕으로 문제를 해결하거나 개선점을 찾아 빠르게 실험을 진행하는 것이 업무 효율성을 높이는 방법이라고 생각합니다.

그리고 사용자가 말하는 것보다 '실제 행동'을 관찰하는 것이 중요해요. 인터뷰나 설문 조사에서는 사람들이 자신이 원하는 것을 정확히 표현하지 못하거나 질문에 따라 편향된 답변을 하기도 하죠. 그러나 실제 사용자 데이터를 보면 그들이 진짜 원하는 것이 무엇인지 알 수 있습니다. 데이터를 기반으로 한 인사이트는 사용자 경험을 개선하는 데 큰 도움이 됩니다.

Q 대표로서 리더십도 정말 중요할 것 같아요. 본인의 리더십 스타일을 어떻게 정의하시나요? 그리고 이 스타일이 팀과 프로젝트에 어떤 영향을 미쳤는지 설명해 주시겠어요?

A 조금은 뜬금없지만 사주를 본 적이 있는데, 저보고 일을 많이 할 팔자라고 하더라고요. 그만큼 제 리더십 스타일은 솔선수범입니다. 제가 먼저 문제를 이해하고 철저히 준비해야 팀원도 생산적으로 일할 수 있다고 생각합니다. 리더가 앞장서서 일할 때 팀원과 소통도 더 원활하고 프로젝트도 더 효율적으로 진행됩니다. 또 상황에 맞게 유연한 리더십을 발휘하는 것이 중요합니다. 긴급한 상황에서는 명확한 지시와 빠른 의사 결정이 중요하지만, 팀원들의 성장을 도울 때는 코칭 중심의 리더십이 좋겠죠. 상황에 맞추어 리더십 스타일을 조정하는 것이 핵심이라고 생각합니다.

Q 팀에 동기를 부여하고 유지하는 데 어떤 방법을 사용하시나요?

A '과정이 즐거워야 한다'는 원칙을 중요하게 생각합니다. 스타트업은 장기전이기 때문에 힘든 과정도 즐겁고 재미있어야 지속적으로 함께할 수 있습니다. 그래서 항상 우리가 함께하는 일이 즐거운지 체크하여 그 과정에서 동기 부여를 얻는 것이 중요합니다.

Q 마지막으로 대표님처럼 성공적인 커리어를 쌓고 싶은 후배 PM에게 조언 한마디 부탁드립니다.

A 성공적인 커리어라고 하기에는 스스로 부끄럽네요. 저도 여전히 성공을 목표로 하고 있는 사람으로서 배울 것이 아직 많습니다. 후배님들도 계속 배우고 성장하는 자세를 잃지 않았으면 좋겠습니다

맺는말

이 책을 정리하며 저 역시 PM으로서 한 경험을 되돌아보고, 그 과정에서 배운 것들을 다시 한 번 깊이 이해할 수 있었습니다. 프로덕트 매니지먼트는 정답이 없는 분야이며, 시장과 고객이 끊임없이 변하는 만큼 PM 역시 계속해서 배우고 성장해야 합니다.

처음 PM을 시작하는 분들에게는 이 책이 길을 잡는 나침반이 되길, 경험이 있는 PM에게는 더 나은 의사 결정을 위한 참고서가 되길 바랍니다. 하지만 이 책이 완벽한 해답을 주지는 않을 것입니다. 결국 여러분이 직접 경험하고 시행착오를 거치면서 자신만의 문제 해결 방식과 사고방식을 만들어 가는 것이 가장 중요합니다.

우리는 프로덕트 매니저로서 문제를 해결하는 사람들입니다. 고객 목소리를 듣고, 데이터를 기반으로 고민하고, 팀과 협력하며 더 나은 가치를 만들어 가는 역할을 하고 있습니다. 이 과정은 결코 쉽지 않지만 그렇기에 더욱 보람차고 의미 있는 길이기도 합니다.

이 책이 여러분이 하는 고민을 덜어 주고 새로운 시각을 얻는 데 작은 도움이 되길 바랍니다. PM의 여정에서 계속해서 배우고 성장하며 더 나은 프로덕트를 만들어 가길 응원하겠습니다.

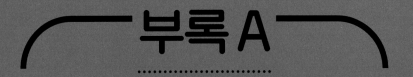

부록 A

초보 PM을 위한 용어 사전

PRODUCT MANAGER

용어	뜻
가드레일 지표	주요 성과를 보호하는 지표
개인화	사용자 개개인의 선호도에 맞추어서 제품을 최적화하는 기능
고객 여정	고객이 특정 프로덕트나 서비스를 알게 되고 구매한 뒤 사후 지원을 받는 등 모든 단계에서 겪는 경험과 상호 작용의 전체 과정
귀무 가설	실험에서 변수 간 차이가 없다고 가정하는 기본 가설
기능 조직	기능별 인력으로만 팀을 구성한 조직. 예를 들어 기획 팀은 기획자로만 구성하고 디자인 팀은 디자이너로만 구성
딥러닝	인공 지능(AI) 기술 중 하나로, 다층 신경망(neural network)을 활용하여 데이터를 학습하는 알고리즘
레이턴시	데이터가 전송되거나 요청된 작업이 처리되는 데 걸리는 시간(지연 시간)
로깅	피처 배포 후 성과와 사용자 행동을 모니터링하고 분석하는 데 필요한 데이터를 프로덕트에 심는 것
로드맵	제품 개발의 장기적인 일정과 목표를 정리한 문서
리텐션	사용자가 일정 기간 동안 제품을 계속 사용하거나 유지하는 비율
마크업	HTML과 같은 문서 구조를 정의하는 코드
머신러닝	데이터에서 패턴을 학습하여 자동으로 예측하거나 결정을 내리는 인공 지능 기술
머티리얼 디자인	구글의 UI 디자인 시스템으로 카드 레이아웃, 그림자 효과 등을 강조한 스타일
모듈화	프로그램, 시스템, 디자인 등을 독립적인 구성 요소(모듈) 여러 개로 나누어 관리하는 방법
목업	제품의 최종 디자인을 시각적으로 표현한 정적인 이미지
목적 조직	조직의 목표와 결과에 초점을 맞추어 팀을 구성한 조직. 예를 들어 토스의 송금 사일로
밈	인터넷에서 빠르게 확산되는 유행 콘텐츠

용어	뜻
반응형 디자인	제품 품질을 보장하는 테스트 및 검증 과정
백로그	완료해야 할 모든 작업, 기능, 버그 수정과 개선 사항들을 포함하는 목록
베이즈 방법론	사전 확률을 기반으로 새로운 데이터가 추가될 때 확률을 업데이트하는 통계 기법
베타 테스터	제품이 정식 출시되기 전에 사전 테스트에 참여하는 사용자
벤치마크	특정 목표를 달성하기 위해 유사한 프로덕트 중 최고 성과를 기준으로 삼아 비교하는 것. 이것으로 우리 프로덕트나 서비스가 경쟁사와 업계 표준과 비교해서 어느 정도 위치에 있는지 평가할 수 있다.
비즈니스 캔버스	사업 모델을 시각적으로 표현하고 분석하여 새로운 사업 아이디어를 얻는 방법론
사용성	프로덕트가 사용자 목적에 부합하여 효율적으로 쉽게 사용될 수 있는 정도
사용성 테스트	실제 사용자가 제품을 테스트하며 사용 편의성을 평가하는 과정
사일로(또는 스쿼드, 팟)	토스에서 프로덕트를 만드는 개별 조직. PM, 개발자, 디자이너, 데이터 분석가 등 직군이 다른 6~8명이 함께 모여 작은 스타트업처럼 자율성을 가지고 일한다.
서드파티	특정 기업이나 플랫폼과 직접 연관되지 않은 외부 개발자, 서비스, 회사
스크럼	애자일 개발 방식 중 하나로, 짧은 개발 주기(스프린트) 동안 팀이 협업하여 목표를 달성하려고 할 때 가지는 미팅. 예를 들어 데일리 스크럼 미팅을 진행하여 진행 상황을 공유할 수 있다.
스프린트	일정량의 작업을 완수하는 짧은 기간. 보통 2주 전후 기간
신뢰 구간	실험 결과가 특정 신뢰 수준에서 어느 범위 안에 있을 것이라고 예측하는 구간
안돈	프로덕트 개발 과정에서 문제가 발생했을 때 이를 즉시 알리고 해결할 수 있는 시스템
알고리즘	어떤 문제를 해결하는 연산 및 절차의 집합

용어	뜻
애자일	짧은 개발 주기(스프린트)로 지속적인 개선을 반복하는 개발 방법론
온보딩	일반적으로 신규 사용자가 서비스나 제품을 쉽게 이해하고 적응할 수 있도록 돕는 과정이나 신규 지표를 플랫폼에 올리는 상황에서도 사용할 수 있다.
와이어프레임	UI/UX 디자인에서 화면 구조와 요소 배치를 시각적으로 표현한 기초 설계도
워터폴 프로세스	아이디어, 비즈니스케이스, 로드맵, 요구 사항, 디자인, 구현, 테스트, 배포로 이어지는 업무 프로세스가 폭포수처럼 순차적으로 발생하고 이전 업무가 끝나야 다음 업무가 시작되는 업무 방식
위젯	웹 사이트나 앱에서 특정 기능을 수행하는 작은 UI 요소. 예를 들어 날씨 위젯, 주식 위젯, 검색창 위젯
이탈률	사용자가 페이지를 방문한 후 다른 페이지로 이동하지 않고 바로 떠나는 비율
이터레이션	작은 단위로 기능이나 디자인 테스트를 진행한 뒤 점진적으로 개선하여 최종 목표에 다가가는 과정
이터레이티브 테스팅	이전 테스트에서 인사이트를 얻어 지속적으로 개선해 나가는 테스트 방법론
인코딩	데이터를 특정 형식으로 변환하는 과정. 예를 들어 텍스트를 UTF-8로 변환하여 웹 페이지에서 깨지지 않게 표시한다.
인터랙티브 차트	사용자가 마우스 클릭이나 터치로 조작할 수 있는 차트
입력 지표	테스트 결과 분석에 필요한 초기 데이터(트래픽, 클릭 수 등)
자동완성	사용자가 입력하는 내용을 예측하여 자동으로 제안하는 기능
전환율	사용자가 특정 목표(구매, 회원 가입)를 완료한 비율
접근성	모든 사람, 특히 장애가 있는 사람들이 정보, 기술, 환경, 서비스 등을 사용할 수 있도록 보장하는 개념
제휴 마케팅	개인이나 기업이 특정 프로덕트나 서비스를 홍보하여 판매나 고객 유입에 따라 커미션을 받는 성과 기반 마케팅 전략

용어	뜻
청구 할인	결제할 때 카드사에서 일정 금액을 자동으로 할인하는 방식
최소 기능 제품(MVP)	최소 기능만 포함한 초기 제품으로 빠르게 시장 반응을 확인하는 전략
최적화	성능을 최대한 효율적으로 만들기 위해 조정하는 과정
출력 지표	최종적인 핵심 성과 지표(매출, 전환율 등)
카니발리제이션	같은 브랜드의 제품이 서로 시장을 잠식하여 기존 매출을 감소시키는 현상
커스터마이징	사용자가 직접 제품의 기능이나 디자인을 자신의 필요에 맞게 설정하는 것
컨트롤 그룹	AB 테스트에서 변화를 주지 않은 그룹으로, 기존 상태를 유지하여 비교 기준을 제공
코호트	같은 시기에 특정 행동을 한 사용자 그룹을 추적하는 분석 방법. 예를 들어 1월 가입한 사용자들의 이탈률을 분석하는 '1월 코호트'
쿼리	데이터베이스에서 특정 데이터를 검색, 추가, 수정, 삭제하는 명령어
크로스 테스팅	여러 환경(웹 브라우저, OS, 기기)에서 제품이 정상적으로 작동하는지 테스트하는 과정
클라우드 스토리지	데이터를 인터넷 기반 서버에 저장하고 언제 어디서나 접근할 수 있도록 하는 서비스
클릭률	Click-Through Rate(CTR)로, 광고나 링크가 클릭된 비율
테스트 그룹	AB 테스트에서 새로운 기능을 적용하여 실험하는 그룹
트래픽	웹 사이트나 앱에 방문하는 사용자의 수나 데이터 전송량
트레이드오프	프로덕트 개발 과정에서 발생할 수 있는 상충 관계
퍼널	구매나 가입 같은 목표 행동을 완료하기까지 거치는 단계
퍼블리셔	배급(출시), 마케팅, 운영, 수익화 등을 담당하는 플랫폼 역할을 하는 기업 또는 서비스
페르소나	특정 사용자를 대표하는 가상의 캐릭터

용어	뜻
포트폴리오	개인이나 기업이 수행한 투자, 프로젝트, 작품, 성과를 모아 놓은 자료
프로덕트 비전	제품이 나아가야 할 방향과 목표
프로모션	제품이나 서비스를 홍보하고 판매 촉진을 위한 마케팅 전략
프로토타이핑	최종 제품을 개발하기 전에 기능을 테스트할 수 있도록 만든 시제품
플랫폼	다양한 서비스나 애플리케이션이 운영될 수 있는 기반 시스템. 예를 들어 iOS, 안드로이드, AWS, 유튜브
플로 차트	서비스를 구축할 때 필요한 화면과 정보의 구조도를 도식적으로 나타낸 다이어그램
피드백 루프	사용자에게서 피드백을 받아 지속적으로 개선하는 과정
필터	데이터나 정보를 특정 기준에 따라 분류하거나 걸러 내는 기능
AB 테스트	동일한 기능을 두 가지 버전(A와 B)으로 테스트하여 더 나은 성과를 내는 버전을 선택하는 실험 기법
API	소프트웨어 간에 데이터를 주고받을 수 있도록 하는 인터페이스
AR	실제 환경 위에 디지털 요소를 추가하여 보이도록 하는 기술
ARPU	사용자당 평균 수익으로, 특정 기간 동안의 총 수익을 사용자 수로 나눈 값. 사용자 수익 기여도를 평가하는 데 유용하다.
CTA	Call-To-Action. 구체적인 동작을 유도하는 버튼
DAU	일간 활성 사용자 수로, 하루 동안 프로덕트나 서비스를 사용한 고유 사용자 수. 일일 사용자 참여도를 평가하는 데 사용한다.
DB	데이터베이스
GA	Google Analytics. 구글에서 제공하는 분석 툴
GMV	전자상거래에서 총 상품 판매액
HIG	애플이 제공하는 UI/UX 디자인 가이드라인

용어	뜻
JTBD	Jobs To Be Done. 고객이 특정 상황에서 원하는 결과를 얻기 위해 수행하는 작업(job)을 이해하는 방법론. 프로덕트 개발과 마케팅 전략을 수립할 때 고객의 필요와 동기를 더 깊이 이해하도록 도와준다.
MAU	한 달 동안 서비스를 이용한 활성 사용자 수
MoSCoW	프로젝트 관리와 소프트웨어 개발에서 자주 사용하는 방법론. 프로젝트를 성공시키는 데 필요한 요구 사항의 긴급성과 중요성을 'Must have', 'Should have', 'Could have', 'Won't have'라는 네 가지 우선순위로 나누어 표현한다.
P-값	실험 결과가 우연히 발생할 가능성을 나타내는 수치. AB 테스트에서 A 버전과 B 버전 간에 차이가 없다고 가정한다면 그 가정이 참일 확률. P-값이 높으면 우연일 가능성이 크고 낮으면 우연이 아닐 가능성이 커진다. 통상적으로 P-값이 0.05(5%) 이하일 때 두 버전 간에 차이가 있다고 판단한다.
PMF	제품 시장 적합성
PRD	프로덕트 요구 사항 정의서. 프로덕트의 목표, 기능, 성능, 사용자 경험 등을 상세하게 기술하는 문서
QA	제품의 품질을 보장하는 테스트 및 검증 과정
RICE	프로젝트 관리와 소프트웨어 개발에서 자주 사용하는 방법론. 프로젝트의 우선순위를 Reach, Impact, Confidence, Effort 항목을 고려하여 결정한다. 리소스가 제한된 환경에서 최대 효과를 낼 수 있는 프로젝트를 선택하려고 할 때 유용하다.
UX	User Experience. 사용자가 제품을 사용할 때 느끼는 경험
VOC	Voice Of Customer. 고객의 의견과 피드백
VR	가상 현실 기술로, 사용자가 실제처럼 느낄 수 있도록 구현된 3D 환경
WBS	프로젝트의 전체 범위를 계층적으로 구조화하여 관리 가능한 작은 작업 단위로 나눈 것

찾아보기